कन्या भ्रूण हत्या

कन्या भ्रूण हत्या

मनोज कुमार सिंह

प्रशांत पब्लिशिंग हाउस

प्रथम प्रकाशन–2020

प्रकाशक

प्रशांत पब्लिशिंग हाउस

सी–34, 28 फुटा रोड़ गली न. 3

वेस्ट करावल नगर

दिल्ली–110094

मो : 9810396373, 8826258746

email : prashantpublishinghouse@gmail.com

www.pphbooks.co.in

ISBN : 978-93-88526-29-6

मुद्रक

रोशन आफसेट प्रिंटर्स दिल्ली

अनुक्रम

भूमिका

कन्या भ्रूण हत्या आज एक ऐसी अमानवीय समस्या का रूप धारण कर चुकी हैं, जो कई और गंभीर समस्याओं की जड़ हैं। इसके कारण महिलाओं की संख्या दिन ब दिन घट रही हैं। 1901 में प्रति एक हजार पुरुषों पर 972 स्त्रियाँ थी, 1991 में महिलाओं की संख्या घटकर 927 को गईं।

सन् 1991 से 2001 के मध्य महिलाओं की संख्या में वृद्धि दर्ज की गई, जिसके फलस्वरूप प्रति हजार पुरुषों पर महिलाओं की संख्या बढ़कर 940 हो गईं। सामाजिक संतुलन के दृष्टिकोण से देखे तो यह वृद्धि पर्याप्त नही हैं। भारत के कुछ राज्यों में यह अनुपात बहुत कम हैं। दिल्ली हरियाणा, पंजाब जैसे कुछ राज्यों में प्रति हजार पुरुषों पर स्त्रियों की संख्या 900 से भी कम हैं। केरल एक ऐसा राज्य हैं, जहाँ प्रति एक हजार पुरुषों के मुकाबले स्त्रियों की संख्या एक हजार से अधिक, 1058 हैं।

1

कन्या भ्रूण हत्या : एक परिचय

कन्या भ्रूण हत्या जन्म से पहले लड़कियों को मार डालने की क्रिया है।

भारत में कन्या भ्रूण हत्या

भारत सरकार प्रसव पूर्व लिंग परीक्षण एवं कन्या भ्रूण हत्या पर रोक लगा चुकी है।

भारत में लिंग अनुपात

1000/972 (प्रति एक हजार (1000) पुरुषों पर स्त्रियों की संख्या)– जनगणना, 1901

1000/933 (प्रति एक हजार (1000) पुरुषों पर स्त्रियों की संख्या)– जनगणना, 2001

इस परंपरा के वाहक अशिक्षित व निम्न व मध्यम वर्ग ही नहीं है बल्कि उच्च व शिक्षित समाज भी है। भारत के सबसे समृद्ध राज्यों पंजाब, हरियाणा, दिल्ली और गुजरात में लिंगानुपात सबसे कम है। 2001 की जनगणना के अनुसार एक हजार बालकों पर बालिकाओं की संख्या पंजाब में 798, हरियाणा में 819 और गुजरात में 883 है। कुछ अन्य राज्यों ने इस प्रवृत्ति को गंभीरता से लिया और इसे रोकने के लिए अनेक कदम उठाए जैसे गुजरात

में 'डीकरी बचाओ अभियान' चलाया जा रहा है। इसी प्रकार से अन्य राज्यों में भी योजनाएँ चलाई जा रही हैं। भारत में पिछले चार दशकों से सात साल से कम आयु के बच्चों के लिंग अनुपात में लगातार गिरावट आ रही है। वर्ष 1981 में एक हजार बालकों पर 962 बालिकाएँ थी। वर्ष 2001 में यह अनुपात घटकर 927 हो गया। यह इस बात का संकेत है कि हमारी आर्थिक समृद्धि और शिक्षा के बढ़ते स्तर का इस समस्या पर कोई प्रभाव नहीं पड़ रहा है। वर्तमान समय में इस समस्या को दूर करने के लिए सामाजिक जागरूकता बढ़ाने के लिए साथ–साथ प्रसव से पूर्व तकनीकी जांच अधिनियम को सख्ती से लागू किए जाने की जरूरत है। जीवन बचाने वाली आधुनिक प्रौद्योगिकी का दुरुपयोग रोकने का हरसंभव प्रयास किया जाना चाहिए।

देश की पहली महिला राष्ट्रपति प्रतिभा पाटील ने महात्मा गांधी की 138वीं जयंती के मौके पर केंद्रीय स्वास्थ्य और परिवार कल्याण मंत्रालय की बालिका बचाओ योजना (सेव द गर्ल चाइल्ड) को लांच किया था। राष्ट्रपति ने इस बात पर अफसोस जताया था कि लड़कियों को लड़कों के समान महत्व नहीं मिलता। लड़का–लड़की में भेदभाव हमारे जीवनमूल्यों में आई खामियों को दर्शाता है। उन्नत कहलाने वाले राज्यों में ही नहीं बल्कि प्रगतिशील समाजों में भी लिंगानुपात की स्थिति चिंताजनक है। हिमाचल प्रदेश जैसे छोटे राज्य में सैक्स रैशो में सुधार और कन्या भ्रूण को रोकने के लिए प्रदेश सरकार ने एक अनूठी स्कीम तैयार किया गया। इसके तहत कोख में पल रहे बच्चे का लिंग जांच करवा उसकी हत्या करने वाले लोगों के बारे में जानकारी देने वाले को 10 हजार रुपए की नकद इनाम देने की घोषणा की गई।

प्रत्येक प्रदेश के स्वास्थ्य विभाग को ऐसा सकारात्मक कदम उठाने की जरूरत है। प्रसूति पूर्व जांच तकनीक अधिनियम 1994 को सख्ती से लागू किए जाने की जरूरत है। भ्रूण हत्या को रोकने के लिए राज्य सरकारों को निजी क्लीनिक्स का औचक निरीक्षण व उन पर अगर नजर रखने की जरूरत है। भ्रूण हत्या या परीक्षण करने वालों के क्लीनिक सील किए जाने या जुर्माना किए जाने का प्रावधान की जरूरत है। फिलहाल इंदिरा गांधी बालिका सुरक्षा योजना तहत पहली कन्या के जन्म के बाद स्थाई परिवार नियोजन अपनाने

वाले माता–पिता को 25 हजार रुपए तथा दूसरी कन्या के बाद स्थाई परिवार नियोजन अपनाने माता–पिता को 20 हजार रुपए प्रोत्साहन राशि के रूप में प्रदान किए जा रहे हैं। बालिकाओं पर हो रहे अत्याचार के विरुद्ध देश के प्रत्येक नागरिक को आगे आने की जरूरत है। बालिकाओं के सशक्तिकरण में हर प्रकार का सहयोग देने की जरूरत है। इस काम की शुरूआत घर से होनी चाहिए। ऊपर होने वाले अत्याचार को भी वे परिवार के लिए हंस कर सहन करती हैं। यह वास्तव में विडंबना है कि हमारे देश के सबसे समृद्ध राज्यों पंजाब, हरियाणा, दिल्ली और गुजरात में लिंगानुपात सबसे कम है बालिका भ्रूण हत्या की प्रवृतत्ति सबसे अधिक अमानवीय असंख्य और घृणित कार्य है। पितृ–सत्तात्मक मानसिकता और बालकों को वरीयता दिया जाना ऐसी मूल्यहीनता है, जिसे कुछ चिकित्सक लिंग निर्धारण परीक्षण जैसी सेवा देकर बढावा दे रहे हैं। यह एक चिंताजनक विषय हैं कि देश के कुछ समृध् द राज्यों में बालिका भ्रूण हत्या की प्रवृत्ति अधिक पाई जा रही है।

2
भारत में नारी की स्थिति

भारत में महिलाओं की स्थिति ने पिछली कुछ सदियों में कई बड़े बदलावों का सामना किया है। प्राचीन काल में पुरुषों के साथ बराबरी की स्थिति से लेकर मध्ययुगीन काल के निम्न स्तरीय जीवन और साथ ही कई सुधारकों द्वारा समान अधिकारों को बढ़ावा दिए जाने तक, भारत में महिलाओं का इतिहास काफी गतिशील रहा है। आधुनिक भारत में महिलाएं राष्ट्रपति, प्रधानमंत्री, लोक सभा अध्यक्ष, प्रतिपक्ष की नेता आदि जैसे शीर्ष पदों पर आसीन हुई हैं।

इतिहास

विशेष रूप से महिलाओं की भूमिका की चर्चा करने वाले साहित्य के स्रोत बहुत ही कम हैं य 1730 ई. के आसपास तंजावुर के एक अधिकारी त्र्यम्बकयज्वन का स्त्रीधर्मपद्धति इसका एक महत्वपूर्ण अपवाद है। इस पुस्तक में प्राचीन काल के अपस्तंभ सूत्र (चौथी शताब्दी ई.पू.) के काल के नारी सुलभ आचरण संबंधी नियमों को संकलित किया गया है। इसका मुखड़ा छंद इस प्रकार हैः–

मुख्यो धर्मः स्मृतिषु विहितो भार्तृशुश्रुषानम हि :–

स्त्री का मुख्य कर्तव्य उसके पति की सेवा से जुडा हुआ है।

जहाँ सुश्रूषा शब्द (अर्थात, "सुनने की चाह") में ईश्वर के प्रति भक्त की प्रार्थना से लेकर एक दास की निष्ठापूर्ण सेवा तक कई तरह के अर्थ समाहित हैं।

प्राचीन भारत

विद्वानों का मानना है कि प्राचीन भारत में महिलाओं को जीवन के सभी क्षेत्रों में पुरुषों के साथ बराबरी का दर्जा हासिल था। हालांकि कुछ अन्य विद्वानों का नजरिया इसके विपरीत है। पतंजलि और कात्यायन जैसे प्राचीन भारतीय व्याकरणविदों का कहना है कि प्रारम्भिक वैदिक काल में महिलाओं को शिक्षा दी जाती थी। ऋग्वेदिक ऋचाएं यह बताती हैं कि महिलाओं की शादी एक परिपक्व उम्र में होती थी और संभवतः उन्हें अपना पति चुनने की भी आजादी थी। ऋग्वेद और उपनिषद जैसे ग्रंथ कई महिला साध्वियों और संतों के बारे में बताते हैं जिनमें गार्गी और मैत्रेयी के नाम उल्लेखनीय हैं।

प्राचीन भारत के कुछ साम्राज्यों में नगरवधु ("नगर की दुल्हन") जैसी परंपराएं मौजूद थीं। महिलाओं में नगरवधु के प्रतिष्ठित सम्मान के लिये प्रतियोगिता होती थी। आम्रपाली नगरवधु का सबसे प्रसिद्ध उदाहरण रही है।

अध्ययनों के अनुसार प्रारंभिक वैदिक काल में महिलाओं को बराबरी का दर्जा और अधिकार मिलता था। हालांकि बाद में (लगभग 500 ईसा पूर्व में) स्मृतियों (विशेषकर मनुस्मृति) के साथ महिलाओं की स्थिति में गिरावट आनी शुरु हो गयी और बाबर एवं मुगल साम्राज्य के इस्लामी आक्रमण के साथ और इसके बाद ईसाइयत ने महिलाओं की आजादी और अधिकारों को सीमित कर दिया।

हालांकि जैन धर्म जैसे सुधारवादी आंदोलनों में महिलाओं को धार्मिक अनुष्ठानों में शामिल होने की अनुमति दी गयी है। भारत में महिलाओं को कमोबेश दासता और बंदिशों का ही सामना करना पड़ा है। माना जाता है कि बाल विवाह की प्रथा छठी शताब्दी के आसपास शुरु हुई थी।

मध्ययुगीन काल

समाज में भारतीय महिलाओं की स्थिति में मध्ययुगीन काल के दौरान और अधिक गिरावट आयी जब भारत के कुछ समुदायों में सती प्रथा, बाल

विवाह और विधवा पुनर्विवाह पर रोक, सामाजिक जिंदगी का एक हिस्सा बन गयी थी। भारतीय उपमहाद्वीप में मुसलमानों की जीत ने परदा प्रथा को भारतीय समाज में ला दिया। राजस्थान के राजपूतों में जौहर की प्रथा थी। भारत के कुछ हिस्सों में देवदासियां या मंदिर की महिलाओं को यौन शोषण का शिकार होना पड़ा था। बहुविवाह की प्रथा हिन्दू क्षत्रिय शासकों में व्यापक रूप से प्रचलित थी। कई मुस्लिम परिवारों में महिलाओं को जनाना क्षेत्रों तक ही सीमित रखा गया था।

इन परिस्थितियों के बावजूद भी कुछ महिलाओं ने राजनीति, साहित्य, शिक्षा और धर्म के क्षेत्रों में सफलता हासिल की। रजिया सुल्तान दिल्ली पर शासन करने वाली एकमात्र महिला सम्राज्ञी बनीं। गोंड की महारानी दुर्गावती ने 1564 में मुगल सम्राट अकबर के सेनापति आसफ खान से लड़कर अपनी जान गंवाने से पहले पंद्रह वर्षों तक शासन किया था। चांद बीबी ने 1590 के दशक में अकबर की शक्तिशाली मुगल सेना के खिलाफ अहमदनगर की रक्षा की। जहांगीर की पत्नी नूरजहाँ ने राजशाही शक्ति का प्रभावशाली ढंग से इस्तेमाल किया और मुगल राजगद्दी के पीछे वास्तविक शक्ति के रूप में पहचान हासिल की। मुगल राजकुमारी जहाँआरा और जेबुन्निसा सुप्रसिद्ध कवियित्रियाँ थीं और उन्होंने सत्तारूढ़ प्रशासन को भी प्रभावित किया। शिवाजी की माँ जीजाबाई को एक योद्धा और एक प्रशासक के रूप में उनकी क्षमता के कारण क्वीन रीजेंट के रूप में पदस्थापित किया गया था। दक्षिण भारत में कई महिलाओं ने गाँवों, शहरों और जिलों पर शासन किया और सामाजिक एवं धार्मिक संस्थानों की शुरुआत की।

भक्ति आंदोलन ने महिलाओं की बेहतर स्थिति को वापस हासिल करने की कोशिश की और प्रभुत्व के स्वरूपों पर सवाल उठाया। एक महिला संत–कवयित्री मीराबाई भक्ति आंदोलन के सबसे महत्वपूर्ण चेहरों में से एक थीं। इस अवधि की कुछ अन्य संत–कवयित्रियों में अक्का महादेवी, रामी जानाबाई और लाल देद शामिल हैं। हिंदुत्व के अंदर महानुभाव, वरकारी और कई अन्य जैसे भक्ति संप्रदाय, हिंदू समुदाय में पुरुषों और महिलाओं के बीच सामाजिक न्याय और समानता की खुले तौर पर वकालत करने वाले प्रमुख आंदोलन थे।

भक्ति आंदोलन के कुछ ही समय बाद सिक्खों के पहले गुरु, गुरु नानक ने भी पुरुषों और महिलाओं के बीच समानता के संदेश को प्रचारित किया। उन्होंने महिलाओं को धार्मिक संस्थानों का नेतृत्व करने, सामूहिक प्रार्थना के रूप में गाये जाने वाले वाले कीर्तन या भजन को गाने और इनकी अगुआई करने, धार्मिक प्रबंधन समितियों के सदस्य बनने, युद्ध के मैदान में सेना का नेतृत्व करने विवाह में बराबरी का हक और अमृत (दीक्षा) में समानता की अनुमति देने की वकालत की। अन्य सिख गुरुओं ने भी महिलाओं के प्रति भेदभाव के खिलाफ उपदेश दिए।

ऐतिहासिक प्रथाएं

कुछ समुदायों में सती, जौहर और देवदासी जैसी परंपराओं पर प्रतिबंध लगा दिया गया था और आधुनिक भारत में ये काफी हद तक समाप्त हो चुकी हैं। हालांकि इन प्रथाओं के कुछ मामले भारत के ग्रामीण इलाकों में आज भी देखे जाते हैं। कुछ समुदायों में भारतीय महिलाओं द्वारा परदा प्रथा को आज भी जीवित रखा गया है और विशेषकर भारत के वर्तमान कानून के तहत एक गैरकानूनी कृत्य होने के बावजूद बाल विवाह की प्रथा आज भी प्रचलित है।

सती

सती प्रथा एक प्राचीन और काफी हद तक विलुप्त रिवाज है, कुछ समुदायों में विधवा को अपने पति की चिता में अपनी जीवित आहुति देनी पड़ती थी। हालांकि यह कृत्य विधवा की ओर से स्वैच्छिक रूप से किये जाने की उम्मीद की जाती थी, ऐसा माना जाता है कि कई बार इसके लिये विधवा को मजबूर किया जाता था। 1829 में अंग्रेजों ने इसे समाप्त कर दिया। आजादी के बाद से सती होने के लगभग चालीस मामले प्रकाश में आये हैं। 1987 में राजस्थान की रूपकंवर का मामला सती प्रथा (रोक) अधिनियम का कारण बना दिया गया।

जौहर

जौहर का मतलब सभी हारे हुए (सिर्फ राजपूत) योद्धाओं की पत्नियों

और बेटियों के शत्रु द्वारा बंदी बनाये जाने और इसके बाद उत्पीड़न से बचने के लिये स्वैच्छिक रूप से अपनी आहुति देने की प्रथा है। अपने सम्मान के लिए मर–मिटने वाले पराजित राजपूत शासकों की पत्नियों द्वारा इस प्रथा का पालन किया जाता था। यह कुप्रथा केवल भारतीय राजपूतशासक वर्ग तक सीमित थी। प्रारंभ में और राजपूतों ने या शायद एक–आध किसी दूसरी जाति की स्त्री ने सति (पति–पिता की मृत्यु होने पर उसकी चिता में जीवित जल जाना) जिसे उस समय के समाज का एक वर्ग पुनीत धार्मिक कार्य मानने लगा था। कभी भी भारत की दूसरी लड़ाका कोमो या जिन्हे ईंगलिश में मार्शल कौमे माना गया उनमें यह कुप्रथा कभी भी कोई स्थान न पा सकी। जाटों की स्त्रीयां युद्ध क्षेत्र में पति के कन्धे से कन्धा मिला दुश्मनों के दान्त खट्टे करते हुए शहीद हो जाती थी। मराठा महिलाएँ भी अपने योधा पति की युद्धभूमि में पूरा साथ देती रही हैं।

परदा

परदा वह प्रथा है जिसमें कुछ समुदायों में महिलाओं को अपने तन को इस प्रकार से ढंकना जरूरी होता है कि उनकी त्वचा और रूप–रंग का किसी को अंदाजा ना लगे। यह महिलाओं के क्रियाकलापों को सीमित कर देता है। यह आजादी से मिलने–जुलने के उनके अधिकार को सीमित करता है और यह महिलाओं की अधीनता का एक प्रतीक है। आम धारणा के विपरीत यह ना तो हिंदुओं और ना ही मुसलमानों के धार्मिक उपदेशों को प्रतिबिंबित करता है, हालांकि दोनों संप्रदायों के धार्मिक नेताओं की लापरवाही और पूर्वाग्रहों के कारण गलतफहमी पैदा हुई है।

देवदासी

देवदासी दक्षिण भारत के कुछ हिस्सों में एक धार्मिक प्रथा है जिसमें देवता या मंदिर के साथ महिलाओं की "शादी" कर दी जाती है। यह परंपरा दसवीं सदी ए.डी. तक अच्छी तरह अपनी पैठ जमा जुकी थी। बाद की अवधि में देवदासियों का अवैध यौन उत्पीडन भारत के कुछ हिस्सों में एक रिवाज बन गया।

अंग्रेजी शासन

यूरोपीय विद्वानों ने 19वीं सदी में यह महसूस किया था कि हिंदू महिलाएं "स्वाभाविक रूप से मासूम" और अन्य महिलाओं से "अधिक सच्चरित्र" होती हैं। अंग्रेजी शासन के दौरान राम मोहन राय, ईश्वर चंद्र विद्यासागर, ज्योतिबा फुले, आदि जैसे कई सुधारकों ने महिलाओं के उत्थान के लिये लड़ाइयाँ लड़ीं। हालांकि इस सूची से यह पता चलता है कि राज युग में अंग्रेजों का कोई भी सकारात्मक योगदान नहीं था। यह पूरी तरह से सही नहीं है क्योंकि मिशनरियों की पत्नियाँ जैसे कि मार्था मौल्ट नी मीड और उनकी बेटी एलिजा काल्डवेल नी मौल्ट को दक्षिण भारत में लड़कियों की शिक्षा और प्रशिक्षण के लिये आज भी याद किया जाता हैः– यह एक ऐसा प्रयास था जिसकी शुरुआत में स्थानीय स्तर पर रुकावटों का सामना करना पड़ा क्योंकि इसे परंपरा के रूप में अपनाया गया था। 1829 में गवर्नर–जनरल विलियम केवेंडिश–बेंटिक के तहत राजा राम मोहन राय के प्रयास सती प्रथा के उन्मूलन का कारण बने। विधवाओं की स्थिति को सुधारने में ईश्वर चंद्र विद्यासागर के संघर्ष का परिणाम विधवा पुनर्विवाह अधिनियम 1956 के रूप में सामने आया। कई महिला सुधारकों जैसे कि पंडिता रमाबाई ने भी महिला सशक्तीकरण के उद्देश्य को हासिल करने में मदद की।

कर्नाटक में कित्तूर रियासत की रानी, कित्तूर चेन्नम्मा ने समाप्ति के सिद्धांत (डाक्ट्रिन ऑफ लैप्स) की प्रतिक्रिया में अंग्रेजों के खिलाफ सशस्त्र विद्रोह का नेतृत्व किया। तटीय कर्नाटक की महारानी अब्बक्का रानी ने 16वीं सदी में हमलावर यूरोपीय सेनाओं, उल्लेखनीय रूप से पुर्तगाली सेना के खिलाफ सुरक्षा का नेतृत्व किया। झाँसी की महारानी रानी लक्ष्मीबाई ने अंग्रेजों के खिलाफ 1857 के भारतीय विद्रोह का झंडा बुलंद किया। आज उन्हें सर्वत्र एक राष्ट्रीय नायिका के रूप में माना जाता है। अवध की सह–शासिका बेगम हजरत महल एक अन्य शासिका थी जिसने 1857 के विद्रोह का नेतृत्व किया था। उन्होंने अंग्रेजों के साथ सौदेबाजी से इनकार कर दिया और बाद में नेपाल चली गयीं। भोपाल की बेगमें भी इस अवधि की कुछ उल्लेखनीय महिला शासिकाओं में शामिल थीं। उन्होंने परदा प्रथा को नहीं अपनाया और मार्शल आर्ट का प्रशिक्षण भी लिया।

चंद्रमुखी बसु, कादंबिनी गांगुली और आनंदी गोपाल जोशी कुछ शुरुआती भारतीय महिलाओं में शामिल थीं जिन्होंने शैक्षणिक डिग्रियाँ हासिल की।

1917 में महिलाओं के पहले प्रतिनिधिमंडल ने महिलाओं के राजनीतिक अधिकारों की माँग के लिये विदेश सचिव से मुलाकात की जिसे भारतीय राष्ट्रीय कांग्रेस का समर्थन हासिल था। 1927 में अखिल भारतीय महिला शिक्षा सम्मेलन का आयोजन पुणे में किया गया था। 1929 में मोहम्मद अली जिन्ना के प्रयासों से बाल विवाह निषेध अधिनियम को पारित किया गया जिसके अनुसार एक लड़की के लिये शादी की न्यूनतम उम्र चौदह वर्ष निर्धारित की गयी थी। हालांकि महात्मा गाँधी ने स्वयं तेरह वर्ष की उम्र में शादी की, बाद में उन्होंने लोगों से बाल विवाहों का बहिष्कार करने का आह्वान किया और युवाओं से बाल विधवाओं के साथ शादी करने की अपील की।

भारत की आजादी के संघर्ष में महिलाओं ने एक महत्वपूर्ण भूमिका निभायी. भिकाजी कामा, डॉ० एनी बेसेंट, प्रीतिलता वाडेकर, विजयलक्ष्मी पंडित, राजकुमारी अमृत कौर, अरुना आसफ अली, सुचेता कृपलानी और कस्तूरबा गाँधी कुछ प्रसिद्ध स्वतंत्रता सेनानियों में शामिल हैं। अन्य उल्लेखनीय नाम हैं मुथुलक्ष्मी रेड्डी, दुर्गाबाई देशमुख आदि। सुभाष चंद्र बोस की इंडियन नेशनल आर्मी की झाँसी की रानी रेजीमेंट कैप्टेन लक्ष्मी सहगल सहित पूरी तरह से महिलाओं की सेना थी। एक कवियित्री और स्वतंत्रता सेनानी सरोजिनी नायडू भारतीय राष्ट्रीय कांग्रेस की अध्यक्ष बनने वाली पहली भारतीय महिला और भारत के किसी राज्य की पहली महिला राज्यपाल थीं।

स्वतंत्र भारत

भारत में महिलाएं अब सभी तरह की गतिविधियों जैसे कि शिक्षा, राजनीति, मीडिया, कला और संस्कृति, सेवा क्षेत्र, विज्ञान एवं प्रौद्योगिकी आदि में हिस्सा ले रही हैं। इंदिरा गांधी जिन्होंने कुल मिलाकर पंद्रह वर्षों तक भारत के प्रधानमंत्री के रूप में सेवा की, दुनिया की सबसे लंबे समय तक सेवारत महिला प्रधानमंत्री हैं।

भारत का संविधान सभी भारतीय महिलाओं को सामान अधिकार (अनुच्छेद 14), राज्य द्वारा कोई भेदभाव नहीं करने (अनुच्छेद 15 (1)), अवसर की समानता (अनुच्छेद 16), समान कार्य के लिए समान वेतन (अनुच्छेद 39 (घ)) की गारंटी देता है। इसके अलावा यह महिलाओं और बच्चों के पक्ष में राज्य द्वारा विशेष प्रावधान बनाए जाने की अनुमति देता है (अनुच्छेद 15(3)), महिलाओं की गरिमा के लिए अपमानजनक प्रथाओं का परित्याग करने (अनुच्छेद 51(ए)(ई)) और साथ ही काम की उचित एवं मानवीय परिस्थितियाँ सुरक्षित करने और प्रसूति सहायता के लिए राज्य द्वारा प्रावधानों को तैयार करने की अनुमति देता है। (अनुच्छेद 42),।

भारत में नारीवादी सक्रियता ने 1970 के दशक के उत्तरार्द्ध के दौरान रफ्तार पकड़ी. महिलाओं के संगठनों को एक साथ लाने वाले पहले राष्ट्रीय स्तर के मुद्दों में से एक मथुरा बलात्कार का मामला था। एक थाने (पुलिस स्टेशन) में मथुरा नामक युवती के साथ बलात्कार के आरोपी पुलिसकर्मियों के बरी होने की घटना 1979–1980 में एक बड़े पैमाने पर विरोध प्रदर्शनों का कारण बनी। विरोध प्रदर्शनों को राष्ट्रीय मीडिया में व्यापक रूप से कवर किया गया और सरकार को साक्ष्य अधिनियम, दंड प्रक्रिया संहिता और भारतीय दंड संहिता को संशोधित करने और हिरासत में बलात्कार की श्रेणी को शामिल करने के लिए मजबूर किया गया। महिला कार्यकर्ताएं कन्या भ्रूण हत्या, लिंग भेद, महिला स्वास्थ्य और महिला साक्षरता जैसे मुद्दों पर एकजुट हुईं।

चूंकि शराब की लत को भारत में अक्सर महिलाओं के खिलाफ हिंसा से जोड़ा जाता है। महिलाओं के कई संगठनों ने आंध्र प्रदेश, हिमाचल प्रदेश, हरियाणा, उड़ीसा, मध्य प्रदेश और अन्य राज्यों में शराब–विरोधी अभियानों की शुरुआत की। कई भारतीय मुस्लिम महिलाओं ने शरीयत कानून के तहत महिला अधिकारों के बारे में रूढ़िवादी नेताओं की व्याख्या पर सवाल खड़े किये और तीन तलाक की व्यवस्था की आलोचना की।

1990 के दशक में विदेशी दाता एजेंसियों से प्राप्त अनुदानों ने नई महिला–उन्मुख गैरसरकारी संगठनों (एनजीओ) के गठन को संभव बनाया। स्वयं–सहायता समूहों एवं सेल्फ इम्प्लॉयड वुमेन्स एसोसिएशन (सेवा) जैसे

एनजीओ ने भारत में महिलाओं के अधिकारों के लिए एक प्रमुख भूमिका निभाई है। कई महिलाएं स्थानीय आंदोलनों की नेताओं के रूप में उभरी हैं। उदाहरण के लिए, नर्मदा बचाओ आंदोलन की मेधा पाटकर।

भारत सरकार ने 2001 को महिलाओं के सशक्तीकरण (स्वशक्ति) वर्ष के रूप में घोषित किया था। महिलाओं के सशक्तीकरण की राष्ट्रीय नीति 2001 में पारित की गयी थी।

2006 में बलात्कार की शिकार एक मुस्लिम महिला इमराना की कहानी मीडिया में प्रचारित की गयी थी। इमराना का बलात्कार उसके ससुर ने किया था। कुछ मुस्लिम मौलवियों की उन घोषणाओं का जिसमें इमराना को अपने ससुर से शादी कर लेने की बात कही गयी थी व्यापक रूप से विरोध किया गया और अंततः इमराना के ससुर को 10 साल की कैद की सजा दी गयी। कई महिला संगठनों और ऑल इंडिया मुस्लिम पर्सनल लॉ बोर्ड द्वारा इस फैसले का स्वागत किया गया।

अंतरराष्ट्रीय महिला दिवस के एक दिन बाद, 9 मार्च 2010 को राज्यसभा ने महिला आरक्षण बिल को पारित कर दिया जिसमें संसद और राज्य की विधान सभाओं में महिलाओं के लिए 33% आरक्षण की व्यवस्था है।

संस्कृति

पूरे भारत में महिलाएं साड़ी (शरीर के चारों ओर घेरकर पहना जाने वाला एक लंबा कपड़े का टुकड़ा) और सलवार कमीज पहनती हैं। बिंदी महिलाओं के श्रृंगार का एक हिस्सा है। परंपरागत रूप से विवाहित हिंदू महिलाएं लाल बिंदी और सिंदूर लगाती हैं लेकिन अब ये महिलाओं के फैशन का हिस्सा बन गयी हैं।

रंगोली (या कोलम) एक परंपरागत कला है जो भारतीय महिलाओं में बहुत लोकप्रिय है।

शिक्षा और आर्थिक विकास

1992–93 के आंकड़ों के मुताबिक भारत में केवल 9.2% घरों में ही

महिलाएं मुखिया की भूमिका में हैं। हालांकि गरीबी की रेखा से नीचे के परिवारों में लगभग 35% को महिला–मुखिया द्वारा संचालित पाया गया है।

शिक्षा

हालांकि भारत में महिला साक्षरता दर धीरे–धीरे बढ़ रही है लेकिन यह पुरुष साक्षरता दर से कम है। लड़कों की तुलना में बहुत ही कम लड़कियाँ स्कूलों में दाखिला लेती हैं और उनमें से कई बीच में ही अपनी पढ़ाई छोड़ देती हैं। 1997 के नेशनल सैम्पल सर्वे डेटा के मुताबिक केवल केरल और मिजोरम राज्यों ने सार्वभौमिक महिला साक्षरता दर को हासिल किया है। ज्यादातर विद्वानों ने केरल में महिलाओं की बेहतर सामाजिक और आर्थिक स्थिति के पीछे प्रमुख कारक साक्षरता को माना है।

अनौपचारिक शिक्षा कार्यक्रम (एनएफई) के तहत राज्यों में 40% केंद्र और केन्द्र शासित प्रदेशों में 10% केंद्र विशेष रूप से महिलाओं के लिए आरक्षित हैं। कृपया उद्धरण जोड़ें, वर्ष 2000 तक लगभग 0.3 मिलियन (तीन लाख) एनएफई केन्द्रों द्वारा तकरीबन 7.42 मिलियन (70 लाख 42 हजार) बच्चों को सेवा दी जा रही थी जिनमें से से लगभग 0.12 मिलियन (12 लाख) विशेष रूप से लड़कियों के लिए थे। कृपया उद्धरण जोड़ें, शहरी भारत में लड़कियाँ शिक्षा के मामले में लड़कों के लगभग साथ–साथ चल रही हैं। हालांकि ग्रामीण भारत में लड़कियों को आज भी लड़कों की तुलना में कम शिक्षित किया जाता है।

अमेरिका के वाणिज्य विभाग की 1998 की एक रिपोर्ट के मुताबिक भारत में महिलाओं की शिक्षा की एक मुख्य रुकावट अपर्याप्त स्कूली सुविधाएं (जैसे कि स्वच्छता संबंधी सुविधाएं), महिला शिक्षकों की कमी और पाठ्यक्रम में लिंग भेद हैं (ज्यादातर महिला चरित्रों को कमजोर और असहाय दर्शाया गया है।

श्रमशक्ति की भागीदारी

आम धारणा के विपरीत महिलाओं का एक बड़ा प्रतिशत कामकाजी है। राष्ट्रीय आंकड़ा संग्रहण एजेंसियाँ इस तथ्य को स्वीकार करती हैं कि श्रमिकों

के रूप में महिलाओं की भागीदारी को लेकर एक गंभीर न्यूनानुमान है। हालांकि पारिश्रमिक पाने वाले महिला श्रमिकों की संख्या पुरुषों की तुलना में बहुत ही कम है। शहरी भारत में महिला श्रमिकों की एक बड़ी संख्या मौजूद है। एक उदाहरण के तौर पर सॉफ्टवेयर उद्योग में 30% कर्मचारी महिलाएं हैं। वे पारिश्रमिक और कार्यस्थल पर अपनी स्थिति के मामले में अपने पुरुष सहकर्मियों के साथ बराबरी पर हैं।

ग्रामीण भारत में कृषि और संबद्ध क्षेत्रों में कुल महिला श्रमिकों के अधिक से अधिक 89.5% तक को रोजगार दिया जाता है। कुल कृषि उत्पादन में महिलाओं की औसत भागीदारी का अनुमान कुल श्रम का 55% से 66% तक है। 1991 की विश्व बैंक की एक रिपोर्ट के अनुसार भारत में डेयरी उत्पादन में महिलाओं की भागीदारी कुल रोजगार का 94% है। वन–आधारित लघु–स्तरीय उद्यमों में महिलाओं की संख्या कुल कार्यरत श्रमिकों का 51% है।

श्री महिला गृह उद्योग लिज्जत पापड़ सबसे प्रसिद्ध महिला व्यापारिक सफलता की कहानियों में से एक है। 2006 में भारत की पहली बायोटेक कंपनियों में से एक – बायोकॉन की स्थापना करने वाली किरण मजूमदार–शॉ को भारत की सबसे अमीर महिला का दर्जा दिया गया था। ललिता गुप्ते और कल्पना मोरपारिया (दोनों भारत की केवल मात्र ऐसी महिला व्यवसायि में शामिल हैं जिन्होंने फोर्ब्स की दुनिया की सबसे शक्तिशाली महिलाओं की सूची में अपनी जगह बनायी है) भारत के दूसरे सबसे बड़े बैंक, आई.सी.आई.सी.आई. बैंक को संचालित करती हैं।

भूमि और संपत्ति संबंधी अधिकार

अधिकांश भारतीय परिवारों में महिलाओं को उनके नाम पर कोई भी संपत्ति नहीं मिलती है और उन्हें पैतृक संपत्ति का हिस्सा भी नहीं मिलता है। महिलाओं की सुरक्षा के कानूनों के कमजोर कार्यान्वयन के कारण उन्हें आज भी जमीन और संपत्ति में अपना अधिकार नहीं मिल पाता है। वास्तव में जब जमीन और संपत्ति के अधिकारों की बात आती है तो कुछ कानून महिलाओं के साथ भेदभाव करते हैं।

1956 के दशक के मध्य के हिन्दू पर्सनल लॉ (हिंदू, बौद्ध, सिखों और जैनों पर लिए लागू) ने महिलाओं को विरासत का अधिकार दिया। हालांकि बेटों को पैतृक संपत्ति में एक स्वतंत्र हिस्सेदारी मिलती थी जबकि बेटियों को अपने पिता से प्राप्त संपत्ति के आधार पर हिस्सेदारी दी जाती थी। इसलिए एक पिता अपनी बेटी को पैतृक संपत्ति में अपने हिस्से को छोड़कर उसे अपनी संपत्ति से प्रभावी ढंग से वंचित कर सकता था लेकिन बेटे को अपने स्वयं के अधिकार से अपनी हिस्सेदारी प्राप्त होती थी। इसके अतिरिक्त विवाहित बेटियों को, भले ही वह वैवाहिक उत्पीड़न का सामना क्यों ना कर रही हो उसे पैतृक संपत्ति में कोई आवासीय अधिकार नहीं मिलता था। 2005 में हिंदू कानूनों में संशोधन के बाद महिलाओं को अब पुरुषों के बराबर अधिकार दिए जाते हैं।

1986 में भारत के सर्वोच्च न्यायालय ने एक वृद्ध और तलाकशुदा मुस्लिम महिला, शाहबानो के हक में फैसला सुनते हुए कहा कि उन्हें गुजारा भत्ता मिलना चाहिए। हालांकि कट्टरपंथी मुस्लिम नेताओं ने इस फैसले का जोर–शोर से विरोध किया और उनहोंने यह आरोप लगाया कि अदालत उनके निजी कानून में हस्तक्षेप कर रही है। बाद में केंद्र सरकार ने मुस्लिम महिला (तलाक संबंधी अधिकारों की सुरक्षा) अधिनियम को पारित किया।

इसी तरह ईसाई महिलाओं ने तलाक और उत्तराधिकार के समान अधिकारों के लिए वर्षों तक संघर्ष किया है। 1994 में सभी गिरजाघरों ने महिला संगठनों के साथ संयुक्त रूप से एक कानून का मसौदा तैयार किया जिसे ईसाई विवाह और वैवाहिक समस्याओं का कानून (क्रिस्चियन मैरेज एंड मैट्रिमोनियल काउजेज बिल) कहा गया। हालांकि सरकार ने प्रासंगिक कानूनों में अभी तक कोई संशोधन नहीं किया है।

महिलाओं के विरुद्ध अपराध

पुलिस रिकॉर्ड में महिलाओं के खिलाफ भारत में अपराधों का उच्च स्तर दिखाई पड़ता है। राष्ट्रीय अपराध रिकार्ड ब्यूरो ने 1998 में यह जानकारी दी थी कि 2010 तक महिलाओं के विरुद्ध अपराधों की विकास दर जनसंख्या वृद्धि दर से कहीं ज्यादा हो जायेगी। पहले बलात्कार और छेड़छाड़ के

मामलों को इनसे जुड़े सामाजिक कलंक की वजह से कई मामलों को पुलिस में दर्ज ही नहीं कराया जाता था। सरकारी आंकड़े बताते हैं कि महिलाओं के खिलाफ दर्ज किये गए अपराधों की संख्या में नाटकीय वृद्धि हुई है।

यौन उत्पीड़न

1990 में महिलाओं के विरुद्ध दर्ज की गयी अपराधों की कुल संख्या का आधा हिस्सा कार्यस्थल पर छेड़छाड़ और उत्पीड़न से संबंधित था। लड़कियों से छेड़छाड़ (एव टीजिंग) पुरुषों द्वारा महिलाओं के यौन उत्पीड़न या छेड़छाड़ के लिए इस्तेमाल की जाने वाली एक चालबाज तरकीब (युफेमिज्म) है। कई कार्यकर्ता (एक्टिविस्ट) महिलाओं के खिलाफ यौन उत्पीड़न की बढ़ती घटनाओं के लिए पश्चिमी संस्कृति के प्रभाव को दोषी ठहराते हैं। विज्ञापनों या प्रकाशनों, लेखनों, पेंटिंग्स, चित्रों या किसी एनी तरीके से महिलाओं के अश्लील प्रतिनिधित्व को रोकने के लिए 1987 में महिलाओं का अश्लील प्रतिनिधित्व (निषेध) अधिनियम पारित किया गया था। 1997 में एक ऐतिहासिक फैसले में भारत के सर्वोच्च न्यायालय ने कार्यस्थल में महिलाओं के यौन उत्पीड़न के खिलाफ एक मजबूत पक्ष लिया। न्यायालय ने शिकायतों से बचने और इनके निवारण के लिए विस्तृत दिशा–निर्देश भी जारी किया। बाद में राष्ट्रीय महिला आयोग ने इन दिशा–निर्देशों को नियोक्ताओं के लिए एक आचार संहिता के रूप में प्रस्तुत किया।

दहेज

1961 में भारत सरकार ने वैवाहिक व्यवस्थाओं में दहेज की मांग को अवैध करार देने वाला दहेज निषेध अधिनियम पारित किया। हालांकि दहेज–संबंधी घरेलू हिंसा, आत्महत्या और हत्या के कई मामले दर्ज किये गए हैं। 1980 के दशक में कई ऐसे मामलों की सूचना दी गयी थी।

1985 में दहेज निषेध (दूल्हा और दुल्हन को दिए गए उपहारों की सूचियों के रख–रखाव संबंधी) नियमों को तैयार किया गया था। इन नियमों के अनुसार दुल्हन और दूल्हे को शादी के समय दिए गए उपहारों की एक हस्ताक्षरित सूची बनाकर रखा जाना चाहिए। इस सूची में प्रत्येक उपहार,

उसका अनुमानित मूल्य, जिसने भी यह उपहार दिया है उसका नाम और संबंधित व्यक्ति से उसके रिश्ते एक संक्षिप्त विवरण मौजूद होना चाहिए। हालांकि इस तरह के नियमों को शायद ही कभी लागू किया जाता है।

1997 की एक रिपोट में यह दावा किया गया था कि दहेज के कारण प्रत्येक वर्ष कम से कम 5,000 महिलाओं की मौत हो जाती है और ऐसा माना जाता है कि हर दिन कम से कम एक दर्जन महिलाएं जान–बूझकर लगाई गयी रसोईघर की आग में जलाकर मार दी जाती हैं। इसके लिए उपयोग किया जाने वाला शब्द है दुल्हन की आहुति (ब्राइड बर्निंग) और स्वयं भारत में इसकी आलोचना की जाती है। शहरी शिक्षित समुदाय के बीच इस तरह के दहेज उत्पीड़न के मामलों में काफी कमी आई है।

बाल विवाह

भारत में बाल विवाह परंपरागत रूप से प्रचलित रही है और यह प्रथा आज भी जारी है। ऐतिहासिक रूप से कम उम्र की लड़कियों को यौवनावस्था तक पहुँचने से पहले अपने माता–पिता के साथ रहना होता था। पुराने जमाने में बाल विधवाओं को एक बेहद यातनापूर्ण जिंदगी देने, सर को मुंडाने, अलग–थलग रहने और समाज से बहिष्कृत करने का दंड दिया जाता था। हालांकि 1860 में बाल विवाह को गैरकानूनी घोषित कर दिया गया था लेकिन आज भी यह एक आम प्रथा है।

यूनिसेफ की 'स्टेट ऑफ द वर्ल्ड्स चिल्ड्रेन'–2009 की रिपोर्ट के अनुसार 20–24 साल की उम्र की भारतीय महिलाओं के 47% की शादी 18 साल की वैध उम्र से पहले कर दी गयी थी जिसमें 56% महिलाएं ग्रामीण क्षेत्रों से थीं। रिपोर्ट में यह भी दिखाया गया कि दुनिया भर में होने वाले बाल विवाहों का 40% अकेले भारत में ही होता है।

कन्या भ्रूण हत्या और लिंग के अनुसार गर्भपात

भारत में पुरुषों का लिंगानुपात बहुत अधिक है जिसका मुख्य कारण यह है कि कई लड़कियां वयस्क होने से पहली ही मर जाती हैं। भारत के जनजातीय समाज में अन्य सभी जातीय समूहों की तुलना में पुरुषों का

लिंगानुपात कम है। ऐसा इस तथ्य के बावजूद है कि आदिवासी समुदायों के पास बहुत अधिक निम्न स्तरीय आमदनी, शिक्षा और स्वास्थ्य सुविधाएं मौजूद हैं। इसलिए कई विशेषज्ञों ने यह बताया है कि भारत में पुरुषों का उच्च स्तरीय लिंगानुपात कन्या शिशु हत्या और लिंग परीक्षण संबंधी गर्भपातों के लिए जिम्मेदार है।

जन्म से पहले अनचाही कन्या संतान से छुटकारा पाने के लिए इन परीक्षणों का उपयोग करने की घटनाओं के कारण बच्चे के लिंग निर्धारण में इस्तेमाल किये जा सकने वाले सभी चिकित्सकीय परीक्षणों पर भारत में प्रतिबंध लगा दिया गया है। कुछ ग्रामीण क्षेत्रों में कन्या शिशु ह्त्या (कन्या शिशु को मार डालना) आज भी प्रचलित है। भारत में दहेज परंपरा का दुरुपयोग लिंग–चयनात्मक गर्भपातों और कन्या शिशु ह्त्याओं के लिए मुख्य कारणों में से एक रहा है।

घरेलू हिंसा

घरेलू हिंसा की घटनाएं निम्न स्तरीय सामाजिक–आर्थिक वर्गों (एसईसी) में अपेक्षाकृत अधिक होती हैं। घरेलू हिंसा कानून, 2005 से महिलाओं का संरक्षण 26 अक्टूबर 2006 को अस्तित्व में आया।

तस्करी

अनैतिक तस्करी (रोक) अधिनियम 1956 में पारित किया गया था। हालांकि युवा लड़कियों और महिलाओं की तस्करी के कई मामले दर्ज किये गए हैं। इन महिलाओं को वेश्यावृत्ति, घरेलू कार्य या बाल श्रम के लिए मजबूर किया जाता रहा है।

3

कन्या भ्रूण हत्या से जुड़े कानूनी प्रावधान

कन्या भ्रूण हत्या आमतौर पर मानवता और विशेष रूप से समूची स्त्री जाति के विरुद्ध सबसे जघन्य अपराध है। बेटे की इच्छा परिवार नियोजन के छोटे परिवार की संकल्पना के साथ जुड़ती है और दहेज की प्रथा ने ऐसी स्थिति को जन्म दिया है जहाँ बेटी का जन्म किसी भी कीमत पर रोका जाता है। इसलिए समाज के अगुआ लोग माँ के गर्भ में ही कन्या की हत्या करने का सबसे गंभीर अपराध करते हैं। इस तरह के अनाचार ने मानवाधिकार, वैज्ञानिक तकनीक के उपयोग और दुरुपयोग की नैतिकता और लैंगिक भेदभाव के मुद्दों को जन्म दिया है।

गर्भ से लिंग परीक्षण जाँच के बाद बालिका शिशु को हटाना कन्या भ्रूण हत्या है। केवल पहले लड़का पाने की परिवार में बुजुर्ग सदस्यों की इच्छाओं को पूरा करने के लिये जन्म से पहले बालिका शिशु को गर्भ में ही मार दिया जाता है। ये सभी प्रक्रिया पारिवारिक दबाव खासतौर से पति और ससुराल पक्ष के लोगों के द्वारा की जाती है। गर्भपात कराने के पीछे सामान्य कारण अनियोजित गर्भ है जबकि कन्या भ्रूण हत्या परिवार द्वारा की जाती है। भारतीय समाज में अनचाहे रुप से पैदा हुई लड़कियों को मारने की प्रथा सदियों से है।

लोगों का मानना है कि लड़के परिवार के वंश को जारी रखते हैं जबकि

वो ये बेहद आसान सी बात नहीं समझते कि दुनिया में लड़कियाँ ही शिशु को जन्म दे सकती हैं, लड़के नहीं।

कन्या भ्रूण हत्या का कारण

कुछ सांस्कृतिक और सामाजिक–आर्थिक नीतियों के कारण पुराने समय से किया जा रहा कन्या भ्रूण हत्या एक अनैतिक कार्य है। भारतीय समाज में कन्या भ्रूण हत्या के निम्न कारण हैं–

कन्या भ्रूण हत्या की मुख्य वजह बालिका शिशु पर बालक शिशु की प्राथमिकता है क्योंकि पुत्र आय का मुख्य स्त्रोत होता है जबकि लड़कियां केवल उपभोक्ता के रुप में होती हैं। समाज में ये गलतफहमी है कि लड़के अपने अभिवावक की सेवा करते हैं जबकि लड़कियाँ पराया धन होती है।

दहेज व्यवस्था की पुरानी प्रथा भारत में अभिवावकों के सामने एक बड़ी चुनौती है जो लड़कियां पैदा होने से बचने का मुख्य कारण है।

पुरुषवादी भारतीय समाज में महिलाओं की स्थिति निम्न है।

अभिवावक मानते हैं कि पुत्र समाज में उनके नाम को आगे बढ़ायेंगे जबकि लड़कियां केवल घर संभालने के लिये होती हैं।

गैर–कानूनी लिंग परीक्षण और बालिका शिशु की समाप्ति के लिये भारत में दूसरा बड़ा कारण गर्भपात की कानूनी मान्यता है।

तकनीकी उन्नति ने भी कन्या भ्रूण हत्या को बढ़ावा दिया है।

कन्या भ्रूण हत्या का अर्थ और परिभाषा

कन्या भ्रूण हत्या का मतलब है माँ की कोख से मादा भ्रूण को निकल फेंकना। जन्म–पूर्व परीक्षण तकनीक (दुरुपयोग के नियमन और बचाव) अधिनियम 2002 की धारा 4 (1) (इ,ब)के तहत के अनुसार भ्रूण को परिभाषित किया गया है– "निषेचन या निर्माण के सत्तानवे दिन से शुरू होकर अपने जन्म के विकास की अवधि के दौरान एक मानवीय जीव।"

कन्या भ्रूण हत्या के प्रभाव

कन्या भ्रूण हत्या ने बुराइयों की एक श्रृंखला को जन्म दिया है। पिछले तीन दशकों में बड़े पैमाने पर कन्या भ्रूण हत्या के कुप्रभाव गिरते लिंगानुपात और विवाह योग्य लड़कों के लिए वधुओं की कमी के रूप में सामने आये हैं। इसके अलावा जनसंख्या विज्ञानी आगाह करते हैं कि अगले बीस सालों में चूँकि विवाह योग्य महिलाओं की संख्या में कमी आएगी इसलिए पुरुष कम उम्र की महिलाओं से विवाह करेंगे जिससे जन्मदर में वृद्धि के कारण जनसंख्या वृद्धि के दर भी ऊँची हो जाएगी। लड़कियों को अगवा करना भी इसी से जुडी एक समस्या है। अविवाहित पुरुषों की अधिक तादाद वाले समाज के अपने खतरे हैं। यौनकर्मी के तौर पर अधिक महिलाओं का शोषण होने की सम्भावना है। यौन शोषण और बलात्कार इसके स्वाभाविक परिणाम हैं। पिछले कुछ सालों से यौन अपराधों का तेजी से बढता ग्राफ असमान लिंगानुपात के परिणामों से जुड़ा है।

अपराध से जुड़े कानूनी प्रावधान

भारतीय दंड संहिता, 1860 के तहत प्रावधान :– भारतीय दंड संहिता की धारा 312 कहती है– 'जो कोई भी जानबूझकर किसी महिला का गर्भपात करता है जब तक कि कोई इसे सदिच्छा से नहीं करता है और गर्भावस्था का जारी रहना महिला के जीवन के लिए खतरनाक न हो, उसे सात साल की कैद की सजा दी जाएगी'। इसके अतिरिक्त महिला की सहमति के बिना गर्भपात (धारा 313) और गर्भपात की कोशिश के कारण महिला की मृत्यु (धारा 314) इसे एक दंडनीय अपराध बनाता है। धारा 315 के अनुसार मां के जीवन की रक्षा के प्रयास को छोड़कर अगर कोई बच्चे के जन्म से पहले ऐसा काम करता है जिससे जीवित बच्चे के जन्म को रोका जा सके या पैदा होने का बाद उसकी मृत्यु हो जाए, उसे दस साल की कैद होगी धारा 312 से 318 गर्भपात के अपराध पर सरलता से विचार करती है जिसमें गर्भपात करना, बच्चे के जन्म को रोकना, अजन्मे बच्चे की हत्या करना (धारा 316), नवजात शिशु को त्याग देना (धारा 317), बच्चे के मृत शरीर को छुपाना या इसे चुपचाप नष्ट करना (धारा 318)। हालाँकि भ्रूण हत्या या शिशु हत्या शब्दों

का विशेष तौर पर इस्तेमाल नहीं किया गया है। फिर भी ये धाराएं दोनों अपराधों को समाहित करती हैं।

इन धाराओं में जेंडर के तटस्थ शब्द का प्रयोग किया गया है ताकि किसी भी लिंग के भ्रूण के सन्दर्भ में लागू किया जा सके। हालाँकि भारत में बाल भ्रूण हत्या या शिशु हत्या के बारे में कम ही सुना गया है। भारतीय समाज में जहाँ बेटे की चाह संरचनात्मक और सांस्कृतिक रूप से जुड़ी हुई है, वहीं महिलाओं को बेटे के जन्म के लिए अत्यधिक सामाजिक और मनोवैज्ञानिक दबाव झेलना पड़ता है। इन धाराओं ने कुछ और जरूरी मुद्दों पर विचार नहीं किया है जिनमें महिलाएं अत्यधिक सामाजिक दबावों की वजह से अनेक बार गर्भ धारण करती हैं और लगातार गर्भपातों को झेलती हैं।

1964 में स्वास्थ्य मंत्रालय ने एक समिति का गठन किया। शांतिलाल शाह नाम से गठित इस समिति को महिलाओं द्वारा की जा रही गर्भपात की कानूनी वैधता की मांग के मद्देनजर महिला के प्रजनन अधिकार के मानवाधिकार के मुद्दों पर विचार करने का काम सौंपा गया। 1971 में संसद में गर्भ की चिकित्सकीय समाप्ति अधिनियम, 1971 (एमटीपी एक्ट) पारित हुआ जो 1 अप्रैल 1972 को लागू हुआ और इसे उक्त अधिनियम के दुरुपयोग की संभावनाओं को को खत्म करने के उद्देश्य से गर्भ की चिकित्सकीय समाप्ति संशोधन अधिनियम (2002 का न |64) के द्वारा 1975 और 2002 में संशोधित किया गया। गर्भ की चिकित्सकीय समाप्ति अधिनियम केवल आठ धाराओं वाला छोटा अधिनियम है। यह अधिनियम महिला की निजता के अधिकार, उसके सीमित प्रजनन के अधिकार, उसके स्वस्थ बच्चे को जन्म देने के अधिकार, उसका अपने शरीर के सम्बन्ध में निर्णय लेने के अधिकार की स्वतंत्रता की बात करता है लेकिन कुछ बेईमान लोग केवल कन्या भ्रूण को गिराकर इसका बेजा फायदा उठा रहे हैं।

एमटीपी एक्ट में गर्भ को समाप्त करने की दशाएं (धारा 3), और ऐसा करने के लिए व्यक्ति (धारा 2 क) और स्थान (धारा 4) को निर्धारित किया गया है। इस अधिनियम के अनुसार निम्न दशाओं में गर्भावस्था को समाप्त करने की अनुमति दी जाती है–

(1) जिसमें गर्भ को जारी रखने की सलाह नहीं दी गयी हो और गर्भ महिला के जीवन के लिए खतरा बन सकता है और यह बतौर गर्भवती उसे कुछ गंभीर रोगों से पीड़ित बना सकता है:–

- रक्तचाप में अत्यधिक वृद्धि
- गर्भावस्था के दौरान अनियंत्रित उल्टियाँ
- स्तन और गले का कैंसर
- आँखों में परेशानी के साथ (रेटिनोपैथी)
- मिर्गी
- मानसिक बीमारी

(2) जहाँ पर गर्भावस्था के जारी रहने पर नवजात शिशु के लिए काफी जोखिम हो सकता है और इससे गंभीर तौर पर मानसिक बौद्धिक विकलांगता उत्पन्न हो सकती है। जैसे:–

- गुणसूत्रीय विकृतियाँ
- पहले तीन हफ्तों में माँ को खसरे का संक्रमण
- अगर पहले से बच्चों में जन्मजात विकृतियाँ हों
- आर एच विसंगति से जुड़े जोखिम
- तय समयसीमा से अधिक भ्रूण को विकिरणों के सामने रखना

(3) जहाँ पर बलात्कार के कारण गर्भ ठहरा हो (1 से धारा 3 में व्याख्यायित)

जहाँ माँ आर्थिक और सामाजिक दशाओं के मद्देनजर उसे स्वस्थ रूप से गर्भवती रहने और स्वस्थ शिशु को जन्म देने में कठिनाई हो और उपाय अपनाने के बावजूद गर्भ निरोध उपकरणों की असफलता (2 से धारा 3 में व्याख्यायित)

किसी भी गर्भपात से पहले स्त्री रोग विशेषज्ञ की पूर्व सलाह लेना आवश्यक है। और अगर 12 हफ्तों से अधिक और 20 हफ्तों से कम दिनों का है तो दो डॉक्टरों की सलाह लेना जरूरी है (धारा 2(क) और (ख)। गर्भ गिराने के लिए निश्चित प्रपत्र पर महिला की लिखित सहमति लेना आवश्यक है। महिला की सहमति स्वतंत्र होनी चाहिए और उक्त दशाओं पर ही आधारित होनी चाहिए। पति की सहमति की आवश्यकता नहीं है।18 साल से कम उम्र की लड़कियों, और मानसिक रूप से अस्थिर महिलाओं के सम्बन्ध में उनके अभिभावकों की सहमति लेना आवश्यक है (धारा 3)। इस सहमति में यह आश्वासन दिया जाता है कि चिकित्सक के द्वारा किये जाने वाले गर्भपात के लिए वह अपनी मर्जी से राजी है और उसे प्रक्रिया, उसमें निहित खतरे और उसके बाद बरती जाने वाली सावधानियों के बारे में जानकारी दे दी गयी है।

यह अधिनियम गर्भपात करने वाले चिकित्सकों की योग्यता का भी निर्धारण करता है और केवल सरकारी लाइसेंस प्राप्त केन्द्रों पर ही गर्भपात कराया जा सकता है। इन संस्थानों को सरकार द्वारा जारी प्रमाणपत्र को केंद्र में ऐसी जगह पर लगाना होगा जिससे कोई भी बाहरी व्यक्ति उसे देख सके।

इस अधिनियम के प्रावधानों का उद्देश्य अवैध गर्भपात के खतरों को कम करना है जो कि नीम–हकीमों के अप्रशिक्षित हाथों से गर्भपात करने पर किसी महिला के जीवन और सेहत के लिए खतरनाक बन सकता है। इसके साथ ही इस अधिनियम का मकसद महिलाओं को उनके शरीर पर अधिक नियंत्रण देने और समग्र भलाई के लिए गर्भपात को उदार बनाना है। लेकिन यह अधिनियम पुराना हो चुका है क्योंकि यह विवाद के उन मुद्दों को संबोधित करने में असमर्थ है जो कि विधिक अधिकारों की दृष्टि से अजन्मे बच्चे बनाम आपराधिक और संपत्ति अधिकार के रूप में सामने आते हैं। आज गर्भ में बीमारी से पीड़ित होने के बावजूद लापरवाही बरतने के कारण विकृति के साथ पैदा हुए एक बच्चे की वजह से लॉ ऑफ टोर्ट्स के तहत मुकदमा दायर किया जा सकता है। 18 दिसम्बर 1979 में संयुक्त राष्ट्र संघ ने महिलाओं के विरुद्ध सभी प्रकार के भेदभावों के उन्मूलन की वियना घोषणा (सीडॉ) को मंजूर किया। 19 जून 1993 को भारतीय सरकार ने इसी घोषणा को यथावत

मंजूर कर लिया। सीडॉ की प्रस्तावना में कहा गया है – महिलाओं के विरुद्ध भेदभाव समानता के सिद्धांत और मानवीय गरिमा के आदर का घोर उल्लंघन है। यह सरकार की जिम्मेदारी है कि वह कानूनों में बदलाव या मौजूदा कानूनों, नियमों, परिपाटियों और प्रथाओं में से जेंडर आधारित भेदभाव को खत्म करने के लिए उचित कदम उठाए।

भारतीय संविधान का अनुच्छेद 21 "जीवन के अधिकार" की घोषणा करता है। अनुच्छेद 51। (म) महिलाओं के प्रति अपमानजनक प्रथाओं के त्याग की व्यवस्था भी करता है। उपरोक्त दोनों घोषणाओं के आलोक में भारतीय संसद ने लिंग तय करने वाली तकनीक के दुरुपयोग और इस्तेमाल से कन्या भ्रूण हत्या को रोकने के लिए जन्म–पूर्व परीक्षण तकनीक (दुरुपयोग का नियमन और बचाव) अधिनियम, 1994 पारित किया। इस अधिनियम के प्रमुख लक्ष्य हैं–

- गर्भाधान पूर्व लिंग चयन तकनीक को प्रतिबंधित करना
- लिंग–चयन संबंधी गर्भपात के लिए जन्म–पूर्व परीक्षण तकनीकों के दुरूपयोग को रोकना
- जिस उद्देश्य से जन्म–पूर्व परीक्षण तकनीकों को विकसित किया है, उसी दिशा में उनके समुचित वैज्ञानिक उपयोग को नियमित करना
- सभी स्तरों पर अधिनियम के प्रभावी क्रियान्वयन को सुनिश्चित करना

इस अधिनियम को बड़े जोर–शोर से पारित किया गया लेकिन राज्य इसे समुचित तरीके से लागू करने के लिए माकूल व्यवस्था करने में नाकामयाब रहा। क्लीनिकों में अधूरे अभिलेखों अथवा अभिलेखों के देख–रेख के अभाव में यह पता करना मुश्किल हो जाता है कि कौन–से अल्ट्रा–साउंड का परीक्षण किया गया था। यहाँ तक कि पुलिस महकमा भी सामाजिक स्वीकृति के अभाव में इस अधिनियम के तहत कोई मामला दर्ज करने में असफल रहा है। डॉक्टरों द्वारा कानून का धड़ल्ले से उल्लंघन जारी है जो अपने फायदे

के लिए लोगों का शोषण करते हैं। गर्भाधान के चरण के दौरान ग और ल गुणसूत्रों को अलग करना, पीसीजी इत्यादि नयी तकनीकों के दुरुपयोगों ने इस अधिनियम को नयी स्थितियों में बेअसर बना दिया है।

इस अधिनियम के प्रभावी क्रियान्वयन को सुनिश्चित करने के लिए और मौजूदा कानून में खामियों पर जीत हासिल करने के लिए स्वास्थ्य एवम परिवार कल्याण मंत्रालय ने संशोधनों की एक श्रृखंला प्रस्तावित की थी जिसे संसद में मंजूर कर लिया गया था। इससे पीएनडीटी अधिनियम 2002 दिसम्बर में अस्तित्व में आया।बाद में इस अधिनियम को गर्भाधान पूर्व–प्रसव पूर्व परीक्षण तकनीक (लिंग चयन प्रतिबन्ध) अधिनियम कहा गया। इसके बाद स्वास्थ्य एवम परिवार कल्याण मंत्रालय ने प्रसव–पूर्व परीक्षण (दुरुपयोग का नियम एवम बचाव) अधिनियम 2003 ने 14 फरवरी को 1996 के नियम को विस्थापित कर दिया।

पीसी एंड पीएनडीटी एक्ट की प्रमुख विशेषताएं

इस अधिनियम ने सभी परीक्षण प्रयोगशालाओं के पंजीकरण को अनिवार्य बना दिया है। और अल्ट्रा साउंड के उपकरणों के निर्माता को अपने उपकरणों को पंजीकृत प्रयोगशालाओं को बेचने के निर्देश दिए हैं। इसके अनुसार कोई भी निजी संगठन समेत व्यक्ति, अल्ट्रा साउंड मशीन, इमेजिंग मशीन, स्कैनर या भ्रूण के लिंग के निर्धारण में सक्षम कोई भी उपकरण निर्माता, आयातक, वितरक या आपूर्तिकर्ता के लिए इन्हें बेचना, वितरित करना, आपूर्ति करना, किराये पर देना या भुगतान या अन्य आधार पर इस अधिनियम के तहत अपंजीकृत किसी आनुवंशिक परामर्श केंद्र, जेनेटिक प्रयोगशाला, जेनेटिक क्लिनिक, अल्ट्रा साउंड क्लिनिक, इमेजिंग स्क्रीन या अन्य किसी निकाय या व्यक्ति को ऐसे उपकरणों या मशीनों के प्रयोग की अनुमति नहीं दे सकता है। (पीसी एंड पीएनडीटी अधिनियम के नियम 3। के साथ धारा 3 ठ)

फॉर्म–बी में पंजीकरण प्रमाणपत्र को सार्वजनिक रूप से प्रदर्शित करना चाहिए यानि कि जहाँ से यह सबको दिखाई दे। (पीएनडीटी नियमों के नियम 4 (प) (पप), नियम 6 (2), 6 (5) एवं 8 (2))।

इस अधिनियम के अन्तर्गत ऐसी मशीनों और उपकरणों के पंजीकृत निर्माताओं को सम्बन्ध राज्य, केंद्र शासित प्रदेश और केंद्र सरकार के उपयुक्त प्राधिकारियों को तीन महीने में एक बार अपने उपकरणों के क्रेताओं की सूची देनी होगी और ऐसे व्यक्ति या संगठन से उसे हलफनामा लेना होगा कि वह इन उपकरणों का इस्तेमाल भ्रूण के लिंग चयन के लिए नहीं करेंगे।

पीसी एंड पीएनडीटी अधिनियम की धारा 4 के तहत केवल निम्न परिस्थितियों में प्रसव–पूर्व परीक्षण तकनीकों का इस्तेमाल किया जा सकता है। जबः

- महिला की आयु 35 वर्ष से अधिक हो।
- गर्भवती 2 या 2 से अधिक गर्भपात या भ्रूण की हानि को झेल चुकी हो।
- गर्भवती संभावित रूप से हानिप्रद अभिकर्म्कों जैसे मादक पदार्थ, विकिरणों, संक्रमण या रसायनों के संपर्क में आ चुकी हो।
- गर्भवती या उसके पति के परिवार में किसी को मानसिक विकार या शारीरिक विकृति रही हो जैसे अन्य अनुवांशिक रोग या
- मंडल द्वारा तय की गयी कोई अन्य दशा।

सभी परामर्श केन्द्रों, अनुवांशिक प्रयोगशालाओं, और अल्ट्रा साउंड क्लिनिक्स को जो किसी गर्भवती स्त्री पर स्कैन, टेस्ट या अन्य प्रक्रियाओं को संचालित कर रहे हैं, इन परीक्षणों का पूरा विवरण रखना होगा जिसमें कि नाम, पति का नाम, चिकित्सक का नाम– पता और परीक्षण, स्कैन या प्रक्रियाओं की आवश्यकता के कारण। इन जानकारियों को फॉर्म 'फ' में दर्ज होना चाहिए। (पीएनडीटी अधिनियम का नियम 9 (4))

जब भी कोई गर्भवती महिला अनुमति प्राप्त उद्देश्यों के अतिरिक्त प्रसव पूर्व परीक्षण तकनीक से जाँच कराती है तो यह माना जाएगा की उस पर

उसके पति या अन्य रिश्तेदारों ने परीक्षण करने का दबाव बनाया है और उन्हें इसके लिए जिम्मेदार ठहराया जाएगा। (पीसी एंड पीएनडीटी अधिनियम की धारा 24)।

पीसी एंड पीएनडीटी एक्ट के तहत प्रतिबंधित कृत्य

(क) लिंग चयन या लिंग का पूर्व–निर्धारण की सेवा देने वाले विज्ञापनों का प्रकाशन।

(ख) गर्भाधान–पूर्व या जन्म–पूर्व परीक्षण तकनीकों वाले क्लीनिकों का पंजीकृत नहीं होना या क्लिनिक या संस्थान के भीतर सबको दिखाई देने वाले पंजीकरण प्रमाणपत्र को प्रदर्शित नहीं करना।

(ग) अजन्मे बच्चे के लिंग का निर्धारण करना।

(घ) गर्भवती को लिंग निर्धारण परीक्षण के लिए मजबूर करना।

(ङ) लिंग चयन की प्रक्रिया में सहयोग या सुविधा प्रदान करना।

(च) चिकित्सक द्वारा गर्भवती या अन्य व्यक्ति को अजन्मे बच्चे के लिंग के बारे में किसी भी तरह सूचित करना।

(छ) पीसी एंड पीएनडीटी एक्ट के अंतर्गत पंजीकृत क्लीनिकों द्वारा अभिलेखों को भली–भांति सहेज कर नहीं रखना।

पीसी एंड पीएनडीटी एक्ट का क्रियान्वयन

इस अधिनियम के क्रियान्वयन का निरीक्षण और पुनरीक्षण करने के लिए राज्यस्तरीय निरीक्षण निकाय को बनाने की सिफारिश की गयी थी। यह निकाय गर्भाधान पूर्व और जन्म–पूर्व भ्रूण के लिंग का निर्धारण करने की कुप्रथा के प्रति जनता को जागरूक करेगा। यह राज्य में इस क्षेत्र में कार्यरत संस्थाओं के कामकाज की निगरानी करेगा और अपनी जिम्मेदारियों को पूरा करने में विफल रहने पर उनके खिलाफ कार्रवाई भी करेगा। इस अधिनियम और इसके नियमों के तहत चलायी जा रही विभिन्न गतिविधियों का भी यह

संज्ञान लेगा और केन्द्रीय निगरानी आयोग और केंद्र सरकार को इस सम्बन्ध में ठोस रिपोर्ट भेजेगा।

कोई भी शिकायतकर्ता अपनी शिकायत को राज्य स्तरीय प्राधिकरण में नियुक्त प्राधिकृत अधिकारी के सामने दर्ज करा सकता है। इस अधिकारी का दर्जा स्वास्थ्य विभाग में संयुक्त निदेशक, स्वास्थ्य एवम परिवार कल्याण विभाग के पद से ऊपर होगा। जिला स्तर पर सिविल सर्जन या मुख्य चिकित्सा अधिकारी और नगर में मुख्य स्वास्थ्य अधिकारी या वार्ड स्वास्थ्य अधिकारी या चिकित्सा अधीक्षक को प्राधिकृत किया जाएगा। शिकायत लिखित में दर्ज की जाएगी और उसके प्राधिकारी को भी पावती देनी होगी। अगर नियुक्त प्राधिकरण 15 दिन के अन्दर कार्रवाई करने में विफल रहता है तो शिकायतकर्ता उपयुक्त न्यायक्षेत्र वाली अदालत में पावती के साथ जा सकता है।

इस अधिनियम का उल्लंघन करने पर जिसमें बिना लाइसेंस के प्रयोगशालाओं को चलाना भी शामिल है, उपकरणों को सील कर दिया जाएगा। उपयुक्त प्राधिकरण उपकरणों को सील करने के साथ साथ उनके उपयोग को प्रतिबन्धित कर सकता है। लिंग चयन में लिप्त पाए गए दोषियों की जुर्माना राशी पचास हजार से बढ़ाकर एक लाख की गयी है जिसमें चिकित्सक का पंजीकरण रद्द करने, निलंबन का अतिरिक्त प्रावधान है।

कन्या भ्रूण हत्या के प्रतिरोध के लिए सुझाव

केवल कानून बना देने से सामाजिक बुराई का अंत नहीं हो सकता। महिलाओं के प्रति भेदभाव आम बात है और खास तौर पर कन्या के प्रति उपेक्षा हमारे समाज में गहरे जड़ों तक धंसी है। तमाम कानूनों के बावजूद समाज में पुरुषों की श्रेष्ठता की गलत अवधारणा समाज के लिए खतरनाक है। आम जनता को महिलाओं के सम्मान के विरुद्ध भेदभाव रखने वाली प्रथाओं के उन्मूलन के लिए संवेदनशील बनाने की तत्काल आवश्यकता है।

गिरते लिंग अनुपात को सँभालने की जरुरत है और इसमें राज्य, मीडिया, पत्रकारों, गैर–सरकारी संगठनों, चिकित्सकों, महिला संगठनों और

जनता को साथ खड़े होने की आवश्यकता है ताकि इस बात को सुनिश्चित किया जा सके कि कन्या भ्रूण हत्या विरोधी कानून पूरे तरीके से और कारगर ढंग से लागू हो पाएं। निगरानी, शैक्षिक अभियान और प्रभावी कानूनी क्रियान्वयन, इन सबके संयोजन से लोगों के मन में गहरी बैठी महिला और कन्या विरोधी मानसिकता और कुप्रथाओं को दूर किया जा सकता है। इस संबंध में धार्मिक नेताओं को भी आगे आना चाहिए। उन्हें धर्मग्रंथों के सम्बन्ध में भ्रांतियों के बारे में स्पष्ट करना चाहिए और वैज्ञानिक, तार्किक और मानवीय दृष्टिकोण को बढ़ावा देना चाहिए। पारंपरिक रूप से पुत्र के जन्म तक सीमित धार्मिक कर्मकांडों को बेटी के सन्दर्भ में भी विस्तृत करना चाहिए।

कई राज्यों ने कन्याओं के लिए योजनाएं जारी की हैं जैसे कि कन्या के जन्म पर माता–पिता को नकदी देना, स्नातक स्तर तक मुफ्त शिक्षा, कुछ पॉलिसी में किश्तों में भुगतान किया जाता है जो कन्या के विवाह के समय परिपक्व होती हैं, इत्यादि। जमीनी स्तर पर स्थानीय पंचायतों को भी कन्या भ्रूण हत्या को रोकने के लिए कदम उठाने चाहिए। स्थानीय नेताओं को अपने इलाके के शिक्षित लोगों को जागरूक करने, जनता को शिक्षित करने के लिए नियुक्त करना चाहिए ताकि लोगों का सबलीकरण हो और कन्या भ्रूण हत्या विरोधी अभियानों में महिलाओं को अभियानों में सबसे आगे खड़ा करना चाहिए। सूचना देने वालों को पुरस्कार देना चाहिए। इस कुप्रथा की भयावहता और गंभीरता के बारे में मीडिया में व्यापक प्रचार होना चाहिए। गैर–सरकारी संगठनों को जनता को इस सम्बन्ध में शिक्षित करने की भूमिका निभानी चाहिए। राष्ट्रीय महिला आयोग, गैर–सरकारी संगठन, स्वास्थ्य और परिवार कल्याण मंत्रालय को मौजदा कानूनों को समुचित ढंग से लागू करने के लिए बेहतर योजनायें बनानी चाहिए और अखबारों, रेडियो, दूरदर्शन और इन्टरनेट पर व्यापक स्तर पर जन अभियान चलाने चाहिए।

चिकित्सा व्यवसाय और इसके संगठनों जैसे भारतीय चिकित्सा संगठन, रेडियोलाजिस्ट एसोसिएशन, प्रसूति विशेषज्ञ तथा स्त्री रोग विशेषज्ञों के संगठन इत्यादि के साथ चिकित्सा जगत को मानवता के व्यापक हित में अपने तुच्छ स्वार्थों को छोड़ना चाहिए। चिकित्सकों के लिए एक मजबूत आचार संहिता बनाने की आवश्यकता है। भारतीय चिकित्सा परिषद् अधिनियम,

1956, चिकित्सा परिषद् की नैतिक आचार संहिता, 1970 वर्तमान कानूनों के साथ सामंजस्य स्थापित करते हुए संशोधित किया जाना चाहिए और सबसे बड़ी बात महिलाएं जो जननी हैं उन्हें बेटा पैदा करने की थोपी हुई जिम्मेदारी से स्वयं को मुक्त करना चाहिए। चाहे लड़का हो या लड़की, एक बच्चे को स्वास्थ्य रूप से जन्म लेने का अधिकार है और यह माता–पिता की जिम्मेदारी है कि वह शिशु को उसके विकास के लिए सुरक्षित, देखभाल से भरा वातावरण प्रदान करें। सभी महिलायें, चाहे वो माँ हों या सास, सभी को अपने स्तर पर इस दुर्व्यवहार को रोकना चाहिए। हमें अपनी बेटियों को बेटों की तरह पालना चाहिए और उन्हें समान रूप से सफल बनाना चाहिए और इस पुरानी धारणा को खारिज करना चाहिए कि लड़कियों की शिक्षा केवल विवाह के लिए ही काम आती हैं दुनिया का सामना करने के लिए शिक्षा एक हथियार है। भारतीय समाज में कन्या भ्रूण हत्या की गंभीर चुनौती को रोकने के लिए हमें महिलाओं को सशक्त बनाना होगा। दहेज प्रथा जैसी कुरीतियों के खिलाफ अभियान चलाकर और मौजूदा कानूनों को सख्ती से लागू कर महिला अधिकारों को मजबूती देनी होगी।

कन्या भ्रूण हत्या की घटनाएं रोकने के उपाय

सरकार ने देश में कन्या भ्रूण हत्या रोकने के लिए बहुआयामी रणनीति अपनाई है। इसमें जागरुकता पैदा करने और विधायी उपाय करने के साथ–साथ महिलाओं को सामाजिक–आर्थिक रूप से अधिकार संपन्न बनाने के कार्यक्रम शामिल हैं। इनमें से कुछ उपाय नीचे दिए गए है–

गर्भ धारण करने से पहले और बाद में लिंग चयन रोकने और प्रसवपूर्व निदान तकनीक को नियमित करने के लिए सरकार ने एक व्यापक कानून, गर्भधारण से पूर्व और प्रसवपूर्व निदान तकनीक (लिंग चयन पर रोक) कानून 1994 में लागू किया। इसमें 2003 में संशोधन किया गया।

सरकार इस कानून को प्रभावकारी तरीके से लागू करने में तेजी लाई और उसने विभिन्न नियमों में संशोधन किए जिसमें गैर पंजीकृत मशीनों को सील करने और उन्हें जब्त करने तथा गैर–पंजीकृत क्लीनिकों को दंडित करने के प्रावधान शामिल है। पोर्टेबल अल्ट्रासाउंड उपकरण के इस्तेमाल का

नियमन केवल पंजीकृत परिसर के भीतर अधिसूचित किया गया। कोई भी मेडिकल प्रैक्टिशनर एक जिले के भीतर अधिकतम दो अल्ट्रासाउंड केंद्रों पर ही अल्ट्रा सोनोग्राफी कर सकता है। पंजीकरण शुल्क बढ़ाया गया।

स्वास्थ्य और परिवार कल्याण मंत्री ने सभी राज्य सरकारों से आग्रह किया कि वे अधिनियम को मजबूती से कार्यान्वित करें और गैर–कानूनी तरीके से लिंग का पता लगाने के तरीके रोकने के लिए कदम उठाएं।

माननीय प्रधानमंत्री ने सभी राज्यों के मुख्यमंत्रियों से आग्रह किया कि वे लिंग अनुपात की प्रवृति को उलट दें और शिक्षा और अधिकारिता पर जोर देकर बालिकाओं की अनदेखी की प्रवृत्ति पर रोक लगाएं।

स्वास्थ्य परिवार कल्याण मंत्रालय ने राज्यों और संघ राज्य क्षेत्रों से कहा है कि वे इस कानून को गंभीरता से लागू करने पर अधिकतम ध्यान दें।

पीएनडीटी कानून के अंतर्गत केंद्रीय निगरानी बोर्ड का गठन किया गया और इसकी नियमित बैठकें कराई जा रही हैं।

वेबसाइटों पर लिंग चयन के विज्ञापन रोकने के लिए यह मामला संचार एवं सूचना प्रौद्योगिकी मंत्रालय के समक्ष उठाया गया।

राष्ट्रीय निरीक्षण और निगरानी समिति का पुनर्गठन किया गया और अल्ट्रा साउंड निदान सुविधाएं के निरीक्षण में तेजी लाई गई। बिहार, छत्तीसगढ़, दिल्ली, हरियाणा, मध्य प्रदेश, महाराष्ट्र, उड़ीसा, पंजाब, उत्तराखंड, राजस्थान, गुजरात और उत्तर प्रदेश में निगरानी का कार्य किया गया।

राष्ट्रीय ग्रामीण स्वास्थ्य मिशन के अंतर्गत कानून के कार्यान्वयन के लिए सरकार सूचना, शिक्षा और संचार अभियान के लिए राज्यों और संघ राज्य क्षेत्रों को वित्तीय सहायता दे रही है।

राज्यों को सलाह दी गई है कि इसके कारणों का पता लगाने के लिए कम लिंग अनुपात वाले जिलों/ब्लाकों/गांवों पर विशेष ध्यान दें, उपयुक्त व्यवहार परिवर्तन संपर्क अभियान तैयार करे और पीसी और पीएनडीटी कानून के प्रावधानों को प्रभावकारी तरीके से लागू करे।

धार्मिक नेता और महिलाएं लिंग अनुपात और लड़कियों के साथ भेदभाव के खिलाफ चलाए जा रहे अभियान में शामिल हैं।

भारत सरकार और अनेक राज्य सरकारों ने समाज में लड़कियों और महिलाओं की स्थिति सुधारने के लिए विशेष योजनाएं लागू की गई हैं। इसमें धनलक्ष्मी जैसी योजना शामिल है।

राष्ट्रीय अपराध ब्यूरो से प्राप्त जानकारी के अनुसार 2011 के दौरान देश में कन्या भ्रूण हत्या के कुल 132 मामले दर्ज किए गए। इस सिलसिले में 70 लोगों को गिरफ्तार किया गया, 58 के खिलाफ आरोप–पत्र दायर किया गया और 11 को दोषी ठहराया गया।

4

कन्या भ्रूण हत्या : कानून से ज्यादा समाज जिम्मेदार

बालिकाओं पर हो रहे अत्याचार के विरुद्ध आवाज उठाने की जिम्मेदारी सिर्फ सरकारी तंत्र की नहीं है, बल्कि देश के प्रत्येक नागरिक को इसके लिए आगे आने की जरूरत है। मेरा मानना है कि महिला सशक्तिकरण से पहले बालिकाओं के सशक्तिकरण के लिए कार्य करना ज्यादा आवश्यक है। इस काम की शुरूआत माइक्रो लेवेल पर अर्थात घर से होनी चाहिए। महिलाओं पर होने वाले अपराधों की पहली शुरुआत कन्या भ्रूण हत्या से शुरू होती है। बेहद चिंताजंक और विचारणीय तथ्य है कि हमारे देश के सबसे समृद्ध राज्यों पंजाब, हरियाणा, दिल्ली और गुजरात में लिंगानुपात सबसे कम है। संपन्न तबके में यह कुरीति ज्यादा है। बालिका भ्रूण हत्या की प्रवृत्ती गैरकानूनी, अमानवीय और घृणित कार्य है। हमारे देश की यह एक अजीब विडंबना है कि सरकार की लाख कोशिशों के बावजूद समाज में कन्या–भ्रूण हत्या की घटनाएँ लगातार बढ़ती जा रही हैं। दुर्भाग्य है कि स्त्री–पुरुष लिंगानुपात में कमी हमारे समाज के लिए कई खतरे पैदा कर सकती है। इससे सामाजिक अपराध तो बढ़ ही रहे हैं साथ साथ महिलाओं पर होने वाले अत्याचारऔर अपराधों मे भी निरंतर वृद्धि हो रही है। कन्या भ्रूण हत्या पर कुछ तथ्यों को देखते हैं। पुराने सरकारी रिपोर्ट के मुताबिक 1981 में 0–6 साल के बच्चों का लिंग अनुपात 1000–962 था जो 1991 में घटकर 1000–945 और 2001

में 1000–927 रह गया। केंद्रीय सांख्यिकी संगठन की रिपोर्ट के अनुसार भारत में वर्ष 2001 से 2005 के अंतराल में करीब 6,82,000 कन्या भ्रूण हत्याएं हुई हैं। इस लिहाज से देखें तो इन चार सालों में रोजाना 1800 से 1900 कन्याओं को जन्म लेने से पहले ही दफ्न कर दिया गया। समाज को रूढ़िवादिता में जीने की सही तस्वीर दिखाने के लिए सीएसओ की यह रिपोर्ट पर्याप्त है।

अब जरा कुछ कानूनों को भी समझ लेते हैं। 1995 में बने "जन्म पूर्व नैदानिक अधिनियम 1995 (प्री नेटल डायग्नोस्टिक एक्ट, 1995)" के मुताबिक बच्चे के जन्म से पूर्व उसके लिंग का पता लगाना गैर कानूनी है। इसके अंतर्गत सबसे पहले गर्भधारण पूर्व और प्रसव पूर्व निदान तकनीक (लिंग चयन प्रतिषेध) अधिनियम, 1994 के अन्तर्गत गर्भाधारण पूर्व या बाद लिंग चयन और जन्म से पहले कन्या भ्रूण हत्या के लिए लिंग परीक्षण करने को कानूनी जुर्म ठहराया गया है। इसके साथ ही गर्भ का चिकित्सीय समापन अधिनियम 1971 के अनुसार केवल विशेष परिस्थितियों मे ही गर्भवती स्त्री अपना गर्भपात करवा सकती है। जब गर्भ की वजह से महिला की जान को खतरा हो या महिला के शारीरिक या मानसिक स्वास्थ्य को खतरा हो या गर्भ बलात्कार के कारण ठहरा हो या बच्चा गंभीर रूप से विकलांग या अपाहिज पैदा हो सकता हो। आईपीसी मे भी इस संबंध मे प्रावधान मौजूद हैं। धारा 313, 314, 315 में स्त्री की सहमति के बिना गर्भपात करवाने वाले को आजीवन कारावास तक की सजा का प्रावधान है। इसका अर्थ है की कानून कमजोर नहीं है। सजा का प्रावधान भी पर्यपात है। कहीं न कहीं कानून के अनुपालन एवं संबन्धित व्यक्तियों मे इच्छा शक्ति की कमी है। शायद बात साफ है कि कानून का पालन करने और करवाने वाले दोनों ही इस सामाजिक षड्यंत्र मे शामिल हैं। जब तक समाज के एक बड़े तबके कि सोच मे बदलाव नहीं होगा, स्थिति नहीं बदलने वाली है।

कन्या भ्रूण हत्या को बढ़ावा देने वाले कुछ कारण मे दहेज नाम का एक अभिशाप ऐसा है जो कन्या भ्रूण हत्या को और फैलाने में सहायक है। महंगाई और गरीबी मे कैसे कैसे इंसान अपने परिवार का पेट पालता है और उसके बाद दहेज की चिंता। एक गरीब के लिए दहेज का बोझ इतना अधिक होता

है कि वह चाह कर भी अपनी देवी रुपी बेटी को उतना प्यार नहीं दे पाता जितने की वो हकदार होती है ? लेकिन यह स्त्री–विरोधी नजरिया किसी भी रूप में सिर्फ गरीब परिवारों तक ही सीमित नहीं है, बड़े बड़े ऋण लेकर अमीर दिखते लोगों मे तो ये बीमारी ज्यादा पैर पसार चुकी है। भेदभाव के पीछे सांस्कृतिक मान्यताओं एवं सामाजिक नियमों का भी अधिक हाथ है। अगर देखा जाएं तो एक बड़ा दोष धार्मिक मान्यता का भी लगता है जो सिर्फ पुत्र को ही पिता या माता को मुखाग्नि देने का हक देती है। मां बाप के बाद पुत्र को ही वंश आगे बढ़ाने का काम दिया जाता है। हिंदू धर्म में लड़कियों को पिता की चिता में आग लगाने की अनुमति नहीं होती मसलन ज्यादातर लोगों को लगता है कि लड़के न होने से वंश खतरे में पड़ जाएगा। पहले तो लड़कियों के काम करने पर लोगों को बहुत आपत्ति होती थी किन्तु इसमे तो अब सुधार दिखने लगा है। कन्या भ्रूण हत्या में पिता और समाज की भागीदारी से ज्यादा चिंता का विषय है इसमें मां की भी भागीदारी। एक माँ जो खुद पहले स्त्री होती है। वह कैसे अपने ही अस्तितव को नष्ट कर सकती है और यह भी तब जब वह जानती हो कि वह लड़की भी उसी का अंश है। कभी–कभी औरत ही औरत के ऊपर होने वाले अत्याचार की जड़ होती है यह कथन ऐसे मे गलत नहीं कहा जा सकता है। घर में सास द्वारा बहू पर अत्याचार, गर्भ में मां द्वारा बेटी की हत्या और ऐसे ही कई चरण हैं जहां महिलाओं से एक स्टैंड की उम्मीद की जाती है किन्तु कुछ दवाबों की वजह से शायद वो नहीं ले पातीं । स्त्रियों पर बढ़ता अत्याचार समाचारों का एक आम हिस्सा हो गया है। लेकिन एक महत्वपूर्ण जानकारी आपको देता हूँ कि जितनी स्त्रियाँ बलात्कार, दहेज और अन्य मानसिक व शारीरिक अत्याचारों से सताई जाती हैं, उनसे कई सौ गुना ज्यादा तो जन्म लेने से पहले ही मार दी जाती हैं। वाणी और विचार में स्त्री को देवी का दर्जा देने वाले किंतु व्यवहार में स्त्री के प्रति हर स्तर पर घोर भेदभाव बरतने और उस पर अमानुषिक अत्याचार करने वाले हमारे समाज का यह क्रूरतम रूप है। आधुनिक तकनीक का दंभ भरने वाला और कंक्रीट के जंगलों में विचरण करने वाले समाज को स्वयं को जंगली बनने से बचाने का प्रयास तो करना ही चाहिए।

5

महिलाओं के अधिकार

जीवन जीने का मूल अधिकार

भारतीय संविधान ने मूल अधिकारों के रूप में एक सुन्दर सौगात भारत के नागरिकों को दी है। दुनिया के सभी देशों ने कम या अधिक रूप में इसी प्रकार के मूल अधिकार अपने–अपने नागरिकों के लिए सुनिश्चित किये हैं।

भारतीय संविधान ने मूल अधिकारों के रूप में एक सुन्दर सौगात भारत के नागरिकों को दी है। दुनिया के सभी देशों ने कम या अधिक रूप में इसी पकार के मूल अधिकार अपने–अपने नागरिकों के लिए सुनिश्चित किये हैं। हमारे संविधान के अनुच्छेद–21 में व्यक्ति को जीवन जीने का अधिकार दिया गया है।

इस अनुच्छेद के विस्तार रूप में 14 वर्ष आयु तक के बच्चों को शिक्षा के अधिकार की गारण्टी देते हुए वर्ष 2002 में अनुच्छेद–21ए जोड़ा गया। शिक्षा कैसी हो यह सरकारों का विषय है। सरकारों का संचालन तुच्छ स्वार्थों और अहंकार से लदे हुए राजनेता कर रहे हैं, जिनकी मण्डली में अक्सर दुर्दांत अपराधी और कभी–कभी तो पूरी तरह से अनपढ़ लोग भी शामिल हो जाते हैं। ऐसे राजनेताओं की मण्डली से कोई क्या आशा करे कि वे शिक्षा को ऐसा रूप प्रदान करेंगे कि जिससे हर माँ के गर्भ से उत्पन्न शरीर मानव के रूप में केवल एक शिक्षित परन्तु स्वार्थी पशु ही बनकर न रह जाये अपितु वह एक

महान परोपकारी और देवता मनुष्य बनकर अपने देश के साथ–साथ समूचे विश्व का कल्याण करने के पथ पर चलने लगे। आज की शिक्षा केवल औपचारिक विषयों की शिक्षा दे रही है। अनौपचारिक शिक्षा अर्थात् महान मूल्यों पर आधारित जीवन पद्धति के निर्माण का आज के युग में कोई स्थान नहीं है। कुछ विशिष्ट गैर–सरकारी सामाजिक और धार्मिक संगठन अवश्य ही इस महान दायित्व का निर्वहन कर रहे हैं जो शिक्षण संस्थाओं का संचालन करते समय बच्चों में नैतिकता की स्थापना का कुछ प्रयास करते हैं। यह प्रयास नगण्य इसलिए हो जाता है क्योंकि सरकार की तरफ से शिक्षा पद्धति निर्धारित करते समय अर्थात् पाठ्यक्रमों का निर्माण करते समय इन जीवन मूल्यों को उदारता से कोई स्थान नहीं दिया जाता।

इसी प्रकार सर्वोच्च न्यायालय ने अनुच्छेद–21 का विस्तार करते हुए कई निर्णयों के माध्यम से स्वास्थ्य और चिकित्सा को भी जीवन जीने के मूल अधिकार की तरह घोषित कर दिया है। सरकारों ने स्वास्थ्य और चिकित्सा को लेकर अनेकों प्रकार की सुविधाएँ भारत के नागरिकों के लिए प्रस्तुत की हैं। सरकारी अस्पतालों में निःशुल्क चिकित्सा और यहाँ तक कि औषधियों आदि की भी सुविधा उपलब्ध होती है। प्रधानमंत्री नरेन्द्र मोदी ने अपनी भावुकता और उदार हृदयता का परिचय देते हुए प्रधानमंत्री सहायता कोष के द्वार गरीब बच्चों की चिकित्सा में सहायता के लिए भी खोल दिये हैं।

प्रतिवर्ष हजारों लाख रुपये अब गरीबों को चिकित्सा सहायता के लिए आबंटित किये जाते हैं। हाल ही में पुणे की 6 वर्षीय वैशाली को उसकी हृदय चिकित्सा में सहयोग के रूप में प्रधानमंत्री कोष से वित्तीय सहयोग भेजा गया तो उसने इस सहयोग का धन्यवाद करते हुए प्रधानमंत्री से मिलने की इच्छा व्यक्त की। नरेन्द्र मोदी के साथ वैशाली का चित्र सारे राष्ट्रीय समाचार पत्रों के लिए एक समाचार बन गया। इसी प्रकार सहारनपुर के एक 8 वर्षीय बालक निशान्त दुआ की कैंसर चिकित्सा में भी प्रधानमंत्री कोष से वित्तीय सहायता प्राप्त हुई। निशान्त ने भी धन्यवाद के रूप में प्रधानमंत्री नरेन्द्र मोदी को एक पत्र लिखा जिसमें उसने स्वास्थ्य और चिकित्सा को लेकर एक ऐसा विचित्र प्रश्न प्रधानमंत्री के सामने प्रस्तुत कर दिया है जिसका उत्तर भारतीय प्रधानमंत्री के साथ–साथ विश्व का कोई भी राजनेता और यहाँ तक कि बड़े

से बड़ा चिकित्सक भी नहीं दे सकता। निशान्त ने प्रश्न किया है कि प्रधानमंत्री जी आपकी वित्तीय सहायता से मेरे पिता द्वारा मेरी चिकित्सा में खर्च होने वाली राशि का एक हिस्सा मदद के रूप में प्राप्त हुआ है। आपकी इस सहायता के अतिरिक्त भी मेरे पिता का बहुत सा धन मेरी चिकित्सा पर खर्च हो रहा है। क्या आपकी सहायता राशि देश के सभी गरीब बच्चों को उपलब्ध हो सकती है? इस सहायता के बावजूद क्या भविष्य में लोग बीमार होने बन्द हो जायेंगे? क्या आप कोई ऐसा प्रयास नहीं कर सकते कि जिससे भारत के लोगों को पौष्टिक खानपान के माध्यम से स्वस्थ रहने का ज्ञान बचपन से ही शिक्षा के माध्यम से दिया जाये?

निशान्त द्वारा उठाया गया यह प्रश्न पूरे नकारात्मक उत्तर के साथ सारे संसार में विद्यमान है। हमारी सरकारें और शिक्षा पद्धतियाँ ऐसा कोई गम्भीर प्रयास करती नजर नहीं आ रही हैं जिससे भारत के नागरिकों को बचपन से ही स्वास्थ्य के प्रति पूर्ण जागरूक किया जा सके। यदि ऐसे गम्भीर प्रयास आज ही प्रारम्भ कर दिये जायें तो स्वाभाविक रूप से बहुत निकट भविष्य में हमारा देश रोगमुक्ति के मार्ग पर चल सकेगा। जीवन जीने के मूल अधिकार का यह एक सकारात्मक पक्ष होगा जिसमें हमारे नागरिक जीवन जीने की मूल और प्राकृतिक कलाओं को सीख पायेंगे। जीवन जीने के मूल अधिकार के नाम पर चिकित्सा सुविधाओं और सहायता कोष स्थापित करने में कोई महानता नहीं है कि हम पहले लोगों के बीमार होने की प्रतीक्षा करें और फिर एक भावुक सरकार या राजनेता होने का दम भरते हुए उन्हें क्रूर रासायनिक औषधियाँ और उससे भी क्रूर चीर–फाड़ जैसी चिकित्साओं की सुविधाएँ तथा वित्तीय सहायता देने में ही अपने आपको महान समझने लगे हैं। महानता इस बात में होनी चाहिए कि हम अपने नागरिकों को ऐसा ज्ञान दें जो उन्हें बीमारी के मार्ग से ही बचा ले।

आज हमारे देश के बच्चे भी गम्भीर रोगों से ग्रस्त होने लगे हैं। कैंसर की मार भारत में किसी भी व्यक्ति को किसी भी अवस्था में झेलनी पड़ सकती है। कैंसर पैदा करने वाले विषाक्त तत्त्व आज सारे विश्व के वायुमण्डल में हैं। परन्तु यह भी एक वैज्ञानिक सत्य है कि सारे विश्व में जो औद्योगिक इकाईयाँ भिन्न–भिन्न खाद्य पदार्थों का निर्माण कर रही हैं उनमें अनेकों प्रकार के

रासायनिक तत्व प्रयोग किये जाते हैं। सरकारें और अदालतें कभी मैगी पर प्रतिबन्ध लगाती हैं तो कभी ब्रेड पर। इसी प्रकार समय–समय पर अनेकों औषधियों पर भी प्रतिबन्ध लगाये जाते हैं। अक्सर ऐसे प्रतिबन्ध कुछ समय के बाद वापिस ले लिये जाते हैं। जनता को इन खाद्य पदार्थों में शामिल रसायनों तथा अन्य तत्त्वों की कोई विशेष जानकारी नहीं है। आज उच्च शिक्षा प्राप्त व्यक्ति से लेकर पूरी तरह अनपढ़ व्यक्ति भी सफेद चीनी, सफेद नमक, मैदे तथा तरह–तरह के तेलों का खानपान में प्रयोग होने से उत्पन्न प्रभावों को बिल्कुल भी नहीं जानता। ऐसे में सरकार सारे भारतवासियों को यदि मधुमेह, ब्लड प्रेशर, हृदय रोगों, किडनी रोगों से चिकित्सा के लिए पूरी तरह निःशुल्क औषधियाँ भी उपलब्ध करवाना प्रारम्भ कर दे तो सरकार पर इन सेवाओं का वित्तीय बोझ लगातार बढ़ता ही जायेगा। इसके विपरीत यदि सरकार हानिकारक तत्त्वों का प्रयोग करने पर प्रतिबन्ध लगा दे और बाल्यावस्था से बच्चों को इन सारी वस्तुओं के दुष्प्रभावों से अवगत कराना प्रारम्भ कर दे तो देश के नागरिक स्वाभाविक रूप से अपने स्वास्थ्य को बनाये रखने में पारंगत हो पायेंगे।

भारतीय संविधान के अनुच्छेद–45 में राज्य का यह दायित्व बताया गया है कि वह बाल्यावस्था में ही देखरेख और शिक्षा की जिम्मेदारी का निर्वहन करे। इसी प्रकार अनुच्छेद–47 में सरकार का यह दायित्व है कि वह लोगों के खानपान स्तर और जीवन स्तर को ऊँचा करने तथा स्वास्थ्य सुधारों को अपना प्राथमिक कर्त्तव्य समझे। नागरिकों के द्वारा मादक पदार्थों तथा स्वास्थ्य के लिए हानिकारक औषधियों के प्रयोग पर प्रतिबन्ध लगाये। अनुच्छेद–48क में सरकारों को पर्यावरण संरक्षण के लिए भी दायित्व दिया गया है।

इसलिए प्रधानमंत्री नरेन्द्र मोदी जी से हम अपेक्षा करते हैं कि वे निशान्त दुआ के द्वारा प्रस्तुत मौलिक प्रश्न का सकारात्मक उत्तर भारतीय जनता को देने का प्रयास अवश्य करें। यह एक राजनीतिक कार्य नहीं अपितु अत्यन्त गम्भीर मानवीय कार्य होगा। सर्वोच्च न्यायालय को भी अनुच्छेद–21 के अन्तर्गत जीवन जीने के मूल अधिकार की व्याख्या को उचित तरीके से परिभाषित करते हुए यह स्पष्ट करना चाहिए कि रोगों से मुक्ति का ज्ञान वास्तव में जीवन जीने का मूल अधिकार है। अतः कोई भी सरकार शिक्षा

पद्धति के माध्यम से जीवन जीने की प्राकृतिक कलाओं को सिखाने में किसी प्रकार की लापरवाही न करें।

स्वतंत्रता का अधिकार

भारतीय संविधान का उद्देश्य विचार–अभिव्यक्ति, विश्वास, धर्म और उपासना की स्वाधीनता सुनिश्चित करना है। इसलिए संविधान के अनुच्छेद 19 से लेकर 22 तक स्वतंत्रता के अधिकार (Right to Freedom)का उल्लेख किया गया है. इस सम्बन्ध में अनुच्छेद 19 सबसे अधिक जरुरी है. मूल संविधान के अनुच्छेद 19 द्वारा नागरिकों को 7 स्वतंत्रताएँ प्रदान की गई थीं और इनमें छठी स्वतंत्रता "सम्पत्ति की स्वतंत्रता" थी। 44वें संवैधानिक संशोधन द्वारा संपत्ति के मौलिक अधिकार के साथ–साथ "संपत्ति की स्वतंत्रता" भी समाप्त कर दी गई है और अब नागरिकों को 6 स्वतंत्रताएँ ही प्राप्त हैं :–

- स्वतंत्रता का अधिकार
- विचार और अभिव्यक्ति की स्वतंत्रता
- अस्त्र–शस्त्र रहित और शांतिपूर्ण सम्मलेन की स्वतंत्रता
- समुदाय और संघ निर्माण की स्वतंत्रता
- भ्रमण की स्वतंत्रता
- निवास की स्वतंत्रता
- व्यवसाय की स्वतंत्रता
- विचार और अभिव्यक्ति की स्वतंत्रता

भारत के सभी नागरिकों को विचार करने, भाषण देने और अपने व अन्य व्यक्तियों के विचारों के प्रचार की स्वतंत्रता (freedom of speech and expression) प्राप्त है. प्रेस भी विचारों के प्रचार का एक साधन होने के कारण इसी में प्रेस की स्वतंत्रता भी सम्मिलित है। नागरिकों को विचार और अभिव्यक्ति की यह स्वतंत्रता असीमित रूप से प्राप्त नहीं है।

अस्त्र–शस्त्र रहित और शांतिपूर्ण सम्मलेन की स्वतंत्रता

व्यक्तियों के द्वारा अपने विचारों के प्रचार के लिए शांतिपूर्वक और बिना किन्हीं शस्त्रों के सभा या सम्मलेन किया जा सकता है और उनके द्वारा जुलूस या प्रदर्शन का आयोजन भी किया जा सकता है। यह स्वतंत्रता (assemble peacefully and without arms) भी असीमित नहीं है और राज्य के द्वारा सार्वजनिक सुरक्षा के हित में व्यक्ति की इस स्वतंत्रता को सीमित किया जा सकता है।

समुदाय और संघ निर्माण की स्वतंत्रता

संविधान के द्वारा सभी नागरिकों को समुदायों और संघों के निर्माण की स्वतंत्रता प्रदान की गई है परन्तु यह स्वतंत्रता भी उन प्रतिबंधों के अधीन है, जिन्हें राज्य साधारण जनता के हितों को ध्यान में रखते हुए लगाता है। इस स्वतंत्रता की आड़ में व्यक्ति ऐसे समुदायों का निर्माण नहीं कर सकता जो षड्यंत्र करें अथवा सार्वजनिक शान्ति और व्यवस्था को भंग करें।

भ्रमण की स्वतंत्रता

भारत के सभी नागरिक बिना किसी प्रतिबंध या विशेष अधिकार–पत्र के सम्पूर्ण भारतीय क्षेत्र में घूम सकते हैं।

निवास की स्वतंत्रता

भारत के प्रत्येक नागरिक को भारत में कहीं भी रहने या बस जाने की स्वतंत्रता है। भ्रमण और निवास के सम्बन्ध में यह व्यवस्था संविधान द्वारा अपनाई गई इकहरी नागरिकता के अनुरूप है। भ्रमण और निवास की इस स्वतंत्रता पर भी राज्य सामान्य जनता के हित और अनुसूचित जातियों और जनजातियों के हितों में उचित प्रतिबंध लगा सकता है।

व्यवसाय की स्वतंत्रता

भारत में सभी नागरिकों को इस बात की स्वतंत्रता है कि वे अपनी आजीविका के लिए कोई भी पेशा, व्यापार या कारोबार कर सकते हैं। राज्य

साधारणतया व्यक्ति को न तो कोई विशेष नौकरी, व्यापार या व्यवसाय करने के लिए बाध्य करेगा और न ही उसके इस प्रकार के कार्य में बाधा डालेगा। किन्तु इस सबंध में भी राज्य को यह अधिकार प्राप्त है कि वह कुछ व्यवसायों के सम्बन्ध में आवश्यक योग्यताएं निर्धारित कर सकता है अथवा किसी कारोबार या उद्योग को पूर्ण अथवा आंशिक रूप से अपने हाथ में ले सकता है।

महिलाओं के मताधिकार

महिलाओं के मताधिकार (बोलचालः मादा मताधिकार, महिला मताधिकार या वोट देने का महिलाओं का अधिकार) चुनावों में वोट देने वाली महिलाओं का अधिकार है। एक व्यक्ति जो विशेष रूप से महिलाओं के लिए मताधिकार के विस्तार की वकालत करता है, उसे एक प्रत्यर्पण कहा जाता है। 1 9वीं शताब्दी के उत्तरार्ध में फिनलैंड, आइसलैंड, स्वीडन और कुछ ऑस्ट्रेलियाई उपनिवेशों और पश्चिमी अमेरिकी राज्यों में महिलाओं द्वारा सीमित मतदान अधिकार प्राप्त किए गए थे। वोटिंग अधिकार हासिल करने के प्रयासों को समन्वयित करने के लिए राष्ट्रीय और अंतर्राष्ट्रीय संगठनों का गठन किया गया, विशेष रूप से अंतर्राष्ट्रीय महिला मताधिकार गठबंधन (1904 में स्थापित, बर्लिन, जर्मनी), और महिलाओं के लिए समान नागरिक अधिकारों के लिए भी काम किया।

1881 में, आइल ऑफ मैन ने उन महिलाओं को दिया जिनके पास संपत्ति का अधिकार था। 1893 में, न्यूजीलैंड के ब्रिटिश उपनिवेश ने महिलाओं को वोट देने का अधिकार दिया। 1895 में दक्षिण ऑस्ट्रेलिया की उपनिवेश समान थी और 1896 में महिलाएं अगले चुनाव में मतदान करने में सक्षम थीं। दक्षिण ऑस्ट्रेलिया ने महिलाओं को पुरुषों के साथ चुनाव के लिए खड़े होने की अनुमति भी दी। 1899 में पश्चिमी ऑस्ट्रेलिया ने पूर्ण महिला मताधिकार को अधिनियमित किया, जिससे महिलाएं 31 जुलाई 1900 के संवैधानिक जनमत संग्रह और 1901 राज्य और संघीय चुनावों में मतदान करने में सक्षम रहीं। 1902 में शेष चार उपनिवेशों में महिलाओं ने छह ऑस्ट्रेलियाई उपनिवेशों को ऑस्ट्रेलिया के राष्ट्रमंडल बनने के लिए संघीय

चुनावों में वोट देने और खड़े होने का अधिकार हासिल कर लिया। महिलाओं सहित, आदिवासी लोगों के खिलाफ भेदभावपूर्ण प्रतिबंध, राष्ट्रीय चुनावों में मतदान, 1962 तक पूरी तरह से हटा दिए गए थे।

महिलाओं के मताधिकार को पेश करने वाला पहला यूरोपीय देश फिनलैंड का ग्रैंड डची था, फिर रूसी साम्राज्य का हिस्सा था। जिसने 1907 के संसदीय चुनावों में दुनिया की पहली महिला संसद सदस्य चुने। नॉर्वे ने 1913 में पूर्ण महिला मताधिकार प्रदान किया। डेनमार्क 1915 में हुआ, और सोवियत संघ 1917 में हुआ।

अधिकांश स्वतंत्र देशों ने 1917 में कनाडा समेत मध्यवर्ती युग में महिलाओं के मताधिकार को अधिनियमित किया, ब्रिटेन (1918 में 30 से अधिक, 1928 में 21 से अधिक), जर्मनी, पोलैंड 1918 में, ऑस्ट्रिया और नीदरलैंड 1919 में और 1 9 20 में संयुक्त राज्य अमेरिका (वोटिंग) 1965 के अधिकार अधिनियम ने नस्लीय अल्पसंख्यकों के लिए मतदान अधिकार सुरक्षित किए)। लेस्ली ह्यूम का तर्क है कि प्रथम विश्व युद्ध ने लोकप्रिय मनोदशा को बदल दिया।

महिलाओं के लिए वोटिंग अधिकारों और चुनाव अधिकारों (मताधिकार) जैसे राज्य मामलों में भाग लेने का अधिकार। आधुनिक बुर्जुआ क्रांति के बाद भी, महिलाओं के पीड़ित अधिकारों को लंबे समय तक मान्यता नहीं मिली थी। हालांकि, जैसा कि इंग्लैंड एट अल के ई। पुंकखर्स्ट में देखा गया है, विभिन्न तरीकों से महिलाओं के मतदान अधिकारों की मांग करने वाले अभियान जारी रहे हैं। और 19वीं शताब्दी के अंत के बाद से दुनिया में महिलाओं का मताधिकार पहचाना गया है। जापान में मेजी युग के अंत में भी फुकुदा ईको ने महिलाओं के मताधिकार अधिकार हासिल करने के लिए एक अभियान शुरू किया, और 1924 में महिलाओं के मताधिकार विजेता संघ संघ (1925 महिलाओं के चुनाव अधिग्रहण गठबंधन का नाम बदलकर) स्थापित किया गया, इचिकावा फूसे एट अल। सक्रिय था हालांकि, युद्ध के कारण इसकी प्राप्ति में देरी हुई थी। द्वितीय विश्व युद्ध के बाद 1945 में महिलाओं को अंततः जीएचक्यू के निर्देशों के आधार पर प्रतिनिधि सभा के

चुनाव कानून के संशोधन द्वारा मतदान अधिकारों की अनुमति दी गई थी, और 1946 में महिलाओं ने पहली बार चुनाव में भाग लिया था। 39 महिला असेंबली भी पैदा हुए थे।

शिक्षा का अधिकार

स्त्री शिक्षा स्त्री और शिक्षा को अनिवार्य रूप से जोड़ने वाली अवधारणा है। इसका एक रूप शिक्षा में स्त्रियों को पुरुषों की ही तरह शामिल करने से संबंधित है। दूसरे रूप में यह स्त्रियों के लिए बनाई गई विशेष शिक्षा पद्धति को संदर्भित करता है। भारत में मध्य और पुनर्जागरण काल के दौरान स्त्रियों को पुरुषों से अलग तरह की शिक्षा देने की धारणा विकसित हुई थी। वर्तमान दौर में यह बात सर्वमान्य है कि स्त्री को भी उतना शिक्षित होना चाहिये जितना कि पुरुष हो। यह सिद्ध सत्य है कि यदि माता शिक्षित न होगी तो देश की सन्तानो का कदापि कल्याण नहीं हो सकता।

स्वरूप और महत्व

शिक्षा वयस्क जीवन के प्रति स्त्रियों के विकास के लिए एक आधार के रूप में विशेष रूप से महत्वपूर्ण भूमिका निभाती है। शिक्षा अन्य अधिकारों को सुरक्षित करने के लिए लड़कियों और महिलाओं को सक्षम करने में एक महत्वपूर्ण भूमिका निभाती है। बहुत सी समस्याओं को पुरुषों से नहीं कह सकने के कारण महिलाएं कठिनाई का सामना करती रहती हैं। अगर महिलाएँ शिक्षित हों तो वे अपने घरों की सभी समस्याओं का समाधान कर सकती हैं। स्त्री शिक्षा राष्ट्रीय और अंतर्राष्ट्रीय विकास में मदद करता है। आर्थिक विकास और एक राष्ट्र के सकल घरेलू उत्पाद की वृद्धि में मदद करता है। महिला शिक्षा एक अच्छे समाज के निर्माण में मदद करती है।

समस्याएं

रूढ़िवादी सांस्कृतिक नजरिए के कारण लड़कियों को अक्सर पाठशाला जाने की अनुमति नहीं दी जाती है। इसका एक कारण गरीबी भी देखा जा सकता है क्योंकि घर की आर्थिक स्थिति ठीक न होने के कारण भी माता–पिता अपने सभी बच्चों को शिक्षा देने में असमर्थ होते हैं जिसके कारण

वे अपने बच्चों को स्कूल नहीं भेज पाते और लड़कियों को भी अपने साथ मजदूरी पर ले जाना पड़ता है।

भारत में स्त्री शिक्षा

भारत में वैदिक काल से ही स्त्रियों के लिए शिक्षा का व्यापक प्रचार था। मुगल काल में भी अनेक महिला विदुषियों का उल्लेख मिलता है।

पुनर्जागरण के दौर में भारत में स्त्री शिक्षा को नए सिरे से महत्व मिलने लगा। ईस्ट इंडिया कंपनी के द्वार सन 1854 में स्त्री शिक्षा को स्वीकार किया गया था। विभिन्न सरकारी और गैर सरकारी प्रयासों के कारण साक्षरता के दर 0.2% से बदकर 6% तक पहुँच गया था। कोलकाता विश्वविद्यालय महिलाओं को शिक्षा के लिए स्वीकार करने वाला पहला विश्वविद्यालय था। 1986 में शिक्षा संबंधी राष्ट्रीय नीति प्रत्येक राज्य को सामाजिक रूपरेखा के साथ शिक्षा का पुनर्गठन करने का निर्णय लिया था। स्वतन्त्रता प्राप्ति के पश्चात सन 1947 से लेकर भारत सरकार पाठशाला में अधिक लड़कियों को पढ़ने का मौका देने के लिये, अधिक लड़कियों को पाठशाला में दाखिला करने के लिये और उनकी स्कूल में उपस्थिति बढ़ाने की कोशिश में अनेक योजनाएँ बनाए हैं जैसे कि निरूशुल्क पुस्तकें, दोपहर की भोजन आदि।

जोन इलियोट ने पहला महिला विश्वविद्यालय खोला था। सन् 1849 में और उस विश्वविद्यालय क नाम बीथुने कालेज था।

सन् 1986 में राष्ट्रीय शिक्षा नीति को पुनर्गठन देने को सरकार ने फैसला किया। सरकार ने राज्य कि उन्नती की लिये, लोकतंत्र की लिये और महिलाओं का स्थिति को सुधारने की लिये महिलाओं को शिक्षा देना जरूरी समझा था। भारत की स्वतंत्रता के बाद सन् 1947 में विश्वविद्यालय शिक्षा आयोग को बनाया गया। आयोग ने सिफारिश किया कि महिलाओं कि शिक्षा में गुणवता में सुधार लिया जाए। भारत सरकार ने तुरन्त ही महिला साक्षारता की लिये साक्षर भारत मिशन की शुरूआत किया था।

इस मिशन में महिलाओं की अशिक्षा की दर को नीचे लाने की कोशिश की गई है। बुनियादी शिक्षा उन्हें अनिवार्य है और अपने स्वयं के जीवन और

शरीर पर फैसला करने का अधिकार देने, बुनियादी स्वास्थ्य, पोषण और परिवार नियोजन की समझ के साथ लड़कियों और महिलाओं को शिक्षा प्रदान हो रही है।

लड़कियों और महिलाओं की शिक्षा गरीबी पर काबू पाने में एक महत्वपूर्ण कदम है। कुछ परिवारों का काम कर रहे पुरुष दुर्भाग्यपूर्ण दुर्घटनाओं में विकलांग हो जाते हैं। उस स्थिति में, परिवार का पूरा बोझ परिवारों की महिलाओं पर टिका रहता है। महिलाओं की ऐसी जरूरतों को पूरा करने के लिए उन्हे शिक्षित किया जाना चाहिए। वे विभिन्न क्षेत्रों में प्रवेश कर सकती हैं। महिलाएँ शिक्षकों, डॉक्टरों, वकीलों और प्रशासक के रूप में काम कर रही हैं। शिक्षित महिलाएँ अच्छी माँ बन सकती हैं। महिलाओं की शिक्षा से दहेज समस्या, बेरोजगारी की समस्या, आदि सामाजिक शांति से जुड़े मामलों को आसानी से हल किया जा सकता है।

स्त्री शिक्षा की भूमिका

संस्कृत में यह उक्ति प्रसिद्ध है– 'नास्ति विद्यासमं चक्षुर्नास्ति मातृ समोगुरुरू'. इसका मतलब यह है कि इस दुनिया में विद्या के समान क्षेत्र नहीं है और माता के समान गुरु नहीं है।' यह बात पूरी तरह सच है। बालक के विकास पर प्रथम और सबसे अधिक प्रभाव उसकी माता का ही पड़ता है। माता ही अपने बच्चे को पाठ पढ़ाती है। बालक का यह प्रारंभिक ज्ञान पत्थर पर बनी अमिट लकीर के समान जीवन का स्थायी आधार बन जाता है। लेकिन आज पूरे भारतवर्ष में इतने असामाजिक तत्व उभर आए हैं, जिन्होंने मां–बहनों का रिश्ता खत्म कर दिया है और जो भोग–विलास की जिंदगी जीना अधिक उपयोगी समझने लगे हैं। यही कारण है कि कस्बों से लेकर शहरों की मां–बहनें असुरक्षित हैं।

असुरक्षा के कारण ही बलात्कार और सामूहिक बलात्कार जैसी अनेक घटनाओं के जाल में फँसकर महिलाओं का जीवन नर्क बन चुका है। वास्तव में कहा जाता है कि महिलाओं की शिक्षा, किसी भी पुरुष की शिक्षा से कम महत्वपूर्ण नहीं है। समाज की नई रूपरेखा तैयार करने में महिलाओं की शिक्षा पुरुषों से सौ गुना अधिक उपयोगी है। इसलिए स्त्री शिक्षा के लिए सरकार

को प्रयासरत होना चाहिए। तभी अत्याचार जैसी घटनाओं पर काबू पाया जा सकता है।

लाभ

शिक्षा प्राप्त करके आर्थिक रूप से आत्मनिर्भर होने का अर्थ यह नहीं है कि नारी शिक्षित होकर पुरुष को अपना प्रतिद्वन्द्वी मानते हुए उसके सामने ही मोर्चा लेकर खड़ी हो जाए। बल्कि वह आर्थिक क्षेत्र में भी पुरुष के बराबर समानता का अधिकार प्राप्त करके उसके साथ मैत्रीपूर्ण सम्बन्ध के समीकरण बनाने में सक्षम बने। जिस प्रकार शरीर को भोजन की आवश्यकता होती है, उसी प्रकार मानसिक विकास के लिए शिक्षा आवश्यक है। अगर नारी ही शिक्षित नहीं होगी तो वह न तो सफल गृहिणी बन सकेगी और न कुशल माता। समाज में बाल–अपराध बढ़ने का कारण बालक का मानसिक रूप से विकसित न होना है। अगर एक माँ ही अशिक्षित होगी तो वह अपने बच्चों का सही मार्गदर्शन करके उनका मानसिक विकास कैसे कर पाएगी और एक स्वस्थ समाज का निर्माण एवं विकास सम्भव नहीं हो सकेगा। अतः यह कहा जा सकता है कि शिक्षित नारी ही भविष्य में निराशा एवं शोषण के अन्धकार से निकलकर परिवार को सही राह दिखा सकती है। इसका एक रूप शिक्षा में स्त्रियों को पुरुषों की ही तरह शामिल करने से संबंधित है। दूसरे रूप में यह स्त्रियों के लिए बनाई गई विशेष शिक्षा पद्धति को संदर्भित करता है। भारत में मध्य और पुनर्जागरण काल के दौरान स्त्रियों को पुरुषों से अलग तरह की शिक्षा देने की धारणा विकसित हुई थी। वर्तमान दौर में यह बात सर्व मान्य है कि स्त्री को भी उतना शिक्षित होना चाहिये जितना कि पुरुष हो। यह सिद्ध सत्य है कि यदि माता शिक्षित न होगी तो देश की सन्तानो का कदापि कल्याण नहीं हो सकता।

स्वरूप और महत्व

शिक्षा वयस्क जीवन के प्रति स्त्रियों के विकास के लिए एक आधार के रूप में विशेष रूप से महत्वपूर्ण भूमिका निभाती है। शिक्षा अन्य अधिकारों को सुरक्षित करने के लिए लड़कियों और महिलाओं को सक्षम करने में एक महत्वपूर्ण भूमिका निभाती है। बहुत सी समस्याओं को पुरुषों से नहीं कह

सकने के कारण महिलाएं कठिनाई का सामना करती रहती हैं। अगर महिलाएँ शिक्षित हों तो वे अपने घरों की सभी समस्याओं का समाधान कर सकती हैं। स्त्री शिक्षा राष्ट्रीय और अंतराष्ट्रीय विकास में मदद करता है। आर्थिक विकास और एक राष्ट्र के सकल घरेलू उत्पाद की वृद्धि में मदद करता है। महिला शिक्षा एक अच्छे समाज के निर्माण में मदद करती है। महिला शिक्षा पर सरकार को जोर देना चाहिए।

शोषण के विरुद्ध अधिकार

भारत के संविधान में अनुच्छेद 23 और अनुच्छेद 24 देश के सभी नागरिकों को शोषण के विरुद्ध अधिकार देता है। इसे एक मौलिक अधिकार माना गया है। मनुष्य के क्रय विक्रय पर रोक लगाई गई है।

बच्चों से काम कारखानों में काम कराने पर भी रोक है। उन्हें दुकानों पर नौकर के रूप में इस्तेमाल करने पर भी रोक लगा दी गई है। यह सारी चीजें शोषण के अंतर्गत आती है।

सर्वोच्च न्यायालय ने बाल मजदूरी खत्म करने का निर्देश दिया था।

शोषण के विरुद्ध अधिकार को संविधान के रूप में मान्यता देने की शुरुआत 1975 में की गई थी जब बंधक मजदूरी प्रथा देशभर में गैरकानूनी घोषित की गई थी। 1997 में सर्वोच्च न्यायालय ने भारत सरकार से 6 महीने के अंदर बाल मजदूरी खत्म करने का निर्देश दिया था।

"बाल पुनर्स्थापना कल्याण कोष" की स्थापना की थी। उस समय बाल मजदूरी को खत्म करने के अनेक प्रयास किए गए थे पर वह पर्याप्त नहीं सिद्ध हुए। भारत के कुछ राज्यों में अभी भी बाल मजदूरी चल रही है। देश की गरीबी, मां बाप का गरीब होना इसका मुख्य कारण है।

अनुच्छेद 23 (मानव दुर्व्यापार एवं बाल श्रम का निषेध)

इस संविधान के अंतर्गत मानव का गलत इस्तेमाल करना दंडनीय अपराध है। इसके अंतर्गत दुर्व्यापार जैसे पुरुष महिला बच्चों की खरीद–फरोख्त, वेश्यावृत्ति, दास प्रथा, देवदासी जैसी चीजें शामिल हैं। भारत के सभी

नागरिकों पर यह संविधान लागू होता है। इन कार्यों में लिप्त पाए जाने पर दंड दिया जाता है।

इसके साथ ही बेकार जबरन मजदूरी (Forced Labor) कराने पर भी दंड का प्रावधान है। बिना पारिश्रमिक के काम करवाना जैसी चीजें इसमें शामिल है। भारत में अनैतिक व्यापार को रोकने के लिए अनैतिक व्यापार अधिनियम 1956, बंधुआ मजदूरी अधिनियम 1976 और समान पारिश्रमिक अधिनियम 1976 बनाया गया है।

देश में हर नागरिक अपनी पसंद का रोजगार, पेशा या काम चुन सकता है। हर नागरिक को समान वेतन का अधिकार है। इसके साथ ही सभी लोगों को ट्रेड यूनियन बनाने और जॉइन करने का अधिकार दिया गया है। अनुच्छेद 23 के कुछ अपवाद भी हैं। राज्य या देश हित के लिए अनिवार्य श्रम योजना को लागू किया जा सकता है। इसके साथ ही जैसे सैन्य सेवा, सामाजिक सेवा जैसे कार्यो के लिए या धन देने के लिए बाध्य नहीं किया जा सकता।

अनुच्छेद 24 (कारखानों में बाल श्रम आदि पर निषेध)

इस संविधान के अंतर्गत 14 वर्ष से कम आयु के बच्चों को फैक्ट्री दुकान कारखाने आदि में काम कराना दंडनीय अपराध है। इसके साथ ही जोखिम भरे कामों को कराना दंडनीय अपराध है। यह संविधान संयुक्त राष्ट्र के सिद्धांतों पर आधारित है।

भारत में बाल श्रम को रोकने के लिए बाल एवं किशोर श्रम अधिनियम 1986, बाल श्रम संशोधन अधिनियम 1986 और बाल श्रम संशोधन अधिनियम 2016 बनाया गया है। इस संविधान का उल्लंघन करने वाले को दंड दिया जाएगा। 6 से 2 वर्ष तक की कैद या 2 से 5 लाख रूपये तक का जुर्माना भी हो सकता है। दुबारा पकड़े जाने पर 1 से 3 वर्ष की सजा हो सकती है।

भारत में शोषण का इतिहास History of exploitation in India

भारत में शोषण का एक लंबा इतिहास रहा है। आजादी से पूर्व ऐसे कई

जमींदार और राजा थे जो मजदूरों से जबरन अपने खेतों में मजदूरी करवाते थे। मजदूर उन्हें छोड़कर कहीं और काम करने के लिए नहीं जा सकता था। वह उनकी अनुमति लेने के बाद ही कहीं बाहर काम करने के लिए जा सकता था। राजस्थान में इस तरह के कई जमीदारों का वर्णन मिलता है।

आजादी से पहले छोटी जाति के लोगों, दलित वर्ग, मैला उठाने वाले लोगों और महिलाओं पर अत्याचार होता था। प्राचीन भारत में जाति के नाम पर बहुत शोषण किया जाता था। शूद्र, वैश्य, क्षत्रिय, ब्राह्मण जैसी जातियों में समाज बंटा हुआ था। शूद्र जाति को अस्पृश्य (अछूत) समझा जाता था। उसे हीन, बुरा और अशुभ समझा जाता था। दलित लोगों के साथ कई प्रकार के भेदभाव किए जाते थे। उन्हें दूसरे बर्तनों में खाना परोसा जाता था।

अछूत लोग किसी दूसरी जाति में शादी नहीं कर सकते थे। चाय की दुकानों पर उनके बर्तन अलग थे। सार्वजनिक रास्तों पर उनका चलना मना था। अछूत बच्चों को स्कूलों में दूसरे बच्चों से अलग बिठाया जाता था। इस तरह से वह एक नारकीय जीवन जी रहे थे। दलित लोगों को मंदिरों में जानना भी मना था। कुछ दिनों पहले केरल के सबरीमाला मंदिर में स्त्रियों को जाने की अनुमति सुप्रीम कोर्ट ने प्रदान की है।

इस तरह भारत में शोषण के बहुत से रूप दिखाई देते हैं। शोषण ना सिर्फ मजदूरी के रूप में बल्कि जातिगत, यौन, भावनात्मक और सामाजिक रुप में भी होता आया है। पर जैसे जैसे समय बीतता गया लोग शिक्षित हुए। उन्होंने शोषण के विरुद्ध आवाज लगाई और अन्याय को दूर किया। अस्पृश्यता प्रथा का महात्मा गांधी ने विरोध किया और दलित जाति के लोगों को हरिजन नाम दिया।

शोषण के भिन्न अर्थ

शोषण का अर्थ बहुत से संदर्भों में होता है जैसे– जातिगत शोषण, शारीरिक शोषण, मानसिक शोषण, आर्थिक शोषण, सामाजिक शोषण, भावनात्मक शोषण और बालिका उपेक्षा

शारीरिक शोषण के शिकार बच्चे

भारत सरकार ने 2007 में बाल शोषण पर सर्वे करवाया जिसमें पता चला कि 5 से 12 वर्ष के उम्र वाले बच्चे सबसे अधिक शोषण और दुर्व्यवहार का शिकार हैं। इस तरह के बच्चे शारीरिक और भावनात्मक शोषण का शिकार बनते हैं।

कुल बच्चों में 54% लड़के हैं और 46% लड़कियां हैं। आंध्र प्रदेश, आसाम, बिहार दिल्ली में बाल शोषण के अधिक मामले पाए गए हैं। बहुत से बच्चों से सप्ताह में 7 दिन काम कराया जाता है।

यौन शोषण के शिकार बच्चे

आंध्र प्रदेश, असम, बिहार जैसे पिछड़े राज्य के लड़के लड़कियों में यौन शोषण के सबसे ज्यादा मामले पाए गए हैं। सभी बच्चों में 50% मामले में जान पहचान के व्यक्ति द्वारा यौन शोषण किया गया। 20% बच्चों ने यौन शोषण की बात कही जबकि 50% बच्चों ने अन्य प्रकार की शोषण की बात कही।

भावनात्मक शोषण और उपेक्षा के शिकार बच्चे

विभिन्न रिपोर्टों में पाया गया कि भावनात्मक स्तर पर शोषण में 83% मामले में माता–पिता ही शोषक थे। 48% लड़कियों ने कहा कि यदि वह लड़का होते तो ज्यादा अच्छा होता। देश में अभी भी लड़के लड़कियों में भेदभाव किया जाता है।

लड़कों को सभी सुख सुविधाएं दी जाती हैं जबकि लड़कियों को पराया धन और बोझ के रूप में देखा जाता है। इस तरह बालक लड़कियों में उपेक्षा की भावना पैदा होती है। वह खुद को हीन समझने लगती हैं।

महिलाओं के संवैधानिक एवं विधिक अधिकार

प्राचीन युग से वर्तमान युग तक नारी के संघर्ष की गाथा बहुत लंबी है। कहा जाता रहा है कि हजार वर्षों से पराधीनता में रहने वाली एकमात्र

जाति ''नारी'' ही है । इसी कारण स्त्री को ''अंतिम उपनिवेश'' की भी संज्ञा दी जाती रही है। वर्तमान शताब्दी में विश्व में अपराधों की संख्या में असाधारण वृद्धि हुई है, जिसका प्रत्यक्ष प्रभाव समाज पर स्पष्ट परिलक्षित हो रहा है क्योंकि समाज और अपराध एक दूसरे के पूरक हैं। अपराध समाज में कारित होते हैं और उनका उपचार भी समाज में समाहित होता है। आदिम युग में मानवीय आवश्यकताएं न्यून थी। इसलिए अपराध भी काफी कम होते थे। किन्तु वर्तमान में मनुष्य की नित नये बढ़ती आवश्यकताओं के कारण भी अपराध ज्यादा होने लगे हैं। प्रारंभ में अपराध केवल चोरी, लूट, हत्या, बलात्कार इत्यादि की घटनाओं तक ही सीमित थे। किन्तु वर्तमान में इन्टरनेट, इलेक्ट्रॉनिक मीडिया तक बढ़ गई हैं। जिसे साइबर अपराध भी कहा जाता है।

यद्यपि भारतीय संविधान के अनुच्छेद स्त्री और पुरुष को समान दर्जा देता है किन्तु आंकड़ों से स्पष्ट है कि ये सिर्फ कागजों तक ही सीमित है। यदि हमारे देश में घटित होने वाले महिलाओं के प्रति अपराधों का विश्लेषण करे तो स्पष्ट होता है कि प्रति 6 मिनट पर महिलाओं के साथ छेड़छाड़, सार्वजनिक अपमान, हत्या का प्रयास, बलात्कार, यौन–उत्पीड़न, अश्लीलता जैसी घटनाएं घटती है। भारत के विभिन्न प्रदेशों की स्थिति को देखें तो महाराष्ट्र में सर्वाधिक फिर मध्यप्रदेश, आंध्रप्रदेश में राजस्थान में महिलाओं के प्रति ज्यादा अपराध घटित होते हैं।

ऐसे अपराधों को रोकने कठोर से कठोरतम् कानून निर्मित किए जा रहे हैं। किन्तु जब तक पुरुषों तथा समाज की मानसिकता में सुधार नहीं आएगा, ऐसे कानूनों का कोई औचित्य नहीं रह जाएगा क्योंकि समस्याओं का जन्म समाज से ही होता है और उनका उन्मूलन भी कानून के उचित क्रियान्वयन के साथ साथ समाज द्वारा ही हो सकता है। भारतीय संविधान द्वारा महिलाओं को बहुत से संवैधानिक एवं विधिक अधिकार प्रदत्त किये गये हैं, इसके साथ ही इन अधिकारों के उचित क्रियान्वयन एवं महिलाओं को उत्पीड़न से बचाने हेतु विभिन्न आयोगों की स्थापना भी की गई है।

1.महिलाओं के लिए संवैधानिक उपबंधः–

(i) भारतीय संविधान का अनुच्छेद 14 के अनुसार "भारत राज्य क्षेत्र के किसी व्यक्ति को विधि के समक्ष समता से अथवा विधियों के समान संरक्षण से वंचित नहीं किया जाएगा।"

समानता का तात्पर्य यहां पर यह है कि स्त्री और पुरुष में किसी प्रकार का लिंग भेद नहीं है तथा यह अधिकार स्त्री और पुरुष दोनों को समान रूप से प्राप्त है।

(ii) अनुच्छेद 15 के अनुसार "राज्य केवल धर्म, मूल, वंश, जाति, लिंग, जन्म स्थान के आधार पर नागरिकों के बीच कोई विभेद नहीं करेगा" भारतीय संविधान में स्पष्ट है कि पुरुष एवं महिला को समान अधिकार प्रदान किये गये हैं, इतना ही इसी अनुच्छेद के खंड 3 में स्त्रियों के लिए विशेष व्यवस्था भी की गई है क्योंकि महिलाओं की स्वाभाविक प्रकृति के कारण उन्हें विशेष संरक्षण की आवश्यकता होती है।

(iii) अनुच्छेद – 19 में महिलाओं को स्वतंत्रता का अधिकार प्रदान किया गया है, ताकि वह स्वतंत्र रूप से भारत के क्षेत्र में आवागमन, निवास एवं व्यवसाय कर सकती है। स्त्री लिंग होने के कारण किसी भी कार्य से उनको वंचित करना मौलिक अधिकार का उल्लंघन माना गया है। तथा ऐसी स्थिति में कानून की सहायता हो सकेगी।

(iv) अनुच्छेद 23–24 द्वारा महिलाओं के विरूद्ध होने वाले शोषण को नारी गरिमा के लिए उचित नहीं मानते हुए महिलाओं की खरीद–ब्रिकी वेश्यावृत्ति के लिए जबरदस्ती करना, भीख मंगवाना आदि को दंडनीय माना गया है। इसके लिए सन् 1956 में 'सेप्रशन ऑफ इमोरस ट्राफिक इन विमेन इन विमेन एंड गर्ल्स एक्ट" भी भारतीय संसद द्वारा पारित किया गया ताकि महिलाओं के विरूद्ध होने वाले सभी प्रकार के शोषण को समाप्त किया जा सके।

(v) आर्थिक न्याय प्रदान करने हेतु अनुच्छेद 39 (क) में स्त्री को जीविका के पर्याप्त साधन प्राप्त करने का अधिकार एवं अनुच्छेद 39 (द) में समान कार्य के लिए समान वेतन का उपबंध है।

(vi)यअपद्ध अनुच्छेद 42 के अनुसार महिला को विशेष प्रसूति अवकाश प्रदान करने की बात कही गई है।

(vii) अनुच्छेद 46 इस बात का आव्हान करता है कि राज्य दुर्बल वर्गो के शिक्षा तथा अर्थ संबंधी हितों की विशेष सावधानी से अभिवृद्धि करेगा तथा सामाजिक अन्याय एवं सब प्रकार के शोषण से संरक्षा करेगा।

(viii) संविधान के भाग 4 के अनुच्छेद 51 (क) (ङ.) में स्पष्ट रूप से कहा गया है कि हमारा दायित्व है कि हम हमारी संस्कृति की गौरवशाली परंपरा के महत्व को समझे तथा ऐसी प्रथाओं का त्याग करे जो कि स्त्रियों के सम्मान के खिलाफ हो।

(ix) अनुच्छेद 243 (द) (3) में प्रत्येक पंचायत में प्रत्यक्ष निर्वाचन से भरे गये स्थानों की कुल संख्या के 1/3 स्थान स्त्रियों के लिए आरक्षित रहेगें और चक्रानुक्रम से पंचायत के विभिन्न निर्वाचन क्षेत्रों में आबंटित किये जाएगें।

(x) अनुच्छेद 325 के अनुसार निर्वाचक नामावली में महिला एवं पुरुष दोनों को ही समान रूप से सम्मिलित होने का अधिकार प्रदान किया गया है, अनुच्छेद 325 द्वारा संविधान निर्माताओं ने यह दर्शाने की कोशिश की है कि भारत में पुरुष और स्त्री को समान मतदान अधिकार दिये गये हैं ।

2. विधिक उपबंध

महिलाओं के प्रति बढ़ते अपराधों एवं अत्याचारों के निवारण के लिए राज्य द्वारा विभिन्न अधिनियम पारित किये गये हैं, ताकि महिलाओं को उनका अधिकार मिल सकें एवं सामाजिक भेदभाव से उनकी सुरक्षा हो सकें ।

(i) भारतीय दंड संहिता 1860 के प्रावधानः– भा.द.सं. में भी महिलाओं पर होने वाले अत्याचार एवं निर्दयता के विरूद्ध व्यवस्था की गई है ।

धारा 292 से 294 तहत विशिष्टता और सदाचार को प्रभावित करने वाले मामलों पर रोक लगाई गयी है। इसके अनुसार अगर कोई स्त्रियों की नंगी तस्वीरें प्रदर्शित करता है अथवा क्रय–विक्रय करता है अथवा भौंडा प्रदर्शन करता है तो ऐसे व्यक्ति को दो वर्ष तक की सजा एवं 2 हजार रुपया तक

जुर्माना अथवा दोनों ही सजाओं का प्रावधान है।

(ii) धारा 312 से 318 में गर्भपात कारित करना, अजन्में शिशुओं को नुकसान पहुंचाने, शिशुओं को अरक्षित छोड़ने और जन्म छिपाने के विषय में दंड का प्रावधान किया गया है।

(iii)धारा 354 के तहत अगर कोई व्यक्ति किसी स्त्री की लज्जा भंग करता है अथवा करने के उद्देश्य से आपराधिक बल प्रयोग करता है तो उसे 2 वर्ष की सजा अथवा जुर्माना अथवा दोनों से दंडित किये जानो का प्रावध ाान है।

(iv) धारा 361 के अनुसार यदि किसी महिला की आयु 18 वर्ष से कम है और उसे कोई व्यक्ति उसके विधिपूर्व संरक्षक की संरक्षकता से बिना सम्मति के या बहला अथवा फुसलाकर ले जाता है तो वह व्यक्ति व्यपहरण का दोषी होगा। तथा धारा 363 से 366 में दंड का प्रावधान किया गया है।

(v) धारा 372 के तहत अगर किसी 18 वर्ष से कम आयु की महिला को किसी वेश्यावृत्ति के प्रयोजन के लिए बेचा जाने पर दोषी व्यक्ति को 10 वर्ष तक की सजा व जुर्माना अथवा दोनों की सजा दी जा सकेगी ।

(vi) धारा 375 में बलात्कार को परिभाषित किया गया है एवं धारा 376 में बलात्कार के लिए दंड का प्रावधान है ।

(vii) धारा 498 (अ) में प्रावधानित किया गया है कि अगर कोई पति अथवा उसका कोई रिश्तेदार विवाहित पत्नी के साथ निर्दयतापूर्वक दुर्व्यवहार करता है अथवा दहेज को लेकर यातना देता है तो न्यायालय उसे 2 साल तक की सजा दे सकता है ।

(viii) धारा 509 के तहत अगर कोई व्यक्ति स्त्री की लज्जा का अनादर करने के आशय से कोई शब्द कहता है कोई ध्वनि या कोई अंग विक्षेप करता हे या कोई वस्तु प्रदर्शित करता है अथवा कोई ऐसा कार्य करता है जिससे किसी स्त्री की एकान्तता पर अतिक्रमण होता हे तो ऐसा व्यक्ति एक वर्ष तक की सजा एवं जुर्माना अथवा दोनों से दंडित किया जायेगा।

3. महिलाओं के लिए पारित किये गये विभिन्न अधिनियम

हमारे देश मे विभिन्न समयों में प्रचलित कुरीतियों एवं कुप्रथाओं को मुक्त कराने हेतु बहुत से अधिनियम पारित किये गये है तथा महिलाओं को सुरक्षा एवं अधिकार देने हेतु भी अधिनियम पारित किये गये है, जो निम्न है:–

(1) राज्य कर्मचारी बीमा अधिनियम 1948

(2) दि प्लांटेशनस लेबर अधिनियम 1951

(3) परिवार न्यायालय अधिनियम, 1954

(4) विशेष विवाह अधिनियम, 1954

(5) हिन्दु विवाह अधिनियम 1955

(6) हिन्दु उत्तराधिकारी अधिनियम, 1956 (संशोधन 2005)

(7) अनैतिक व्यापार निवारण अधिनियम 1956

(8) प्रसूति प्रसूविधा अधिनियम 1961 (संशोधित 1995)

(9) दहेज प्रतिषेध अधिनियम 1961

(10) गर्भ का चिकित्सकीय समापन अधिनियम 1971

(11) ठेका श्रमिक (रेग्युलेशन एण्ड एबोलिशन) अधिनियम 1976

(12) दि इक्वल रियुनरेशन अधिनियम 1976

(13) बाल विवाह प्रतिषेध अधिनियम 2006

(14) आपराधिक विधि (संशोधन) अधिनियम 1983

(15) कारखाना (संशोधन) अधिनियम 1986

(16) इन्डिकेंट रिप्रेसेन्टेशन ऑफ वुमेन एक्ट 1986

(17) कमीशन ऑफ सती (प्रिवेन्शन) एक्ट, 1987

(18) घरेलू हिंसा से संरक्षण अधिनियम 2005

4. अन्य प्रयास

महिलाओं की दशा सुधारने हेतु भारत सरकार द्वारा सन् 1985 में महिला एवं बाल विकास विभाग की स्थापना तथा 1992 में राष्ट्रीय महिला आयोग की स्थापना की गई तथा देश में अतंर्राष्ट्रीय महिला दिवस मनाया जाने लगा। भारत सरकार द्वारा वर्ष 2001 को महिला सशक्तीकरण वर्ष भी घोषित किया गया।

इसी प्रकार विभिन्न योजनाओं एवं कार्यक्रमों का क्रियान्वयन भी सरकार द्वारा समय–समय पर किया गया है। जिनमें प्रमुख है – बालिका समृद्धि योजना, किशोरी शक्ति योजना, बालिका बचाओं योजना, इंदिरा महिला योजना, सरस्वती सायकल योजना, स्वयंसिद्धा योजना, महिला समाख्या इत्यादि।

निष्कर्ष एवं सुझावः–

महिलाओं को प्रदत्त अधिकारों एवं उनके लिए बनायें गये अधिनियमों के बाद भी महिलाओं की स्थिति शोचनीय है। महिलाओं पर होने वाले अत्याचारों को रोकने के लिए पर्याप्त अधिनियम है, जिनके कारण महिलाओं की स्थिति में सुधार नहीं हो पा रहा है। स्वतंत्रता के पश्चात से वर्तमान तक विभिन्न अधिनियम जैसेः– हिन्दु विवाह अधिनियम, विशेष विवाह अधिनियम, विवाह–विच्छेद व तलाक अधिनियम वेश्यावृत्ति उन्मूलन अधिनियम, गर्भपात की चिकित्सा द्वारा मान्यता जैसे प्रमुख सुधारों से महिलाओं की सामाजिक स्थिति में पर्याप्त अंतर आया है, फिर भी बहुत सी कमियाँ है, जिनकी वजह से इन कानूनों का लाभ महिलाएँ नहीं उठा पाती –

(1) पूरे देश में महिलाओं के प्रति होने वाले अपराधों का विश्लेषण करें तो स्पष्ट है कि अधिकांश मामलों में रिपोर्ट ही दर्ज नहीं करवाये जाते । चाहे पारिवारिक दबाव हो या सामाजिक

दबाव जिसके चलते बहुत सी घटनाएँ परिवार की चारदीवारी में ही सिमट कर रह जाती है ।

(2) महिलाओं के उत्थान एवं सरंक्षण के लिए पर्याप्त कानून एवं अधिनियम है, किन्तु लोगों को विशेषकर महिलाओं को कानूनों एवं अधिकारों का पर्याप्त ज्ञान ही नहीं है, अतः ऐसे कानूनों का पर्याप्त प्रचार–प्रसार या जानकारी समय–समय पर महिलाओं को प्रदान की जानी चाहिए।

(3) घरेलू हिंसा से संबंधित मामलों में महिलाएँ आगे नहीं आती, यदि पीड़ित महिलाएँ ऐसे घटनाओं के विरूद्ध आवाज उठाना भी चाहे तो समाज में इसे उचित नहीं माना जाता । ऐसी घटनाओं को रोकने के लिए कानून व सरकार के साथ समाज को भी अपनी उचित भूमिका निर्वहन करना चाहिए।

(4) देश में कुल मतदाताओं में आधी संख्या महिलाओं की है, मगर इसके बावजूद भी लोकसभा तथा राज्य विधानमंडलों में उनका प्रतिनिधित्व घोर निराशाजनक हे । अतः राजनीति में भी महिलाओं को अपनी भागीदारी सुनिश्चित करनी चाहिए।

(5) भा.दं.सं. की धारा 498 ए के अंतर्गत विवाहित महिला पर सभी अत्याचार अपराध है, किन्तु इसे व्यवहार में दहेज प्रताड़ना से जोड़ दिया जाता है, जो कि उचित नहीं है । क्योंकि महिलाएँ फौजदारी मुकदमा के लिए हिम्मत नहीं जुटा पाती और साथ ही उनकों घर से निकाले जाने का भी डर रहता है ।

(6) लोकतांत्रिक संस्थाओं में महिलाएँ प्रतिनिधित्व नहीं कर पाती है। विकसित देशों की लोकतांत्रिक संस्थाओं में महिलाओं का प्रतिनिधित्व उनकी संख्या के अनुपात में नहीं है।

(7) महिलाओं में साक्षरता के दर भी काफी कम है। आंकड़ों से स्पष्ट है कि 66% पुरुषों की तुलना में सिर्फ 39% महिलाएँ

ही शिक्षित है । शिक्षा का इतना कम प्रतिशत भी महिलाओं के प्रति अत्याचार का कारण है ।

(8) महिलाओं की स्थिति सुधारने में गैर–सरकारी संगठन अधिक प्रभावशाली भूमिका निभा सकते है, साथ ही उत्पीड़ित महिलाओं को सरकारी एवं गैर सरकारी संगठनों द्वारा पर्याप्त दी जानी चाहिए तथा महिलाओं के लिए स्वरोजगार योजनाओं आदि को भी पर्याप्त महत्व दिया जाए।

6

महिलाओं से संबंधित कानून और अधिनियम

घरेलू हिंसा से महिला संरक्षण अधिनियम

घरेलू दायरे में हिंसा को घरेलू हिंसा कहा जाता है। किसी महिला का शारीरिक, मानसिक, भावनात्मक, मौखिक, मनोवैज्ञानिक या यौन शोषण किसी ऐसे व्यक्ति द्वारा किया जाना जिसके साथ महिला के पारिवारिक सम्बन्ध हैं। घरेलू हिंसा में शामिल है।

घरेलू हिंसा की कानूनी परिभाषा

"घरेलू हिंसा के विरुद्ध महिला संरक्षण अधिनियम की धारा, 2005" घरेलू हिंसा को पारिभाषित किया गया है –"प्रतिवादी का कोई बर्ताव, भूल या किसी और को काम करने के लिए नियुक्त करना, घरेलू हिंसा में माना जाएगा–

क्षति पहुँचाना या जख्मी करना या पीड़ित व्यक्ति को स्वास्थ्य, जीवन, अंगों या हित को मानसिक या शारीरिक तौर से खतरे में डालना या ऐसा करने की नीयत रखना और इसमें शारीरिक, यौनिक, मौखिक और भावनात्मक और आर्थिक शोषण शामिल है। या दहेज या अन्य संपत्ति या मूल्यवान प्रतिभूति की अवैध मांग को पूरा करने के लिए महिला या उसके रिश्तेदारों

को मजबूर करने के लिए यातना देना, नुक्सान पहुँचाना या जोखिम में डालना य या पीड़ित या उसके निकट सम्बन्धियों पर उपरोक्त वाक्यांश (क) या (ख) में सम्मिलित किसी आचरण के द्वारा दी गयी धमकी का प्रभाव होनाय या पीड़ित को शारीरिक या मानसिक तौर पर घायल करना या नुक्सान पहुँचाना"

शिकायत किया गया कोई व्यवहार या आचरण घरेलू हिंसा के दायरे में आता है या नहीं, इसका निर्णय प्रत्येक मामले के तथ्य विशेष के आधार पर किया जाता है।

व्यथित व्यक्ति कौन है?

इस कानून के पूरे लाभ को लेने के लिए यह समझना जरूरी है कि 'व्यथित व्यक्ति' अथवा पीड़ित कौन है। यदि आप एक महिला हैं और कोई व्यक्ति (जिसके साथ आप घरेलू नातेदारी में हैं) आपके प्रति दुर्व्यवहार करता है तो आप इस अधिनयम के तहत पीड़ित या 'व्यथित व्यक्ति' हैं चूँकि इस कानून का उद्देश्य महिलाओं को घरेलू नातेदारी से उपजे दुर्व्यवहार से संरक्षित करना है, इसलिए यह समझना भी जरूरी है की घरेलू नातेदारी या सम्बंध क्या हैं और कैसे हो सकते हैं? 'घरेलू नातेदारी' का आशय किन्हीं दो व्यक्तियों के बीच के उन सम्बन्धों से है, जिसमें वे या तो साझी गृहस्थी में एक साथ रहते हैं या पहले कभी रह चुके हैं। इसमें निम्न सम्बंध शामिल हो सकते हैं:

रक्तजनित सम्बन्ध (जैसे माँ– बेटा, पिता– पुत्री, भाई– बहन, इत्यादि)

विवाहजनित सम्बन्ध(जैसेपति–पत्नी,सास–बहू,ससुर–बहू, देवर–भाभी, ननद परिवार, विधवाओं के सम्बन्ध या विधवा के परिवार के अन्य सदस्यों सेसम्बन्ध)

दत्तकग्रहण–गोदलेने से उपजे सम्बन्ध (जैसे गोद ली हुई बेटी और पिता)

शादी जैसे रिश्ते (जैसे लिव–इन सम्बन्ध,कानूनी तौर पर अमान्य विवाह

(उदाहरण के लिए पति ने दूसरी बार शादी की है,अथवापति और पत्नी रक्त आदि से संबंधित हैं और विवाह इस कारण अवैध है))

(घरेलू नातेदारी के दायरे में आने के लिए जरूरी नहीं कि दो व्यक्ति वर्तमान में किसी साझा घर में रह रहे हों। मसलन यदि पति ने पत्नी को अपने घर से निकाल दियातो यह भी एक घरेलू नातेदारी के दायरे में आएगा।)

व्यथित व्यक्ति के अधिकार

इस अधिनियम को लागू करने की जिम्मेदारी जिन अधिकारियों पर है, उनके इस कानून के तहत कुछ कर्तव्य हैं जैसे– जब किसी पुलिस अधिकारी, संरक्षण अधिकारी, सेवा प्रदाता या मजिस्ट्रेट को घरेलू हिंसा की घटना के बारे में पता चलता है, तो उन्हें पीड़ित को निम्न अधिकारों के बारे में सूचित करना हैः

पीड़ित इस कानून के तहत किसी भी राहत के लिए आवेदन कर सकती है जैसे कि – संरक्षण आदेश,आर्थिक राहत,बच्चों के अस्थाई संरक्षण (कस्टडी) का आदेश, निवास आदेश या मुआवजे का आदेश पीड़ित आधिकारिक सेवा प्रदाताओं की सहायता ले सकती है।

पीड़ित संरक्षण अधिकारी से संपर्क कर सकती है

पीड़ित निशुल्क कघनूनी सहायता की मांग कर सकती है

पीड़ित भारतीय दंड संहिता (IPC) के तहत क्रिमिनल याचिका भी दाखिल कर सकती है, इसके तहत प्रतिवादी को तीन साल तक की जेल हो सकती है। इसके तहत पीड़ित को गंभीर शोषण सिद्ध करने की आवश्यकता है।

इसके अलावा, राज्य द्वारा निर्देशित आश्रय गृहों और अस्पतालों की जिम्मेदारी है कि उन सभी पीड़ितों को रहने के लिए एक सुरक्षित स्थान और चिकित्सा सहायता प्रदान करे जो उनके पास पहुंचते हैं। पीड़ित सेवा प्रदाता या संरक्षण अधिकारी के माध्यम से इन्हें संपर्क कर सकती है।

प्रमुख कानूनी प्रावधान

धारा 4

घरेलू हिंसा किया जा चुका हो या किया जाने वाला है या किया जा रहा है, की सूचना कोई भी व्यक्ति संरक्षण अधिकारी को दे सकता है जिसके लिए सूचना देने वाले पर किसी प्रकार की जिम्मेदारी नहीं तय की जाएगी। पीड़ित के रूप में आप इस कानून के तहत 'संरक्षण अधिकारी' या 'सेवा प्रदाता' से संपर्क कर सकती हैं। पीड़ित के लिए एक 'संरक्षण अधिकारी' संपर्क का पहला बिंदु है। संरक्षण अधिकारी मजिस्ट्रेट के समक्ष कार्यवाही शुरू करने और एक सुरक्षित आश्रय या चिकित्सा सहायता उपलब्ध कराने में मदद कर सकते हैं। प्रत्येक राज्य सरकार अपने राज्य में 'संरक्षण अधिकारी' नियुक्त करती है। 'सेवा प्रदाता' एक ऐसा संगठन है जो महिलाओं की सहायता करने के लिए काम करता है और इस कानून के तहत पंजीकृत है सपीड़ित सेवा प्रदाता से, उसकी शिकायत दर्ज कराने अथवा चिकित्सा सहायता प्राप्त कराने अथवा रहने के लिए एक सुरक्षित स्थान प्राप्त कराने हेतु संपर्क कर सकती है। भारत में सभी पंजीकृत सुरक्षा अधिकारियों और सेवा प्रदाताओं का एक डेटाबेस यहाँ उपलब्ध है। सीधे पुलिस अधिकारी या मजिस्ट्रेट से भी संपर्क किया जा सकता हैस आप मजिस्ट्रेट – फर्स्ट क्लास या मेट्रोपोलिटन मजिस्ट्रेट से भी संपर्क कर सकती हैं, किंतु किस क्षेत्र के मैजिस्ट्रेट से सम्पर्क करना है यह आपके और प्रतिवादी के निवास स्थान पर निर्भर करता है स 10 लाख से ज्यादा आबादी वाले शहरों में अमूमन मेट्रोपोलिटन मजिस्ट्रेट से संपर्क करने की आवश्यकता हो सकती है।

धारा 5

यदि धरेलू हिंसा की कोई सूचना किसी पुलिस अधिकारी या संरक्षण अधिकारी या मजिस्ट्रेट को दी गयी है तो उनके द्वारा पीड़िता को जानकारी देनी होगी किः–

(क) उसे संरक्षण आदेश पाने का

(ख) सेवा प्रदाता की सेवा उपलब्धता

(ग) संरक्षण अधिकारी की सेवा की उपलब्धता

(घ) मुफ्त विधिक सहायता प्राप्त करने का

(ङ) परिवाद–पत्र दाखिल करने का अधिकार प्राप्त है। पर संज्ञेय अपराध के लिए पुलिस को कार्रवाई करने से यह प्रावधान नहीं रोकता है।

धारा 10

सेवा प्रदाता, जो नियमतः निबंधित हो, वह भी मजिस्ट्रेट या संरक्षा अधिकारी को घरेलू हिंसा की सूचना दे सकता है।

धारा 12

पीड़िता या संरक्षण अधिकारी या अन्य कोई घरेलू हिंसा के बारे में या मुआवजा या नुकासान के लिए मजिस्ट्रेट को आवेदन दे सकता है। इसकी सुनवाई तिथि तीन दिनों के अन्दर की निर्धारित होगी एवं निष्पादन 60 दिनों के अन्दर होगा।

धारा 14

मजिस्ट्रेट पीड़िता को सेवा प्रदात्ता से परामर्श लेने का निदेश दे सकेगा।

धारा 16

पक्षकार ऐसी इच्छा करें तो कार्यवाही बंद कमरे में हो सकेगी।

धारा 17 तथा 18

पीड़िता को साझी गृहस्थी में निवास करने का अधिकार होगा और कानूनी प्रक्रिया के अतिरिक्त उसका निष्कासन नहीं किया जा सकेगा। उसके पक्ष में संरक्षण आदेश पारित किया जा सकेगा।

धारा 19

पीड़िता को और उसके संतान को संरक्षण प्रदान करते हुए संरक्षण देने

का स्थानीय थाना को निदेश देने के साथ निवास आदेश एवं किसी तरह के भुगतान के संबंध में भी आदेश पारित किया जा सकेगा और सम्पत्ति का कब्जा वापस करने का भी आदेश दिया जा सकेगा।

धारा 20 तथा 22

वित्तीय असंतोष – पीड़िता या उसके संतान को घरेलू हिंसा के बाद किये गये खर्च एवं हानि की पूर्ति के लिए मजिस्ट्रेट निदेश दे सकेगा तथा भरण–पोषण का भी आदेश दे सकेगा एवं प्रतिकर आदेश भी दिया जा सकता है।

धारा 21

अभिरक्षा आदेश संतान के संबंध में दे सकेगा या संतान से भेंट करने का भी आदेश मैजिस्ट्रेट दे सकेगा।

धारा 24

पक्षकारों को आदेश की प्रति निःशुल्क न्यायालय द्वारा दिया जाएगा।

घरेलू हिंसा से महिला संरक्षण अधिनियम, 2006

नियम 9

आपातकालीन मामलों में पुलिस की सेवा की मांग संरक्षण अधिकारी या सेवा प्रदाता द्वारा की जा सकती है।

नियम 13

परामर्शदाताओं की नियुक्ति संरक्षण अधिकारी द्वारा उपलब्ध सूची में से की जायेगी।

कौन घरेलू हिंसा की शिकायत दर्ज करा सकता है?

इस अधिनियम के तहत यह जरूरी नहीं है की पीड़ित व्यक्ति ही शिकायत दर्ज कराये। कोई भी व्यक्ति चाहे वह पीड़ित से संबंधित हो या नहीं,

घरेलू हिंसा की जानकारी इस अधिनियम के तहत नियुक्त सम्बद्ध अधिकारी को दे सकता है।

यह कोई जरूरी नहीं है कि घरेलू हिंसा वास्तव में ही घट रही हो, घटना होने की आशंका के सम्बन्ध में भी जानकारी दी जा सकती है। आरोपी व्यक्ति से घरेलू संबंध में रहने वाली महिला के द्वारा अथवा उसके प्रतिनिधि द्वारा इस सम्बन्ध में शिकायत दर्ज कराई जा सकती है। निम्न महिला संबंधी शिकायत कर सकते हैं:–

- पत्नियाँ लिव इन पार्टनर्स
- बहनें
- माताएं
- बेटियां

इस प्रकार इस अधिनियम का मकसद पारिवारिक ढांचे के अन्दर रह रही सभी स्त्रियों, चाहे वह आपस में सगी संबंधी, विवाह, दत्तक या वैसे भी साथ में रह रही हों, सभी को सुरक्षा देना है।

घरेलू हादसों के रिपोर्ट

जब पीड़िता घरेलू हिंसा की शिकायत करना चाहती हो तो रिपोर्ट दर्ज की जानी चाहिए। घरेलू हिंसा के विरुद्ध संरक्षण नियम, 2006 के फॉर्म 1 में रिपोर्ट का स्वरूप दिया गया है।

पीड़िता की शिकायत में उसकी व्यक्तिगत जानकारियों जैसे नाम, आयु, पता, फोन नंबर, बच्चों की जानकारी, घरेलू हिंसा की घटना का पूरा ब्यौरा, और प्रतिवादी का भी विवरण दिये जाने की जरुरत होती है। जब जरुरत हो तो संबंधी दस्तावेज जैसे चिकित्सकीय विधिक दस्तावेज, डॉक्टर के निर्देश या स्त्रीधन की सूची को रिपोर्ट के साथ नत्थी करना चाहिए। शिकायत में पीड़िता को मिली राहत या सहायता का भी विशेष उल्लेख किया जाना चाहिए। इस रिपोर्ट पर पीड़िता के हस्ताक्षर के साथ–साथ सुरक्षा अधिकारी के भी दस्तखत होने चाहिए। इस रिपोर्ट की

प्रति स्थानीय पुलिस थाने और मजिस्ट्रेट को उचित कार्रवाई के लिए दी जानी चाहिए। एक प्रति पीड़िता और एक कॉपी सुरक्षा अधिकारी या सेवा प्रदाता के पास रहनी चाहिए।

घरेलू हिंसा अधिनियम, 2005 के तहत महिलाओं का सरंक्षण

घरेलू हिंसा की शिकार महिला को निम्नलिखित सूची में से एक या एकाधिक सहायता उपलब्ध कराई जा सकती है–

उपरोक्त सभी बातों के अलावा पीड़िता भारतीय दंड संहिता, 1860 धारा 498– के तहत आरोपी के विरुद्ध आपराधिक मामलों को दर्ज को कराने का भी अधिकार देती है।

इसके अलावा मजिस्ट्रेट

प्रतिवादी को परामर्श के लिए भेज सकता है।

परिवार कल्याण में रत किसी सामाजिक कार्यकर्त्ता, विशेषकर किसी महिला को सहायता के लिए नियुक्त कर सकता है।

जहाँ आवश्यक हो कार्यवाही के दौरान कैमरे के प्रयोग का आदेश दिया जा सकता है।

मजिस्ट्रेट द्वारा पीड़िता या प्रतिवाद के लिए पारित आदेश के खिलाफ, आदेश जारी होने के 30 दिनों के भीतर सत्र न्यायालय में अपील की जा सकती है।

अधिनियम के तहत कार्यरत संस्थाएं

घरेलू हिंसा के शिकार किसी भी व्यक्ति को कानूनी सहायता, मदद, आश्रय या चिकित्सकीय सहायता देना राज्य की जिम्मेदाररी है। इस उद्देश्य के साथ राज्य सरकार को निम्न सस्थाओं को नियुक्त करने के लिए प्राधिकृत किया गया है जो कि पीड़िता को विधि के अंतर्गत सहायता पाने के उसके अधिकार के बारे में जानकारी के साथ सहायता पाने में मदद कर सके।

पुलिस अधिकारी (धारा 5)

जब भी किसी पुलिस अधिकारी को घरेलू हिंसा की घटना की जानकारी मिलती है तो यह उसक दायित्व है कि आपराधिक दंड प्रक्रिया, 1973 के प्रावधानों के अनुसार जाँच करे। इसके अतिरिक्त, घरेलू हिंसा अधिनियम पुलिस अधिकारी को दायित्व देता है कि वह पीड़िता को

(क) निःशुल्क विधि सेवाओं के बारे में जानकारी दे।

(ख) इस अधिनियम के तहत उसकी हानि और वेदनाओं के लिए मुआवजे और नुक्सान के एवज में आवास आदेश, सुरक्षा आदेश, संरक्षण आदेश और आर्थिक राहत जैसी सहायता मुहैय्या कराये।

(ग) सुरक्षा अधिकारियों और सेवा प्रदाताओं की सेवाएं उपलब्ध कराये। और

(घ) अगर जरूरी हो तो आरोपी व्यक्ति के खिलाफ धारा 498। के तहत आपराधिक मामला दर्ज करे। (केवल पत्नी ही अपने पति या उसके परिजनों के खिलाफ धारा 498 के तहत शिकायत कर सकती है। यह अधिकार लिव इन पार्टनर्स को उपलब्ध नहीं है।)

सुरक्षा अधिकारी (धारा 9)

घरेलू हिंसा अधिनियम में सुरक्षा अधिकारी अत्यधिक महत्वपूर्ण भूमिका का निर्वहन करते हैं। ये सरकारी और गैर–सरकारी संगठनों के साथ काम करते हैं। ये योग्य होते हैं और इनके पास सामाजिक क्षेत्र में काम करने का कम से कम तीन सालों का अनुभव होता है। राज्य सरकार ऐसे अधिकारियों को जो ज्यादातर महिलाएं होती हैं। हर जिले में न्यनतम तीन सालों के लिए तैनात करता है और उनके काम का संज्ञान लिया जाता है।

सुरक्षा अधिकारी का काम पीड़िता की हर कदम पर मदद करना है। वे पीड़िता की घरेलू हिंसा की रिपोर्ट को तयशुदा ढांचे में दर्ज करवाने में मदद

करते हैं। वे पीड़ित को उनके अधिकारों की जानकारी देते हैं और इस अधिनियम के तहत सहायता को उपलब्ध करवाने के लिए पीड़िता को आवेदन लिखने में सहायता करते हैं। ये अधिकारी घरेलू हिंसा के मामले के निबटारे में मजिस्ट्रेट की भी सहायता करते हैं और यह सुनिश्चित करते हैं कि मजिस्ट्रेट द्वारा पारित किये गए आदेशों का अनुपालन पीड़िता के हित में हो।

स्थिति का जायजा लेने के और घरेलू हिंसा नियम, 2005 के फॉर्म ट के अनुसार सुरक्षा योजना बनाने के लिए भी सुरक्षा अधिकारियों की आवश्यकता होती है। यह सब घरेलू हिंसा की आवृत्ति को रोकने के लिए उचित उपाय की सलाह देने और उन पर अमल करने के उद्देश्य से किया जाता है।

सुरक्षा अधिकारी पीड़िता को हर मुमकिन सहायता देने के लिए बाध्य हैं जिसमें उसके चिकित्सकीय परीक्षण से लेकर, उसके आवागमन और आश्रय स्थल में आवास की व्यवस्था करना शामिल है बशर्ते कि वह अपने घर पर सुरक्षित न हो। सबसे पहले सुरक्षा अधिकारी को कानूनी सहायता सेवाओं, परामर्श, चिकित्सा सहायता, या जरूरतमंद पीड़ित के आश्रय के लिए अपने क्षेत्राधिकार में शामिल सभी सेवा प्रदाताओं की सूची तैयार करनी होती हैं।

सेवा प्रदाता (धारा 10)

सेवा प्रदाता महिलाओं के अधिकारों और हितों की सुरक्षा के लिए राज्य सरकार द्वारा पंजीकृत स्वैच्छिक संगठन हैं। ये संगठन निरोधात्मक, सुरक्षात्मक और पुनर्वास का काम करते हैं। ये घरेलू हिंसा की शिकार औरतों की सहायता करने और उन्हें कानूनी, सामाजिक, चिकित्सकीय और आर्थिक सहायता देने के लिए उत्तरदायी हैं। ये संस्थाएं निश्चित आवेदन के प्रारूप में शिकायत को दर्ज करा सकती हैं और उसे सीधे आवश्यक कार्रवाई के लिए सम्बद्ध और मजिस्ट्रेट और सुरक्षा अधिकारी को भेज सकती हैं। अगर पीड़िता चाहे तो ये संस्थाएं उसे चिकित्सीय सहायता और शरणगृहों में आवास का प्रबंध कर सकती हैं।

राज्य सरकार सेवा प्रदाताओं की सूची बनाती है और उसे क्षेत्र विशेष के सुरक्षा अधिकारी के पास भेजती है ताकि वे आपसी तालमेल के साथ काम

कर सकें। किसी क्षेत्र विशेष के सेवा प्रदाताओं की सूची को जानकारी और आवश्यक कार्रवाई के लिए अखबार में प्रकाशित करना होता है या राज्य सरकार की वेबसाइट पर उपलब्ध कराना होता है

परामर्शदाता (धारा 14)

परामर्शदाता सेवा प्रदाताओं के ऐसे सदस्य हैं जो कि घरेलू हिंसा के मामलों से निबटने में योग्य एवम अनुभवी होते हैं इसलिए वे घरेलू हिंसा की पीड़िता या दोषी व्यक्ति को परामर्श सेवाएं देने में दक्ष होते हैं। इस अधिनियम के दौरान अगर मजिस्ट्रेट को ऐसा महसूस होता है कि पीड़िता या पीड़क व्यक्ति को परामर्श की आवश्यकता है तो वह उन्हें एकल या संयुक्त रूप से सेवा प्रदाताओं द्वारा उपलब्ध कराये गए परामर्शदाता के पास परामर्श सत्रों में भाग लेने का सीधे तौर पर निर्देश जारी कर सकता है। परामर्शदाता दोनों पक्षों के लिए सहज स्थान पर मुलाकात का आयोजन करता है और वह पीड़ित की शिकायत के निवारण के लिए उपाय सुझाता है और जहाँ पर पीड़ित राजी हो, वह वहाँ पर समझौते का भी प्रबंध करता है। इस प्रकार के परामर्श का उद्देश्य पीड़ित व्यक्ति के विरुद्ध घरेलू हिंसा के उन्मूलन के उपायों को खोजना और विकसित करना है।

कल्याण विशेषज्ञ (धारा 15)

कल्याण विशेषज्ञ पारिवारिक मामलों को सुलझाने में दक्षता और विशेषज्ञता प्राप्त व्यक्ति होते हैं। इस अधिनियम के तहत आवश्यकता पड़ने पर मजिस्ट्रेट कल्याण विशेषज्ञों की सहायता ले सकते हैं। इस अधिनियम के तहत जहाँ तक संभव हो महिला विशेषज्ञों का ही चुनाव किया जाता है।

आश्रय और चिकित्सा सुविधा प्रभारी

घरेलू हिंसा अधिनियम की धारा 6 और 7 के अनुसार आश्रय और चिकित्सा सुविधा प्रभारी का दायित्व है कि स्वयम पीड़िता या सुरक्षा अधिकारी या उसकी ओर से सेवा प्रदाता के अनुरोध के आधार पर पीड़िता को आश्रय और चिकित्सा सुविधा उपलब्ध कराये।

मातृत्व लाभ अधिनियम

मातृत्व लाभ अधिनियम, 1961 प्रसव के पहले और बाद में कुछ अवधि के लिए कुछ प्रतिष्ठानों में महिलाओं की नियुक्ति को विनियमित करता है और मातृत्व एवं अन्य लाभों की व्यवस्था करता है। ऐसे लाभों का उद्देश्य महिलाओं और उनके बच्चों का जब वह कार्यरत नहीं रहती है पूर्ण रूप से स्वास्थ्य के रखरखाव की व्यवस्था करने के द्वारा मातृत्व की प्रतिष्ठा की रक्षा करता है। यह अधिनियम खानों, फैक्टरियों, सर्कस उद्योग, बागान, दुकानों और प्रतिष्ठानों जो दस या अधिक व्यक्तियों को कार्य पर लगाते हैं। के लिए प्रयोज्य है। इसमें राज्य बीमा अधिनियम, 1948 में शामिल कर्मचारी नहीं आते हैं। यह राज्य सरकारों द्वारा अन्य प्रतिष्ठानों तक विस्तारित किया जा सकता है।

श्रम मंत्रालय में केन्द्रीय औद्योगिक श्रम संबंध मशीनरी (सी आई आर एम) इस अधिनियम को प्रवर्तित करने के लिए जिम्मेदार है। सी आई आर एम मंत्रालय का संबद्ध कार्यालय है और यह मुख्य श्रम आयुक्त (केन्द्रीय) सी एल सी (सी), संगठन के रूप में भी जाना जाता है।

अधिनियम के मुख्य प्रावधान

कोई नियोक्ता उसके प्रसव या गर्भपात के तुरन्त बाद छः सप्ताह तक किसी प्रतिष्ठान में जान बूझकर महिला को नियुक्त नहीं करेगा।

कोई महिला अपने प्रसव या गर्भपात के तुरन्त बाद छः सप्ताह के दौरान किसी प्रतिष्ठान में कार्य भी नहीं करेगी।

प्रत्येक महिला का यह हक होगा और उसका नियोक्ता पर यह दायित्व होगा कि औसत दैनिक मजदूरी की दर से उसकी वास्तविक अनुपस्थिति की अवधि के लिए उसके प्रसव के दिन सहित इसके तुरन्त पहले और उस दिन के बाद छः सप्ताह तक के लिए उसे मातृत्व लाभ का भुगतान किया जाएगा। औसत दैनिक मजदूरी का अर्थ है महिला की मजूदरी का औसत मातृत्व के कारण जिस दिन से से वह अनुपस्थित रहती है उसके तुरन्त पहले तीन कैलेण्डर माहों की अवधि के दौरान उसके कार्य

किया है उन दिनों के लिए भुगतान योग्य मजदूरी या दिन का एक रुपया, जो भी अधिक हो।

कोई भी महिला तब तक मातृत्व लाभ का हकदार नहीं होगी जब तक कि उसने वास्तव में नियोक्ता के प्रतिष्ठान में जिससे वह मातृत्व लाभ का दावा करती है, आशयित प्रसव के तुरन्त पहले बारह माहों में कम से कम एक सौ साठ दिनों की अवधि के लिए कार्य किया हैं। दिनों की गणना के प्रयोजन से जिन दिनों में महिला ने प्रतिष्ठान में वास्तविक रूप से कार्य किया है, जिन दिनों के लिए उसे भुगतान किया गया है, यह उसके आशयित प्रसव के तुरन्त पहले बारह माह की अवधि के दौरान, को ध्यान में रखा जाएगा।

अधिकतम अवधि जिसके लिए महिला मातृत्व लाभ के लिए हकदार होगी वह बारह सप्ताहों के लिए होगी अर्थात उसके प्रसव का दिन सहित पहले छः सप्ताह तक तथा उस दिन के तुरन्त बाद छः सप्ताह।

मातृत्व लाभ के लिए हकदार महिला की सामान्य और साधारण दैनिक मजदूरी से किसी प्रकार की कटौती नहीं की जाएगी यदि –

अधिनियम के प्रावधानों के कारण उसे कार्य की प्रकृति सौंपी गई हैय या बच्चे की देखभाल के लिए अवकाश अधिनियम के प्रावधानों के तहत अनुमति होता है।

जब किसी अवधि के लिए महिला अनुपस्थित होने के लिए अपने नियोक्ता द्वारा अनुमति होने के बाद किसी प्रतिष्ठान में कार्य करती है उस अवधि के लिए मातृत्व लाभ का दावा वह नहीं करेगी।

यदि कोई नियोक्ता इस अधिनियम के प्रावधानों का या उसके तहत बनाए गए नियमों के प्रावधानों का या उसके तहत बनाए गए नियमों के प्रावधानों का उल्लंघन करता है तो उसे कारावास की सजा हो सकती है या जुर्माना या दोनों हो सकता है या किसी अन्य राशि संबंधी भुगतान का और ऐसे मातृत्व लाभ का या रशि पहले ही वसूली न की गई है तो इसके साथ अदालत ऐसे मातृत्व लाभ या राशि, मानो वह जुर्माना हो, वसूल सकता है और हकदार व्यक्ति को इसका भुगतान कर सकता है।

मातृत्व लाभ अधिनियम, 1961 में संशोधन

प्रधानमंत्री श्री नरेन्द्र मोदी की अध्यक्षता में केंद्रीय मंत्रिमंडल ने संसद में मातृत्व लाभ (संशोधन) विधेयक, 2016 के जरिए मातृत्व लाभ अधिनियम, 1961 में संशोधनों को अपनी कार्योत्तर स्वीकृति दे दी है।

मातृत्व लाभ अधिनियम 1961, मातृत्व के समय महिला के रोजगार की रक्षा करता है और मातृत्व लाभ का हकदार बनाता है– अर्थात अपने बच्चे की देखभाल के लिए पूरे भुगतान के साथ उसे काम से अनुपस्थित रहने की सुविधा देता है। यह अधिनियम दस या उससे अधिक व्यक्तियों के रोजगार वाले सभी प्रतिष्ठानों पर लागू है। ये संशोधन संगठित क्षेत्र के लगभग 1 ।8 मिलियन महिला श्रमबल के लिए मददगार साबित होंगे।

मातृत्व लाभ अधिनियम, 1961 में किए संशोधन इस प्रकार है–

- दो बच्चों के लिए मातृत्व लाभ की सुविधा 12 सप्ताह से बढ़ाकर 26 सप्ताह और दो से अधिक बच्चों के लिए 12 सप्ताह।
- 'कमिशनिंग मदर' और 'एडोप्टिंग मदर' के लिए 12 सप्ताह का मातृत्व लाभ।
- घर से काम करने की सुविधा।
- 50 या उसके अधिक कर्मचारियों वाले प्रतिष्ठानों में क्रेच का अनिवार्य प्रावधान।

वजह:–

- बच्चे की वृद्धि एवं विकास के लिए बचपन में मां द्वारा की जाने वाली देखभाल अहम होती है।
- 44वें, 45वें और 46वें भारतीय श्रम सम्मेलन ने मातृत्व लाभ 24 सप्ताह तक बढ़ाने की सिफारिश की है।
- महिला एवं बाल विकास मंत्रालय ने मातृत्व लाभ आठ माह तक बढ़ाने का प्रस्ताव रखा है।

- त्रिपक्षीय विचार–विमर्श में सभी हितधारकों ने सामान्य रूप में संशोधन प्रस्ताव का समर्थन किया है।

मातृत्व लाभ कानून, 1961 में संशोधन की जरूरत क्यों पड़ी?

विश्व स्वास्थ्य संगठन (डब्ल्यूएचओ) के अलावा स्वास्थ्य क्षेत्र से जुड़े कई संगठनों का मानना है कि मां और बच्चे के स्वास्थ्य की सुरक्षा के लिए कामकाजी महिलाओं को 24 हफ्ते का मातृत्व अवकाश देना जरूरी है। डब्ल्यूएचओ के मुताबिक बच्चों की उत्तरजीविता (सरवाइवल) दर में सुधार के लिए 24 हफ्ते तक उन्हें सिर्फ स्तनपान कराना जरुरी होता है। संगठन का यह भी मानना है कि पर्याप्त मातृत्व अवकाश और आय की सुरक्षा न होने की वजह से महिलाओं के करिअर पर बुरा असर पड़ता है। इसके अलावा 2015 में विधि आयोग ने मूल कानून में संशोधन करके मातृत्व अवकाश की अवधि को बढ़ाकर 24 हफ्ते करने का भी सुझाव दिया था। साथ ही, बदलते समय के साथ सरोगेसी के जरिए बच्चे पैदा करने और बच्चे गोद लेने के मामलों में बढ़ोतरी देखने को मिल रही है, इसलिए ऐसी महिलाओं को भी इस कानून के दायरे में लाने के लिए यह संशोधन किया गया है।

मातृत्व लाभ संशोधन विधेयक, 2016 के प्रावधान

संशोधित विधेयक में नौ से अधिक कर्मचारियों वाले प्रतिष्ठानों में कामगार महिलाओं के लिए मातृत्व अवकाश की अवधि 12 से बढ़ाकर 26 हफ्ते कर दी गई है। विधेयक में अवकाश का लाभ प्रसव की संभावित तारीख से आठ हफ्ते पहले लिया जा सकता है। 1961 के मूल कानून में यह अवधि छह हफ्ते की थी। अगर महिला के दो से अधिक बच्चे हैं तो उसे केवल 12 हफ्ते का ही अवकाश मिलेगा। इसका लाभ प्रसव की संभावित तारीख से छह हफ्ते पहले ही उठाया जा सकता है। मूल कानून में बच्चों की संख्या तय नहीं की गई थी।

संशोधित विधेयक में कई नए प्रावधान भी शामिल किए गए हैं। इनमें ऐसी महिलाओं को जिन्होंने तीन महीने से कम उम्र के बच्चे को कानूनन

गोद लिया है, 12 हफ्ते का अवकाश दिया जाएगा। साथ ही सरोगेसी के जरिये संतान सुख पाने वाली महिला को भी इतने ही हफ्ते का लाभ दिया जाएगा। यह अवधि उस तारीख से मानी जाएगी जब बच्चे को गोद लिया गया हो या सरोगेसी के जरिये संतान पाने वाली महिला को बच्चा सौंपा गया हो।

संशोधित विधेयक में 50 या इससे अधिक कर्मचारियों वाले संस्थानों से क्रेच की सुविधा मुहैया कराने को कहा गया है। साथ ही, उन्हें महिलाओं को दिन में चार बार क्रेच जाने की सुविधा देने को भी कहा गया है। नए विधेयक में काम की प्रकृति इजाजत दे तो महिलाओं को घर से काम करने की भी सुविधा देने की बात कही गई है। इसके अलावा प्रतिष्ठानों से कहा गया है कि वे महिला कर्मचारी को नियुक्ति के समय मातृत्व लाभ के बारे में जानकारी लिखित और ई–मेल (इलेक्ट्रॉनिक माध्यम) के रूप में उपलब्ध ा कराएं।

मातृत्व लाभ अधिनियम, 1961 में संशोधन

प्रधानमंत्री श्री नरेन्द्र मोदी की अध्यक्षता में केंद्रीय मंत्रिमंडल ने संसद में मातृत्व लाभ (संशोधन) विधेयक, 2016 के जरिए मातृत्व लाभ अधिनियम, 1961 में संशोधनों को अपनी कार्योत्तर स्वीकृति दे दी है।

मातृत्व लाभ अधिनियम 1961, मातृत्व के समय महिला के रोजगार की रक्षा करता है और मातृत्व लाभ का हकदार बनाता है– अर्थात अपने बच्चे की देखभाल के लिए पूरे भुगतान के साथ उसे काम से अनुपस्थित रहने की सुविधा देता है। यह अधिनियम दस या उससे अधिक व्यक्तियों के रोजगार वाले सभी प्रतिष्ठानों पर लागू है। ये संशोधन संगठित क्षेत्र के लगभग 1 ।8 मिलियन महिला श्रमबल के लिए मददगार साबित होंगे।

अधिनियम से संबंधित तथ्य

10 अगस्त, 2016 को प्रधानमंत्री नरेन्द्र मोदी की अध्यक्षता में केंद्रीय मंत्रिमंडल ने संसद में मातृत्व लाभ (संशोधन) विधेयक, 2016 के जरिए मातृत्व लाभ अधिनियम, 1961 में संशोधनों को अपनी कार्योत्तर स्वीकृति प्रदान की।

मातृत्व लाभ अधिनियम, 1961 के तहत मां बनने पर बच्चे की देखभाल के लिए महिलाओं को पूर्ण वेतन के साथ ही अवकाश का भी प्रावधान किया गया है।

उल्लेखनीय है कि यह अधिनियम 10 या उससे अधिक कर्मचारियों वाले सभी रोजगार प्रतिष्ठानों पर लागू है।

इस अधिनियम में संशोधन के पश्चात संगठित क्षेत्र में 1 ।8 मिलियन (18 लाख) कार्यरत महिला कर्मचारियों को लाभ प्राप्त होगा।

इस संशोधन विधेयक के संसद से पास होने के उपरांत दो बच्चों के लिए मातृत्व लाभ की सुविधा 12 सप्ताह से बढ़ाकर 26 सप्ताह और दो से अधिक बच्चों के लिए 12 सप्ताह कर दिया जायेगा।

इसके अतिरिक्त 2 बच्चों के जन्म के पश्चात बच्चे के जन्म पर 12 सप्ताह का अवकाश प्रदान किया जायेगा।

इस दौरान मां को घर से कार्य करने की सुविधा का प्राविधान है।

इस विधेयक के तहत यदि कोई महिला किसी बच्चे को गोद लेती है तो उसे भी 12 सप्ताह का अवकाश प्रदान किया जायेगा।

इस विधेयक में 50 या उससे अधिक कर्मचारियों वाले प्रतिष्ठानों के लिए शिशुगृह (क्रेच) की स्थापना के प्रावधान को अनिवार्य कर दिया गया है।

ज्ञातव्य है कि 44वें, 45वें और 46वें भारतीय श्रम सम्मेलन में मातृत्व लाभ हेतु वृद्धि 24 सप्ताह करने की सिफारिश की गई थी।

महिला एवं बाल विकास मंत्रालय ने 8 महीने के लिए मातृत्व लाभ को बढ़ाने का प्रस्ताव किया था।

अनैतिक व्यापार निवारण अधिनियम, 1956

भारतवर्ष में वैवाहिक संबंध के बाहर यौनसंबंध अच्छा नहीं समझा जाता है। वेश्यावृत्ति भी इसके अंतर्गत है। लेकिन दो वयस्कों के यौनसंबंध को, यदि वह जनशिष्टाचार के विपरीत न हो, कानून व्यक्तिगत मानता है। जो दंडनीय

नहीं है। भारतीय दंडविधान 1860 से वेश्यावृत्ति उन्मूलन विधेयक 1956 तक सभी कानून सामान्यतया वेश्यालयों के कार्यव्यापार को संयत एवं नियंत्रित रखने तक ही प्रभावी रहे हैं। वेश्यावृत्ति का उन्मूलन सरल नहीं है, पर ऐसे सभी संभव प्रयास किए जाने चाहिए जिससे इस व्यवसाय को प्रोत्साहन न मिले, समाज की नैतिकता का ह्रास न हो और जनस्वास्थ्य पर रतिज रोगों का दुष्प्रभाव न पड़े। कानून स्त्रीव्यापार में संलग्न अपराधियों को कठोरतम दंड देने में सक्षम हो। यह समस्या समाज की है। समाज समय की गति को पहचाने और अपनी उन मान्यताओं और रूढ़ियों का परित्याग करे, जो वेश्यावृत्ति को प्रोत्साहन प्रदान करती हैं। समाज के अपेक्षित योगदान के अभाव में इस समस्या का समाधान संभव नहीं है।

वेश्यावृत्ति का अर्थ –

किसी भी व्यक्ति का आर्थिक लाभ के लिए लैंगिक शोषण करने को वेश्यावृत्ति कहते हैं।

वेश्यागृह का अर्थ –

किसी मकान, कमरे, वाहन या स्थान से या उसके किसी भाग से है, जिसमें किसी अन्य व्यक्ति के लाभ के लिए किसी का लैंगिक शोषण का दुरूपयोग किया जाए या दो या दो से अधिक महिलाओं के द्वारा अपने आपसी लाभ के लिए वेश्यावृत्ति की जाती है।

अनैतिक व्यापार निवारण अधिनियम के अंतर्गत अपराध

अनैतिक व्यापार निवारण अधिनियम के अंतर्गत निम्नलिखित कार्य अपराध हैं –

1. कोई व्यक्ति जो वेश्यागृह को चलाता है, उसका प्रबंध करता है या उसके रखने में और प्रबंध में मदद करता है तो उसको कम से कम व अधिक से अधिक तीन साल का कठोर कारावास, और 2000:– रूपये का जुर्माना होगा। यदि वह व्यक्ति दोबारा इस अपराध का दोषी पाया जाता है तो उसको

कम से कम दो साल व अधिक से अधिक पांच साल का कठोर कारावास और दो हजार रूपये का जुर्माना होगा।

2. कोई व्यक्ति जो किसी मकान, या स्थान का मालिक, किराएदार, भारसाधक, एजेंट हैं। उसे वेश्यागृह के लिए प्रयोग करता है या उसे यह जानकारी है कि ऐसे किसी स्थान या उसके भाग को वेश्यागृह के लिए प्रयोग में लाया जाएगा,या वह अपनी इच्छा से ऐसे किसी स्थान या उसके किसी भाग को वेश्यागृह के रूप में प्रयोग करने में भागीदारी देता है। तो ऐसे व्यक्ति को दो साल तक की जेल और दो हजार रूपये का जुर्माना हो सकता है। यदि वह दोबारा इस अपराध का दोषी पाया जाता है तो उसको पांच साल के कठोर कारावास व जुर्माने से दंडित किया जा सकता है।

वेश्यावृत्ति की कमाई पर रहना –

कोई भी 16 साल की उम्र से अधिक व्यक्ति अगर किसी वेश्या की कमाई पर रह रहा है, तो ऐसे व्यक्ति को दो साल की जेल या एक हजार रूपये का जुर्माना हो सकता है या दोनों।

अगर कोई व्यक्ति किसी बच्चे या नाबालिग द्वारा की गई वेश्यावृत्ति की कमाई पर रहता है तो ऐसे व्यक्ति को कम से कम 7 साल व अधिक से अधिक 10 साल की जेल हो सकती है।

कोई भी व्यक्ति जो 16 साल से अधिक उम्र का है –

1. वेश्या के साथ उसकी संगत में रहता है।
2. वेश्या की गतिविधियों पर अपना अधिकार, निर्देश या प्रभाव इस प्रकार डालता है, जिससे यह मालूम होता है कि वह वेश्यावृत्ति में सहायता, प्रोत्साहन या मजबूर करता है।
3. जो व्यक्ति दलाल का काम करता है।

तो माना जाएगा कि (जब तक इसके विपरीत सिद्ध न हो जाए) कि ऐसे

व्यक्ति वेश्यावृत्ति की कमाई पर रह रहे हैं।

वेश्यावृत्ति के लिए किसी व्यक्ति को लाना, फुसलाना या बहलाने की चेष्टा करनाः–

यदि कोई व्यक्ति –

1. किसी व्यक्ति को उसकी सहमति या सहमति के बिना वेश्यावृत्ति के लिए लाता है। लाने की कोशिश करता है।
2. किसी व्यक्ति को एक स्थान से दूसरे स्थान पर ले जाने के लिए फुसलाता है, ताकि वह उससे वेश्यावृत्ति करवा सके तो ऐसे व्यक्ति को कम से कम 3 साल व अधिक से अधिक 7 साल के कठोर कारावास और 2000/– रूपये के जुर्माने से दंडित किया जाता है और अगर यह अपराध किसी व्यक्ति की सहमति के विरूद्ध किया जाता है तो दोषी व्यक्ति को सात साल की जेल जो अधिकतम 14 साल तक की हो सकती है, दंडित किया जा सकता है और अगर यह अपराध किसी बच्चे के विरूद्ध किया जाता है तो दोषी को कम से कम 7 साल की जेल, व उम्र कैद भी हो सकती है।

वेश्यागृह में किसी व्यक्ति को रोकना –

अगर कोई व्यक्ति किसी को उसकी सहमति या सहमति के बिना –

1. वेश्यागृह में रोकता है ।
2. किसी स्थान पर किसी व्यक्ति को किसी के साथ जो कि उसका पति या पत्नी नहीं है, संभोग करने के लिए रोकता है तो ऐसे व्यक्ति को कम से कम सात साल की जेल जो कि दस साल या उम्र कैद तक हो सकती है और जुर्माने से दंडित किया जा सकता है।

अगर कोई व्यक्ति किसी बच्चे के साथ वेश्यागृह में पाया जाता है, तो वह

दोषी तब माना जाएगा, जब तक इसके लिए विपरीत सिद्ध नहीं हो जाता है।

अगर बच्चे या 18 वर्ष से कम उम्र का व्यक्ति वेश्यागृह में पाया जाता है, और उसकी चिकित्सीय जांच के बाद यह सिद्ध होता है कि उसके साथ लैंगिक शोषण हुआ है। तो यह माना जाएगा कि ऐसे व्यक्ति को वेश्यावृत्ति करवाने के लिए रखा गया है या उसका लैंगिक शोषण आर्थिक लाभ के लिए किया जा रहा है।

अगर कोई व्यक्ति किसी महिला या लड़की का –

1. सामान जैसे गहने, कपड़े, पैसे या अन्य संपत्ति आदि अपने पास रखता है।
2. उसको डराता है कि वह उसके विरूद्ध कोई कानूनी कार्यवाही शुरू करेगा, अगर वह अपने साथ वह गहने, कपड़े, पैसे या अन्य संपत्ति जो कि ऐसे व्यक्ति द्वारा महिला या लड़की को उधार या आपूर्ति के रूप में या फिर ऐसे व्यक्ति के निर्देश में दी गई हो, ले जाएगी। तो यह माना जाएगा कि ऐसे व्यक्ति ने महिला या लड़की को वेश्यागृह में या ऐसी जगह रोका है, जहां वह महिला या लड़की कारे संभोग के लिए मजबूर कर सके।

सार्वजनिक स्थानों या उसके आस–पास वेश्यावृत्ति करना –

यदि कोई व्यक्ति जो वेश्यावृत्ति करता है या करवाता है, ऐसे स्थानों पर–

1. जो राज्य सरकार ने चिन्हित किए हों या
2. जो कि 200 मीटर के अंदर किसी सार्वजनिक पूजा स्थल, शिक्षण संस्थान, छात्रावास, अस्पताल, परिचर्या गृह ऐसा कोई भी सार्वजनिक स्थान जिसको पुलिस आयुक्त या मजिस्ट्रेट द्वारा अधिसूचित किया गया हो।

तो ऐसे व्यक्ति को 3 महीने तक का कारावास हो सकता है।

कोई व्यक्ति यदि किसी बच्चे से ऐसा अपराध करवाता है तो उसको कम से कम सात साल व अधिक से अधिक उम्र कैद या 10 साल तक की जेल हो सकती है तथा जुर्माने से भी दंडित किया जा सकता है।

अगर कोई व्यक्ति जो –

1. ऐसे सार्वजनिक स्थानों का प्रबंधक है, वेश्याओं को व्यापार करने व वहां रूकने देता है।
2. कोई किराएदार, दखलदार या देखभाल करने वाला व्यक्ति वेश्यावृत्ति के लिए ऐसे स्थानों के प्रयोग की अनुमति देता है।
3. किसी स्थान का मालिक, एजेंट ऐसे स्थानों को वेश्यावृत्ति के लिए किराए पर देता है। तो वह तीन महीने के कारावास और 200/–रू. के जुर्माने से या दोनों से दंडित किया जा सकता है।

यदि वह व्यक्ति फिर ऐसे अपराध का दोषी पाया जाता है तो वह छः महीने की जेल और दो सौ रूपये के जुर्माने से दंडित किया जा सकता है।

अगर ऐसा अपराध किसी होटल में किया जाता है तो उस होटल का लाइसेंस रद्द कर दिया जाएगा।

वेश्यावृत्ति के लिए किसी को फुसलाना या याचना करना –

अगर कोई व्यक्ति सार्वजनिक स्थानों पर किसी व्यक्ति को किस घर या मकान से इशारे, आवाज, अपने आपको दिखाकर किसी खिड़की या बालकनी से वेश्यावृत्ति के लिए आकर्षित, फुसलाता या विनती करता है या छेड़छाड़, आवारागर्दी या इस प्रकार का कार्य करता है। जिससे यहां पर रहने वाले या आने–जाने वालों को बाधा या परेशानी होती है। तो उसको 6 महीने की जेल और पांच सौ रूपये के जुर्माने से या दोनों से दंडित किया जा सकता है।

अगर वह फिर से यह अपराध करता है तो उसको एक साल की जेल और पांच हजार रूपये के जुर्माने से दंडित किया जा सकता है।

अगर यह अपराध कोई पुरूष करता है तो वह कम से कम सात सात दिन तथा अधिक से अधिक तीन महीने की जेल से दंडित किया जा सकता है।

अपने संरक्षण में रहने वाले व्यक्ति को फुसलाना –

यदि कोई व्यक्ति अपने संरक्षण, देखभाल में रहने वाले किसी व्यक्ति को वेश्यावृत्ति के लिए फुसलाता है। उकसाता है या सहायता करता है। तो वह कम से कम सात साल की जेल जो कि उम्र कैद या दस साल तक सजा हो सकती है। जेल व जुर्माने से दंडित किया जा सकता है।

सुधार संस्था में भेजने का आदेश –

सार्वजनिक स्थानों या उनके आस–पास वेश्यावृत्ति करना, वेश्यावृत्ति के लिए किसी फुसलाना या याचना करने के संबंध में दोषी महिला को उसकी शारीरिक या मानसिक स्थिति के आधार पर न्यायालय उसको सुधार संस्था में भी भेजने का आदेश दे सकता है। सुधार संस्था में कम से कम दो साल व अधिक से अधिक पांच साल के लिए भेजा जा सकता है।

विशेष पुलिस अधिकारी एवं सलाहकार बॉडी –

राज्य सरकार इस अधिनियम के अंतर्गत अपराधों के संबंध में विशेष पुलिस अधिकारियों को नियुक्त करेगी।

सरकार कुछ महिला सहायक पुलिस अधिकारियों की भी नियुक्ति कर सकती है।

इस अधिनियक के अंदर दिए गए सभी अपराध संज्ञेय हैं –

इस अधिनियम के अंदर दिए गए अपराध के दोषी व्यक्ति को विशेष पुलिस अधिकारी या उसके निर्देश के बिना, वारंट के गिरफ्तार किया जा सकता है।

तलाशी लेना –

विशेष पुलिस अधिकारी या दुर्व्यापार पुलिस अधिकारी बिना वारंट के किसी स्थान की तलाशी तब ले सकते हैं, जब उनके साथ उस स्थान के दो या दो से अधिक सम्मानित व्यक्तियों, जिनमें कम से कम एक महिला भी साथ हो।

वहां पर मिलने वाले व्यक्तियों को मजिस्ट्रेट के सामने पेश किया जाएगा। ऐसे व्यक्तियों की आयु, लैंगिक शोषण, व यौन संबंधी बीमारियों की जानकारी के लिए चिकित्सीय जांच करायी जाएगी।

ऐसे स्थानों पर मिलने वाली महिलाएं या लड़कियों से, महिला पुलिस अधिकारी ही पूछताछ कर सकती है।

वेश्यागृह से छुड़ाना –अगर मजिस्ट्रेट को किसी पुलिस अधिकारी या राज्य सरकार द्वारा नियुक्त किसी व्यक्ति से सूचना मिलती है कि कोई व्यक्ति वेश्यावृत्ति कर रहा है या करता रहा है तो पुलिस अधिकारी (जो इंस्पेक्टर की श्रेणी से उच्च का होगा) उस स्थान की तलाशी लेने और वहां मिलने वाले लोगों को उसके सामने पेश करने को कह सकता है।

वेश्यागृह को बंद करना –

मजिस्ट्रेट को पुलिस से या किसी अन्य व्यक्ति से सूचना मिलती है कि कोई घर मकान, स्थान आदि सार्वजनिक स्थान के 200 मीटर के भीतर वेश्यावृत्ति के लिए प्रयोग किया जा रहा है तो वह उस जगह के मालिक किराएदार, एजेंट या जो उस स्थान की देखभाल कर रहा है, उसे नोटिस देगा कि वह सात दिन के अंदर जवाब दें कि क्यों न उस स्थान को अनैतिक काम के लिए प्रयोग किए जाने वाला घोषित किया जावे।

संबंधित पक्ष को सुनने के बाद यदि यह लगता है कि वहां पर वेश्यावृत्ति हो रही है तो मजिस्ट्रेट सात दिन के अंदर उसको खाली करने व उसकी अनुमति के बिना किराये पर न देने के आदेश दे सकता है।

संरक्षण गृह में रखने के लिए आवेदन –

कोई व्यक्ति जो वेश्यावृत्ति करता है या जिससे वेश्यावृत्ति करायी जाती है। वह मजिस्ट्रेट से संरक्षण गृह में रखने व न्यायालय से सुरक्षा के लिए आवेदन कर सकता है।

वेश्याओं को किसी स्थान से हटाना –मजिस्ट्रेट को सूचना मिलने पर यदि यह लगता है कि उसके क्षेत्राधिकार में कोई वेश्या रह रही है, तो वह उसको वहां से हटने व फिर उस स्थान पर न आने का आदेश दे सकता है।

विशेष न्यायालयों की स्थापना –

इस अधिनियम के अंतर्गत किए गए अपराधों के लिए राज्य सरकार व केंद्र विशेष न्यायालय की स्थापना भी कर सकती है। भारतीय दंड संहिता के अंतर्गत भी महिलाओं व बच्चों को बेचने व खरीदने पर प्रतिबंध लगाने के लिए प्रावधान बनाए गए हैं।

कानूनी प्रावधान

18 साल से कम उम्र की लड़की को गैर कानूनी संभोग के लिए फुसलाना (धारा–366–क)

यदि कोई व्यक्ति किसी 16 साल से कम उम्र की लड़की को फुसलाता है, किसी स्थल से जाने को या कोई कार्य करने को यह जानते हुए कि उसके साथ अन्य व्यक्ति द्वारा गैर कानूनी संभोग किया जाएगा या उसके लिए मजबूर किया जाएगा तो ऐसे व्यक्ति को 10 साल तक की जेल और जुर्माने से दंडित किया जाएगा।

विदेश से लड़की का आयात करना (धारा 366–ख)

अगर कोई व्यक्ति किसी 21 साल से कम उम्र की लड़की को विदेश से या जम्मू कश्मीर से लाता है, यह जानते हुए कि उसके साथ गैर कानूनी संभोग किया जाएगा या उसके लिए मजबूर किया जाएगा तो ऐसे व्यक्ति को 10 साल तक की जेल और जुर्माने से दंडित किया जा सकता है।

वेश्यावृत्ति आदि के बच्चों को बेचना (धारा–372)

अगर कोई व्यक्ति किसी 18 साल से कम उम्र के बच्चे को वेश्यावृत्ति, या गैर कानूनी संभोग, या किसी कानून के विरूद्ध और दुराचारिक काम में लाए जाने या उपयोग किए गए जाने के लिए उसको बेचता है या भाड़े पर देता, तो ऐसे व्यक्ति को 10 साल तक की जेल और जुर्माने से भी दंडित किया जा सकता है।

यदि कोई व्यक्ति किसी 18 साल से कम उम्र की लड़की को किसी वेश्या या किसी व्यक्ति को, जो वेश्यागृह चलाता हो या उसका प्रबंध करता हो, बेचता है। भाड़े पर देता है तो यह माना जाएगा कि उस व्यक्ति ने लड़की को वेश्यावृत्ति के लिए बेचा है। जब तक कि इसके विपरीत साबित न हो जाए।

वेश्यावृत्ति आदि के लिए बच्चों को खरीदना (धारा 373) –

अगर कोई व्यक्ति किसी 18 साल से कम उम्र के बच्चे को वेश्यावृत्ति, या गैर कानूनी संभोग, या किसी कानून के विरूद्ध, और दुराचारिक काम में लाए जाने या उपयोग किए जाने के लिए उसको खरीदता है या भाड़े पर देता है, तो ऐसे व्यक्ति को 10 साल की जेल और जुर्माने से भी दंडित किया जा सकता है।

न्यायालयों के देह व्यापार से संबंधित निर्णय

1. उच्चतम न्यायालय ने गौर जैन बनाम भारत संघ में कहा है कि वेश्यावृत्ति एक अपराध है, लेकिन जो महिलाएं देह व्यापार करती है, उनको दोषी कम और पीड़ित ज्यादा माना जाएगा। न्यायालय ने यह भी कहा है कि ऐसी परिस्थितियों में रहने वाली महिलाओं और उनके बच्चों को पढ़ाई के अवसर और आर्थिक सहायता भी दी जानी चाहिए तथा उनको समाज की मुख्य धारा से जोड़ने के लिए उनकी शादियां भी करवानी चाहिए , जिससे बाल देह व्यापार में कमी हो सके।

2. उच्च न्यायालय ने प.न. कृष्णलाल बनाम केरल राज्य में कहा कि राज्य के पास यह शक्ति है कि वह कोई व्यापार या व्यवसाय जो गैर कानूनी, अनैतिक या समाज के लिए हानिकाकर है, उस पर रोक लगा सकती है।

कन्या भ्रूण हत्या से जुड़े कानूनी प्रावधान

कन्या भ्रूण हत्या आमतौर पर मानवता और विशेष रूप से समूची स्त्री जाति के विरुद्ध सबसे जघन्य अपराध है। बेटे की इच्छा परिवार नियोजन के छोटे परिवार की संकल्पना के साथ जुडती है और दहेज की प्रथा ने ऐसी स्थिति को जन्म दिया है जहाँ बेटी का जन्म किसी भी कीमत पर रोका जाता है। इसलिए समाज के अगुआ लोग माँ के गर्भ में ही कन्या की हत्या करने का सबसे गंभीर अपराध करते हैं। इस तरह के अनाचार ने मानवाधिकार, वैज्ञानिक तकनीक के उपयोग और दुरुपयोग की नैतिकता और लैंगिक भेदभाव के मुद्दों को जन्म दिया है।

गर्भ से लिंग परीक्षण जाँच के बाद बालिका शिशु को हटाना कन्या भ्रूण हत्या है। केवल पहले लड़का पाने की परिवार में बुजुर्ग सदस्यों की इच्छाओं को पूरा करने के लिये जन्म से पहले बालिका शिशु को गर्भ में ही मार दिया जाता है। ये सभी प्रक्रिया पारिवारिक दबाव खासतौर से पति और ससुराल पक्ष के लोगों के द्वारा की जाती है। गर्भपात कराने के पीछे सामान्य कारण अनियोजित गर्भ है जबकि कन्या भ्रूण हत्या परिवार द्वारा की जाती है। भारतीय समाज में अनचाहे रुप से पैदा हुई लड़कियों को मारने की प्रथा सदियों से है।

लोगों का मानना है कि लड़के परिवार के वंश को जारी रखते हैं जबकि वो ये बेहद आसान सी बात नहीं समझते कि दुनिया में लड़कियाँ ही शिशु को जन्म दे सकती हैं, लड़के नहीं।

कन्या भ्रूण हत्या का कारण

कुछ सांस्कृतिक और सामाजिक–आर्थिक नीतियों के कारण पुराने समय से किया जा रहा कन्या भ्रूण हत्या एक अनैतिक कार्य है। भारतीय

समाज में कन्या भ्रूण हत्या के निम्न कारण हैं–

कन्या भ्रूण हत्या की मुख्य वजह बालिका शिशु पर बालक शिशु की प्राथमिकता है क्योंकि पुत्र आय का मुख्य स्त्रोत होता है जबकि लड़कियां केवल उपभोक्ता के रुप में होती हैं। समाज में ये गलतफहमी है कि लड़के अपने अभिवावक की सेवा करते हैं जबकि लड़कियाँ पराया धन होती है।

दहेज व्यवस्था की पुरानी प्रथा भारत में अभिवावकों के सामने एक बड़ी चुनौती है जो लड़कियां पैदा होने से बचने का मुख्य कारण है।

पुरुषवादी भारतीय समाज में महिलाओं की स्थिति निम्न है।

अभिवावक मानते हैं कि पुत्र समाज में उनके नाम को आगे बढ़ायेंगे जबकि लड़कियां केवल घर संभालने के लिये होती हैं।

गैर–कानूनी लिंग परीक्षण और बालिका शिशु की समाप्ति के लिये भारत में दूसरा बड़ा कारण गर्भपात की कानूनी मान्यता है।

तकनीकी उन्नति ने भी कन्या भ्रूण हत्या को बढ़ावा दिया है।

कन्या भ्रूण हत्या का अर्थ और परिभाषा

कन्या भ्रूण हत्या का मतलब है माँ की कोख से मादा भ्रूण को निकल फेंकना। जन्म–पूर्व परीक्षण तकनीक (दुरुपयोग के नियमन और बचाव) अधिनियम 2002 की धारा 4 (1) (इ,ब)के तहत के अनुसार भ्रूण को परिभाषित किया गया है– "निषेचन या निर्माण के सत्तानवे दिन से शुरू होकर अपने जन्म के विकास की अवधि के दौरान एक मानवीय जीव।"

कन्या भ्रूण हत्या के प्रभाव

कन्या भ्रूण हत्या ने बुराइयों की एक श्रृंखला को जन्म दिया है। पिछले तीन दशकों में बड़े पैमाने पर कन्या भ्रूण हत्या के कुप्रभाव गिरते लिंगानुपात और विवाह योग्य लड़कों के लिए वधुओं की कमी के रूप में सामने आये हैं। इसके अलावा जनसंख्या विज्ञानी आगाह करते हैं कि अगले बीस सालों में

चूँकि विवाह योग्य महिलाओं की संख्या में कमी आएगी इसलिए पुरुष कम उम्र की महिलाओं से विवाह करेंगे जिससे जन्मदर में वृद्दि के कारण जनसंख्या वृद्धि के दर भी ऊँची हो जाएगी। लड़कियों को अगवा करना भी इसी से जुडी एक समस्या है।

अविवाहित पुरुषों की अधिक तादाद वाले समाज के अपने खतरे हैं। यौनकर्मी के तौर पर अधिक महिलाओं का शोषण होने की सम्भावना है। यौन शोषण और बलात्कार इसके स्वाभाविक परिणाम हैं। पिछले कुछ सालों से यौन अपराधों का तेजी से बढता ग्राफ असमान लिंगानुपात के परिणामों से जुड़ा है।

अपराध से जुड़े कानूनी प्रावधान

भारतीय दंड संहिता, 1860 के तहत प्रावधानः– भारतीय दंड संहिता की धारा 312 कहती है। 'जो कोई भी जानबूझकर किसी महिला का गर्भपात करता है जब तक कि कोई इसे सदिच्छा से नहीं करता है और गर्भावस्था का जारी रहना महिला के जीवन के लिए खतरनाक न हो, उसे सात साल की कैद की सजा दी जाएगी'। इसके अतिरिक्त महिला की सहमति के बिना गर्भपात (धारा 313) और गर्भपात की कोशिश के कारण महिला की मृत्यु (धारा 314) इसे एक दंडनीय अपराध बनाता है। धारा 315 के अनुसार मां के जीवन की रक्षा के प्रयास को छोड़कर अगर कोई बच्चे के जन्म से पहले ऐसा काम करता है जिससे जीवित बच्चे के जन्म को रोका जा सके या पैदा होने का बाद उसकी मृत्यु हो जाए, उसे दस साल की कैद होगी धारा 312 से 318 गर्भपात के अपराध पर सरलता से विचार करती है जिसमें गर्भपात करना, बच्चे के जन्म को रोकना, अजन्मे बच्चे की हत्या करना (धारा 316), नवजात शिशु को त्याग देना (धारा 317), बच्चे के मृत शरीर को छुपाना या इसे चुपचाप नष्ट करना (धारा 318)। हालाँकि भ्रूण हत्या या शिशु हत्या शब्दों का विशेष तौर पर इस्तेमाल नहीं किया गया है , फिर भी ये धाराएं दोनों अपराधों को समाहित करती हैं।

इन धाराओं में जेंडर के तटस्थ शब्द का प्रयोग किया गया है ताकि किसी भी लिंग के भ्रूण के सन्दर्भ में लागू किया जा सके। हालाँकि भारत में

बाल भ्रूण हत्या या शिशु हत्या के बारे में कम ही सुना गया है। भारतीय समाज में जहाँ बेटे की चाह संरचनात्मक और सांस्कृतिक रूप से जुड़ी हुई है, वहीँ महिलाओं को बेटे के जन्म के लिए अत्यधिक सामाजिक और मनोवैज्ञानिक दबाव झेलना पड़ता है। इन धाराओं ने कुछ और जरूरी मुद्दों पर विचार नहीं किया है जिनमें महिलाएं अत्यधिक सामाजिक दबावों की वजह से अनेक बार गर्भ धारण करती हैं और लगातार गर्भपातों को झेलती हैं।

1964 में स्वास्थ्य मंत्रालय ने एक समिति का गठन किया । शांतिलाल शाह नाम से गठित इस समिति को महिलाओं द्वारा की जा रही गर्भपात की कानूनी वैधता की मांग के मद्देनजर महिला के प्रजनन अधिकार के मानवाधिकार के मुद्दों पर विचार करने का काम सौंपा गया। 1971 में संसद में गर्भ की चिकित्सकीय समाप्ति अधिनियम, 1971 (एमटीपी एक्ट) पारित हुआ जो 1 अप्रैल 1972 को लागू हुआ और इसे उक्त अधिनियम के दुरुपयोग की संभावनाओं को खत्म करने के उद्देश्य से गर्भ की चिकित्सकीय समाप्ति संशोध ान अधिनियम (2002 का न ।64) के द्वारा 1975 और 2002 में संशोधित किया गया। गर्भ की चिकित्सकीय समाप्ति अधिनियम केवल आठ धाराओं वाला छोटा अधिनियम है। यह अधिनियम महिला की निजता के अधिकार, उसके सीमित प्रजनन के अधिकार , उसके स्वस्थ बच्चे को जन्म देने के अधिकार, उसका अपने शरीर के सम्बन्ध में निर्णय लेने के अधिकार की स्वतंत्रता की बात करता है लेकिन कुछ बेईमान लोग केवल कन्या भ्रूण को गिराकर इसका बेजा फायदा उठा रहे हैं।

एमटीपी एक्ट में गर्भ को समाप्त करने की दशाएं (धारा 3), और ऐसा करने के लिए व्यक्ति (धारा 2 क) और स्थान (धारा 4) को निर्धारित किया गया है। इस अधिनियम के अनुसार निम्न दशाओं में गर्भावस्था को समाप्त करने की अनुमति दी जाती है–

(1) जिसमें गर्भ को जारी रखने की सलाह नहीं दी गयी हो और गर्भ महिला के जीवन के लिए खतरा बन सकता है और यह बतौर गर्भवती उसे कुछ गंभीर रोगों से पीड़ित बना सकता हैः–

- रक्तचाप में अत्यधिक वृद्धि
- गर्भावस्था के दौरान अनियंत्रित उल्टियाँ
- स्तन और गले का कैंसर
- आँखों में परेशानी के साथ (रेटिनोपैथी)
- मिर्गी
- मानसिक बीमारी

(2) जहाँ पर गर्भावस्था के जारी रहने पर नवजात शिशु के लिए काफी जोखिम हो सकता है और इससे गंभीर तौर पर मानसिक बौद्धिक विकलांगता उत्पन्न हो सकती है। जैसे–

- गुणसूत्रीय विकृतियाँ
- पहले तीन हफ्तों में माँ को खसरे का संक्रमण
- अगर पहले से बच्चों में जन्मजात विकृतियाँ हों
- आर एच विसंगति से जुड़े जोखिम
- तय समयसीमा से अधिक भ्रूण को विकिरणों के सामने रखना

(3) जहाँ पर बलात्कार के कारण गर्भ ठहरा हो (1 से धारा 3 में व्याख्यायित)

- जहाँ माँ आर्थिक और सामाजिक दशाओं के मद्देनजर उसे स्वस्थ रूप से गर्भवती रहने और स्वस्थ शिशु को जन्म देने में कठिनाई हो और
- उपाय अपनाने के बावजूद गर्भ निरोध उपकरणों की असफलता (2 से धारा 3 में व्याख्यायित)

किसी भी गर्भपात से पहले स्त्री रोग विशेषज्ञ की पूर्व सलाह लेना आवश्यक है। और अगर 12 हफ्तों से अधिक और 20 हफ्तों से कम दिनों का

है तो दो डॉक्टरों की सलाह लेना जरूरी है (धारा 2(क) और (ख))। गर्भ गिराने के लिए निश्चित प्रपत्र पर महिला की लिखित सहमति लेना आवश्यक है। महिला की सहमति स्वतंत्र होनी चाहिए और उक्त दशाओं पर ही आधारित होनी चाहिए। पति की सहमति की आवश्यकता नहीं है।18 साल से कम उम्र की लड़कियों, और मानसिक रूप से अस्थिर महिलाओं के सम्बन्ध में उनके अभिभावकों की सहमति लेना आवश्यक है (धारा 3)। इस सहमति में यह आश्वासन दिया जाता है कि चिकित्सक के द्वारा किये जाने वाले गर्भपात के लिए वह अपनी मर्जी से राजी है और उसे प्रक्रिया, उसमें निहित खतरे और उसके बाद बरती जाने वाली सावधानियों के बारे में जानकारी दे दी गयी है।

यह अधिनियम गर्भपात करने वाले चिकित्सकों की योग्यता का भी निर्धारण करता है और केवल सरकारी लाइसेंस प्राप्त केन्द्रों पर ही गर्भपात कराया जा सकता है। इन संस्थानों को सरकार द्वारा जारी प्रमाणपत्र को केंद्र में ऐसी जगह पर लगाना होगा जिससे कोई भी बाहरी व्यक्ति उसे देख सके।

इस अधिनियम के प्रावधानों का उद्देश्य अवैध गर्भपात के खतरों को कम करना है जो कि नीम–हकीमों के अप्रशिक्षित हाथों से गर्भपात करने पर किसी महिला के जीवन और सेहत के लिए खतरनाक बन सकता है। इसके साथ ही इस अधिनियम का मकसद महिलाओं को उनके शरीर पर अधिक नियंत्रण देने और समग्र भलाई के लिए गर्भपात को उदार बनाना है। लेकिन यह अधिनियम पुराना हो चुका है क्योंकि यह विवाद के उन मुद्दों को संबोधित करने में असमर्थ है जो कि विधिक अधिकारों की दृष्टि से अजन्मे बच्चे बनाम आपराधिक और संपत्ति अधिकार के रूप में सामने आते हैं। आज गर्भ में बीमारी से पीड़ित होने के बावजूद लापरवाही बरतने के कारण विकृति के साथ पैदा हुए एक बच्चे की वजह से लॉ ऑफ टॉर्ट्स के तहत मुकदमा दायर किया जा सकता है। 18 दिसम्बर 1979 में संयुक्त राष्ट्र संघ ने महिलाओं के विरुद्ध सभी प्रकार के भेदभावों के उन्मूलन की वियना घोषणा (सीडॉ) को मंजूर किया । 19 जून 1993 को भारतीय सरकार ने इसी घोषणा को यथावत मंजूर कर लिया। सीडॉ की प्रस्तावना में कहा गया है – महिलाओं के विरुद्ध भेदभाव समानता के सिद्धांत और मानवीय गरिमा के आदर का घोर उल्लंघन है। यह सरकार की जिम्मेदारी है कि वह कानूनों में बदलाव या मौजूदा

कानूनों, नियमों, परिपाटियों और प्रथाओं में से जेंडर आधारित भेदभाव को खत्म करने के लिए उचित कदम उठाए।

भारतीय संविधान का अनुच्छेद 21 "जीवन के अधिकार" की घोषणा करता है। अनुच्छेद 51। (म) महिलाओं के प्रति अपमानजनक प्रथाओं के त्याग की व्यवस्था भी करता है। उपरोक्त दोनों घोषणाओं के आलोक में भारतीय संसद ने लिंग तय करने वाली तकनीक के दुरुपयोग और इस्तेमाल से कन्या भ्रूण हत्या को रोकने के लिए जन्म–पूर्व परीक्षण तकनीक (दुरुपयोग का नियमन और बचाव) अधिनियम, 1994 पारित किया। इस अधिनियम के प्रमुख लक्ष्य हैं–

- गर्भाधान पूर्व लिंग चयन तकनीक को प्रतिबंधित करना
- लिंग–चयन संबंधी गर्भपात के लिए जन्म–पूर्व परीक्षण तकनीकों के दुरूपयोग को रोकना।
- जिस उद्देश्य से जन्म–पूर्व परीक्षण तकनीकों को विकसित किया है। उसी दिशा में उनके समुचित वैज्ञानिक उपयोग को नियमित करना।
- सभी स्तरों पर अधिनियम के प्रभावी क्रियान्वयन को सुनिश्चित करना।

इस अधिनियम को बड़े जोर–शोर से पारित किया गया लेकिन राज्य इसे समुचित तरीके से लागू करने के लिए माकूल व्यवस्था करने में नाकामयाब रहा। क्लीनिकों में अधूरे अभिलेखों अथवा अभिलेखों के देख–रेख के अभाव में यह पता करना मुश्किल हो जाता है कि कौन–से अल्ट्रा–साउंड का परीक्षण किया गया था। यहाँ तक कि पुलिस महकमा भी सामाजिक स्वीकृति के अभाव में इस अधिनियम के तहत कोई मामला दर्ज करने में असफल रहा है। डॉक्टरों द्वारा कानून का धड़ल्ले से उल्लंघन जारी है जो अपने फायदे के लिए लोगों का शोषण करते हैं। गर्भाधान के चरण के दौरान X और Y गुणसूत्रों को अलग करना, पीसीजी इत्यादि नयी तकनीकों के दुरुपयोगों ने इस अधिनियम को नयी स्थितियों में बेअसर बना दिया है।

इस अधिनियम के प्रभावी क्रियान्वयन को सुनिश्चित करने के लिए और मौजूदा कानून में खामियों पर जीत हासिल करने के लिए स्वास्थ्य एवम परिवार कल्याण मंत्रालय ने संशोधनों की एक श्रृखंला प्रस्तावित की थी जिसे संसद में मंजूर कर लिया गया था। इससे पीएनडीटी अधिनियम 2002 दिसम्बर में अस्तित्व में आया। बाद में इस अधिनियम को गर्भाधान पूर्व–प्रसव पूर्व परीक्षण तकनीक (लिंग चयन प्रतिबन्ध) अधिनियम कहा गया। इसके बाद स्वास्थ्य एवम परिवार कल्याण मंत्रालय ने प्रसव–पूर्व परीक्षण (दुरुपयोग का नियम एवम बचाव) अधिनियम 2003 ने 14 फरवरी को 1996 के नियम को विस्थापित कर दिया।

पीसी एंड पीएनडीटी एक्ट की प्रमुख विशेषताएं

इस अधिनियम ने सभी परीक्षण प्रयोगशालाओं के पंजीकरण को अनिवार्य बना दिया है। और अल्ट्रा साउंड के उपकरणों के निर्माता को अपने उपकरणों को पंजीकृत प्रयोगशालाओं को बेचने के निर्देश दिए हैं। इसके अनुसार कोई भी निजी संगठन समेत व्यक्ति , अल्ट्रा साउंड मशीन , इमेजिंग मशीन, स्कैनर या भ्रूण के लिंग के निर्धारण में सक्षम कोई भी उपकरण निर्माता, आयातक, वितरक या आपूर्तिकर्ता के लिए इन्हें बेचना, वितरित करना, आपूर्ति करना, किराये पर देना या भुगतान या अन्य आधार पर इस अधिनियम के तहत अपंजीकृत किसी आनुवंशिक परामर्श केंद्र, जेनेटिक प्रयोगशाला, जेनेटिक क्लिनिक, अल्ट्रा साउंड क्लिनिक, इमेजिंग स्क्रीन या अन्य किसी निकाय या व्यक्ति को ऐसे उपकरणों या मशीनों के प्रयोग की अनुमति नहीं दे सकता है। (पीसी एंड पीएनडीटी अधिनियम के नियम 3 । के साथ धारा 3 ठ)

फॉर्म–बी में पंजीकरण प्रमाणपत्र को सार्वजनिक रूप से प्रदर्शित करना चाहिए यानि कि जहाँ से यह सबको दिखाई दे। (पीएनडीटी नियमों के नियम 4 (प) (पप), नियम 6 (2), 6 (5) एवं 8 (2))।

इस अधिनियम के अन्तर्गत ऐसी मशीनों और उपकरणों के पंजीकृत निर्माताओं को सम्बन्ध राज्य, केंद्र शासित प्रदेश और केंद्र सरकार के उपयुक्त प्राधिकारियों को तीन महीने में एक बार अपने उपकरणों के क्रेताओं की सूची

देनी होगी और ऐसे व्यक्ति या संगठन से उसे हलफनामा लेना होगा कि वह इन उपकरणों का इस्तेमाल भ्रूण के लिंग चयन के लिए नहीं करेंगे।

पीसी एंड पीएनडीटी अधिनियम की धारा 4 के तहत केवल निम्न परिस्थितियों में प्रसव–पूर्व परीक्षण तकनीकों का इस्तेमाल किया जा सकता है, जबः–

- महिला की आयु 35 वर्ष से अधिक हो।
- गर्भवती 2 या 2 से अधिक गर्भपात या भ्रूण की हानि को झेल चुकी हो।
- गर्भवती संभावित रूप से हानिप्रद अभिकर्म्कों जैसे मादक पदार्थ, विकिरणों, संक्रमण या रसायनों के संपर्क में आ चुकी हो।
- गर्भवती या उसके पति के परिवार में किसी को मानसिक विकार या शारीरिक विकृति रही हो जैसे अन्य अनुवांशिक रोगय या
- मंडल द्वारा तय की गयी कोई अन्य दशा।

सभी परामर्श केन्द्रों, अनुवांशिक प्रयोगशालाओं, और अल्ट्रा साउंड क्लिनिक्स को जो किसी गर्भवती स्त्री पर स्कैन, टेस्ट या अन्य प्रक्रियाओं को संचालित कर रहे हैं, इन परीक्षणों का पूरा विवरण रखना होगा जिसमें कि नाम, पति का नाम, चिकित्सक का नाम– पता और परीक्षण, स्कैन या प्रक्रियाओं की आवश्यकता के कारण। इन जानकारियों को फॉर्म 'घ्फ' में दर्ज होना चाहिए। (पीएनडीटी अधिनियम का नियम 9 (4))

जब भी कोई गर्भवती महिला अनुमति प्राप्त उद्देश्यों के अतिरिक्त प्रसव पूर्व परीक्षण तकनीक से जाँच कराती है तो यह माना जाएगा की उस पर उसके पति या अन्य रिश्तेदारों ने परीक्षण करने का दबाव बनाया है और उन्हें इसके लिए जिम्मेदार ठहराया जाएया। (पीसी एंड पीएनडीटी अधिनियम की धारा 24)।

पीसी एंड पीएनडीटी एक्ट के तहत प्रतिबंधित कृत्य

(क) लिंग चयन या लिंग का पूर्व–निर्धारण की सेवा देने वाले विज्ञापनों का प्रकाशन।

(ख) गर्भाधान–पूर्व या जन्म–पूर्व परीक्षण तकनीकों वाले क्लीनिकों का पंजीकृत नहीं होना या क्लिनिक या संस्थान के भीतर सबको दिखाई देने वाले पंजीकरण प्रमाणपत्र को प्रदर्शित नहीं करना।

(ग) अजन्मे बच्चे के लिंग का निर्धारण करना।

(घ) गर्भवती को लिंग निर्धारण परीक्षण के लिए मजबूर करना।

(ङ) लिंग चयन की प्रक्रिया में सहयोग या सुविधा प्रदान करना।

(च) चिकित्सक द्वारा गर्भवती या अन्य व्यक्ति को अजन्मे बच्चे के लिंग के बारे में किसी भी तरह सूचित करना।

(छ) पीसी एंड पीएनडीटी एक्ट के अंतर्गत पंजीकृत क्लीनिकों द्वारा अभिलेखों को भली–भांति सहेज कर नहीं रखना।

पीसी एंड पीएनडीटी एक्ट का क्रियान्वयन

इस अधिनियम के क्रियान्वयन का निरीक्षण और पुनरीक्षण करने के लिए राज्यस्तरीय निरीक्षण निकाय को बनाने की सिफारिश की गयी थी। यह निकाय गर्भाधान पूर्व और जन्म–पूर्व भ्रूण के लिंग का निर्धारण करने की कुप्रथा के प्रति जनता को जागरूक करेगा। यह राज्य में इस क्षेत्र में कार्यरत संस्थाओं के कामकाज की निगरानी करेगा और अपनी जिम्मेदारियों को पूरा करने में विफल रहने पर उनके खिलाफ कार्रवाई भी करेगा। इस अधिनियम और इसके नियमों के तहत चलायी जा रही विभिन्न गतिविधियों का भी यह संज्ञान लेगा और केन्द्रीय निगरानी आयोग और केंद्र सरकार को इस सम्बन्ध में ठोस रिपोर्ट भेजेगा।

कोई भी शिकायतकर्ता अपनी शिकायत को राज्य स्तरीय प्राधिकरण में

नियुक्त प्राधिकृत अधिकारी के सामने दर्ज करा सकता है। इस अधिकारी का दर्जा स्वास्थ्य विभाग में संयुक्त निदेशक, स्वास्थ्य एवम परिवार कल्याण विभाग के पद से ऊपर होगा। जिला स्तर पर सिविल सर्जन या मुख्य चिकित्सा अधिकारी और नगर में मुख्य स्वास्थ्य अधिकारी या वार्ड स्वास्थ्य अधिकारी या चिकित्सा अधीक्षक को प्राधिकृत किया जाएगा। शिकायत लिखित में दर्ज की जाएगी और उसके प्राधिकारी को भी पावती देनी होगी। अगर नियुक्त प्राधिकरण 15 दिन के अन्दर कार्रवाई करने में विफल रहता है तो शिकायतकर्ता उपयुक्त न्यायक्षेत्र वाली अदालत में पावती के साथ जा सकता है।

इस अधिनियम का उल्लंघन करने पर जिसमें बिना लाइसेंस के प्रयोगशालाओं को चलाना भी शामिल है। उपकरणों को सील कर दिया जाएगा। उपयुक्त प्राधिकरण उपकरणों को सील करने के साथ साथ उनके उपयोग को प्रतिबन्धित कर सकता है। लिंग चयन में लिप्त पाए गए दोषियों की जुर्माना राशी पचास हजार से बढ़ाकर एक लाख की गयी है जिसमें चिकित्सक का पंजीकरण रद्द करने, निलंबन का अतिरिक्त प्रावधान है।

कन्या भ्रूण हत्या के प्रतिरोध के लिए सुझाव

केवल कानून बना देने से सामाजिक बुराई का अंत नहीं हो सकता। महिलाओं के प्रति भेदभाव आम बात है और खास तौर पर कन्या के प्रति उपेक्षा हमारे समाज में गहरे जड़ों तक धंसी है। तमाम कानूनों के बावजूद समाज में पुरुषों की श्रेष्ठता की गलत अवधारणा समाज के लिए खतरनाक है। आम जनता को महिलाओं के सम्मान के विरुद्ध भेदभाव रखने वाली प्रथाओं के उन्मूलन के लिए संवेदनशील बनाने की तत्काल आवश्यकता है।

गिरते लिंग अनुपात को सँभालने की जरुरत है और इसमें राज्य, मीडिया, पत्रकारों, गैर–सरकारी संगठनों, चिकित्सकों, महिला संगठनों और जनता को साथ खड़े होने की आवश्यकता है ताकि इस बात को सुनिश्चित किया जा सके कि कन्या भ्रूण हत्या विरोधी कानून पूरे तरीके से और कारगर ढंग से लागू हो पाएं। निगरानी, शैक्षिक अभियान और प्रभावी कानूनी

क्रियान्वयन, इन सबके संयोजन से लोगों के मन में गहरी बैठी महिला और कन्या विरोधी मानसिकता और कुप्रथाओं को दूर किया जा सकता है। इस संबंध में धार्मिक नेताओं को भी आगे आना चाहिए। उन्हें धर्मग्रंथों के सम्बन्ध में भ्रांतियों के बारे में स्पष्ट करना चाहिए और वैज्ञानिक, तार्किक और मानवीय दृष्टिकोण को बढ़ावा देना चाहिए। पारंपरिक रूप से पुत्र के जन्म तक सीमित धार्मिक कर्मकांडों को बेटी के सन्दर्भ में भी विस्तृत करना चाहिए।

कई राज्यों ने कन्याओं के लिए योजनाएं जारी की हैं जैसे कि कन्या के जन्म पर माता–पिता को नकदी देना, स्नातक स्तर तक मुफ्त शिक्षा, कुछ पॉलिसी में किश्तों में भुगतान किया जाता है जो कन्या के विवाह के समय परिपक्व होती हैं, इत्यादि। जमीनी स्तर पर स्थानीय पंचायतों को भी कन्या भ्रूण हत्या को रोकने के लिए कदम उठाने चाहिए। स्थानीय नेताओं को अपने इलाके के शिक्षित लोगों को जागरूक करने, जनता को शिक्षित करने के लिए नियुक्त करना चाहिए ताकि लोगों का सबलीकरण हो और कन्या भ्रूण हत्या विरोधी अभियानों में महिलाओं को अभियानों में सबसे आगे खड़ा करना चाहिए। सूचना देने वालों को पुरस्कार देना चाहिए। इस कुप्रथा की भयावहता और गंभीरता के बारे में मीडिया में व्यापक प्रचार होना चाहिए। गैर–सरकारी संगठनों को जनता को इस सम्बन्ध में शिक्षित करने की भूमिका निभानी चाहिए। राष्ट्रीय महिला आयोग, गैर–सरकारी संगठन, स्वास्थ्य और परिवार कल्याण मंत्रालय को मौजदा कानूनों को समुचित ढंग से लागू करने के लिए बेहतर योजनायें बनानी चाहिए और अखबारों, रेडियो, दूरदर्शन और इन्टरनेट पर व्यापक स्तर पर जन अभियान चलाने चाहिए।

चिकित्सा व्यवसाय और इसके संगठनों जैसे भारतीय चिकित्सा संगठन, रेडियोलाजिस्ट एसोसिएशन, प्रसूति विशेषज्ञ तथा स्त्री रोग विशेषज्ञों के संगठन इत्यादि के साथ चिकित्सा जगत को मानवता के व्यापक हित में अपने तुच्छ स्वार्थों को छोड़ना चाहिए। चिकित्सकों के लिए एक मजबूत आचार संहिता बनाने की आवश्यकता है। भारतीय चिकित्सा परिषद् अधिनियम , 1956, चिकित्सा परिषद् की नैतिक आचार संहिता, 1970 वर्तमान कानूनों के साथ सामंजस्य स्थापित करते हुए संशोधित किया जाना चाहिए और सबसे बड़ी बात महिलाएं जो जननी हैं उन्हें बेटा पैदा करने की थोपी

हुई जिम्मेदारी से स्वयं को मुक्त करना चाहिए। चाहे लड़का हो या लड़की, एक बच्चे को स्वास्थ्य रूप से जन्म लेने का अधिकार है और यह माता–पिता की जिम्मेदारी है कि वह शिशु को उसके विकास के लिए सुरक्षित, देखभाल से भरा वातावरण प्रदान करें। सभी महिलायें, चाहे वो माँ हों या सास, सभी को अपने स्तर पर इस दुर्व्यवहार को रोकना चाहिए। हमें अपनी बेटियों को बेटों की तरह पालना चाहिए और उन्हें समान रूप से सफल बनाना चाहिए और इस पुरानी धारणा को खारिज करना चाहिए कि लड़कियों की शिक्षा केवल विवाह के लिए ही काम आती हैं दुनिया का सामना करने के लिए शिक्षा एक हथियार है। भारतीय समाज में कन्या भ्रूण हत्या की गंभीर चुनौती को रोकने के लिए हमें महिलाओं को सशक्त बनाना होगा। दहेज प्रथा जैसी कुरीतियों के खिलाफ अभियान चलाकर और मौजूदा कानूनों को सख्ती से लागू कर महिला अधिकारों को मजबूती देनी होगी।

कन्या भ्रूण हत्या की घटनाएं रोकने के उपाय

सरकार ने देश में कन्या भ्रूण हत्या रोकने के लिए बहुआयामी रणनीति अपनाई है। इसमें जागरुकता पैदा करने और विधायी उपाय करने के साथ–साथ महिलाओं को सामाजिक–आर्थिक रूप से अधिकार संपन्न बनाने के कार्यक्रम शामिल हैं। इनमें से कुछ उपाय नीचे दिए गए है–

गर्भ धारण करने से पहले और बाद में लिंग चयन रोकने और प्रसवपूर्व निदान तकनीक को नियमित करने के लिए सरकार ने एक व्यापक कानून, गर्भधारण से पूर्व और प्रसवपूर्व निदान तकनीक (लिंग चयन पर रोक) कानून 1994 में लागू किया। इसमें 2003 में संशोधन किया गया।

सरकार इस कानून को प्रभावकारी तरीके से लागू करने में तेजी लाई और उसने विभिन्न नियमों में संशोधन किए जिसमें गैर पंजीकृत मशीनों को सील करने और उन्हें जब्त करने तथा गैर–पंजीकृत क्लीनिकों को दंडित करने के प्रावधान शामिल है। पोर्टेबल अल्ट्रासाउंड उपकरण के इस्तेमाल का नियमन केवल पंजीकृत परिसर के भीतर अधिसूचित किया गया। कोई भी मेडिकल प्रैक्टिशनर एक जिले के भीतर अधिकतम दो अल्ट्रासाउंड केंद्रों पर ही अल्ट्रा सोनोग्राफी कर सकता है। पंजीकरण शुल्क बढ़ाया गया।

स्वास्थ्य और परिवार कल्याण मंत्री ने सभी राज्य सरकारों से आग्रह किया कि वे अधिनियम को मजबूती से कार्यान्वित करें और गैर–कानूनी तरीके से लिंग का पता लगाने के तरीके रोकने के लिए कदम उठाएं।

माननीय प्रधानमंत्री ने सभी राज्यों के मुख्यमंत्रियों से आग्रह किया कि वे लिंग अनुपात की प्रवृति को उलट दें और शिक्षा और अधिकारिता पर जोर देकर बालिकाओं की अनदेखी की प्रवृत्ति पर रोक लगाएं।

स्वास्थ्य परिवार कल्याण मंत्रालय ने राज्यों और संघ राज्य क्षेत्रों से कहा है कि वे इस कानून को गंभीरता से लागू करने पर अधिकतम ध्यान दें।

पीएनडीटी कानून के अंतर्गत केंद्रीय निगरानी बोर्ड का गठन किया गया और इसकी नियमित बैठकें कराई जा रही हैं।

वेबसाइटों पर लिंग चयन के विज्ञापन रोकने के लिए यह मामला संचार एवं सूचना प्रौद्योगिकी मंत्रालय के समक्ष उठाया गया।

राष्ट्रीय निरीक्षण और निगरानी समिति का पुनर्गठन किया गया और अल्ट्रा साउंड निदान सुविधाएं के निरीक्षण में तेजी लाई गई। बिहार, छत्तीसगढ़, दिल्ली, हरियाणा, मध्य प्रदेश, महाराष्ट्र, उड़ीसा, पंजाब, उत्तराखंड, राजस्थान, गुजरात और उत्तर प्रदेश में निगरानी का कार्य किया गया।

राष्ट्रीय ग्रामीण स्वास्थ्य मिशन के अंतर्गत कानून के कार्यान्वयन के लिए सरकार सूचना, शिक्षा और संचार अभियान के लिए राज्यों और संघ राज्य क्षेत्रों को वित्तीय सहायता दे रही है।

राज्यों को सलाह दी गई है कि इसके कारणों का पता लगाने के लिए कम लिंग अनुपात वाले जिलों/ब्लाकों/गांवों पर विशेष ध्यान दें, उपयुक्त व्यवहार परिवर्तन संपर्क अभियान तैयार करे और पीसी और पीएनडीटी कानून के प्रावधानों को प्रभावकारी तरीके से लागू करे।

धार्मिक नेता और महिलाएं लिंग अनुपात और लड़कियों के साथ भेदभाव के खिलाफ चलाए जा रहे अभियान में शामिल हैं।

भारत सरकार और अनेक राज्य सरकारों ने समाज में लड़कियों और महिलाओं की स्थिति सुधारने के लिए विशेष योजनाएं लागू की गई हैं। इसमें धनलक्ष्मी जैसी योजना शामिल है।

राष्ट्रीय अपराध ब्यूरो से प्राप्त जानकारी के अनुसार 2011 के दौरान देश में कन्या भ्रूण हत्या के कुल 132 मामले दर्ज किए गए। इस सिलसिले में 70 लोगों को गिरफ्तार किया गया, 58 के खिलाफ आरोप–पत्र दायर किया गया और 11 को दोषी ठहराया गया।

कार्यस्थल पर महिलाओं के साथ यौन उत्पीड़न (रोकथाम, निषेध और निवारण) अधिनियम

भारत की वयस्क महिलाओं की जनसंख्या (जनगणना 2011) के आधार पर गणना की जाए तो पता चलता है कि 14.58 करोड़ महिलाओं (18 वर्ष से अधिक की उम्र) के साथ यौन उत्पीड़न जैसा अपमानजनक व्यवहार हुआ है। सवाल उठता है कि वास्तव में कितने प्रकरण दर्ज हुए? राष्ट्रीय अपराध अनुसंधान ब्यूरो के अनुसार वर्ष 2006 से 2012 के बीच आईपीसी की धारा 358 के अंतर्गत 283407, धारा 509 के तहत 71843 और बलात्कार के 154251 प्रकरण दर्ज हुए। मतलब साफ है कि बलात्कार के अलावा उत्पीड़न के अन्य आंकड़ों को आधार बनाया जाए तो साफ जाहिर होता है कि अब भी वास्तविक उत्पीड़न के एक प्रतिशत मामले भी सामने नहीं आते हैं।

इसी दौरान बच्चों के यौन उत्पीड़न के मामलों हेतु एक अलग कानून बना। तदुपरांत यह स्थापित हो गया कि घरों में महिलाओं के साथ कई रूपों में हिंसा बदस्तूर जारी है। इसे लेकर घरेलू हिंसा रोकने के लिए कानून बना। अंततरू यह स्वीकार किया जाने लगा है कि महिलायें भी एक कामकाजी प्राणी हैं, और वे काम की जगह पर भी हिंसा की शिकार होती हैं। इसके लिए अगस्त 1997 में सर्वोच्च न्यायालय ने देश में कार्यस्थल पर लैंगिक एवं यौन उत्पीड़न रोकने के लिए विशाखा दिशानिर्देश बनाए थे।

विचारणीय यह है कि क्या हमारा समाज महिलाओं के लिए एक असुरक्षित और अपमानजनक जीवन जीने का स्थान है? हम इंतजार करेंगे कि

कोई विशाखा, भंवरी देवी या निर्भया आए और उनके अस्तित्व दांव पर लगने के बाद सरकार और समाज जागेगा? अब हमारे पास महिलाओं का कार्यस्थल पर लैंगिक उत्पीड़न (निवारण, प्रतिषेध एवं प्रतितोषण) कानून 2013 मौजूद है। दिसम्बर 2013 को इसके नियम भी जारी कर दिए गए हैं। लेकिन इन नियमों से भी सरकार के गंभीर होने का अहसास होता है।

कार्यस्थल पर महिलाओं के साथ यौन उत्पीड़न (रोकथाम, निषेध और निवारण) अधिनियम, 2013

सन् 2013 में कार्यस्थल पर महिलाओं के यौन उत्पीड़न अधिनियम को पारित किया गया था।जिन संस्थाओं में दस से अधिक लोग काम करते हैं, उन पर यह अधिनियम लागू होता है।

ये अधिनियम, 9 दिसम्बर, 2013, में प्रभाव में आया था। जैसा कि इसका नाम ही इसके उद्देश्य रोकथाम, निषेध और निवारण को स्पष्ट करता है और उल्लंघन के मामले में, पीड़ित को निवारण प्रदान करने के लिये भी ये कार्य करता है।

ये अधिनियम विशाखा केस में दिये गये लगभग सभी दिशा–निर्देशों को धारण करता है और ये बहुत से अन्य प्रावधानों को भी निहित करता है जैसेः शिकायत समितियों को सबूत जुटाने में सिविल कोर्ट वाली शक्तियाँ प्रदान की है। यदि नियोक्ता अधिनियम के प्रावधानों को पूरा करने में असफल होता है तो उसे 50,000 रुपये से अधिक अर्थदंड भरना पड़ेगा, ये अधिनियम अपने क्षेत्र में गैर–संगठित क्षेत्रों जैसे ठेके के व्यवसाय में दैनिक मजदूरी वाले श्रमिक या घरों में काम करने वाली नौकरानियाँ या आयाएं आदि को भी शामिल करता है।

इस प्रकार, ये अधिनियम कार्यशील महिलाओं को कार्यस्थल पर होने वाले यौन उत्पीड़न के खतरे का मुकाबला करने के लिये युक्ति है। ये विशाखा फैसले में दिये गये दिशा निर्देशों को सुव्यवस्थित करता है और इसके प्रावधानों का पालन करने के लिये नियोक्ताओं पर एक सांविधिक दायित्व अनिवार्य कर देता है।

हांलाकि, इस अधिनियम में कुछ कमियां भी है जैसे कि ये यौन उत्पीड़न को अपराध की श्रेणी में नहीं रखता बस केवल नागरिक दोष माना जाता है जो सबसे मुख्य कमी है, जब पीड़ित इस कृत्य को अपराध के रुप में दर्ज करने की इच्छा रखती है तब ही केवल इसे एक अपराध के रुप में शिकायत दर्ज की जाती है, इसके साथ ही पीड़ित पर अपने वरिष्ठ पुरुष कर्मचारी द्वारा शिकायत वापस लेने के लिये दबाव डालने की भी संभावनाएं अधिक रहती है।

इस प्रकार, अधिनियम को एक सही कदम कहा जा सकता है लेकिन ये पूरी तरह से दोषरहित नहीं है और इसमें अभी भी सुधार की आवश्यकता है। यहां तक कि अब, पीड़ित को भारतीय दंड संहिता के अन्तर्गत पूरी तरह से न्याय पाने के लिये अपराधिक उपायों को तलाशना पड़ता है। और फिर, अपराधिक शिकायत धारा 354 के अन्तर्गत दर्ज की जाती है जो कार्यस्थल पर यौन उत्पीड़न की विशेष धारा नहीं बल्कि एक सामान्य प्रावधान है।

इसलिये, कानून के अनुसार निजी और सार्वजनिक दोनों क्षेत्रों को महिला कर्मचारियों की कार्यस्थल पर यौन उत्पीड़न से सुरक्षा के लिये कानूनी अनिवार्यता के अन्तर्गत लिया गया है लेकिन समस्या इसके लागू करने और इसकी जटिलताओं में है। ये अभी अपने शुरुआती दिनों में है और अधिकांश संगठन, कुछ बड़े संगठनों को छोड़कर, प्रावधान के साथ जुड़े हुये नहीं है, यहां तक कि वो कार्यस्थल पर यौन उत्पीड़न के लिये बनाये गये कानून क्या है और इसके लिये क्या अर्थदंड है और क्या इसका निवारक तंत्र है, इन सब नियमों और कानूनों को सार्वजनिक करने वाले नियमों को सूत्रबद्ध भी नहीं करता। यहां तक कि वहां आन्तरिक शिकायत समिति भी नहीं है।

हाल ही का उदाहरण, तहलका पत्रिका के मुख्य संपादक पर इस तरह के दुर्व्यवहार में शामिल होने का शक किया गया था और इस खबर के प्रकाश में आने के बाद पता चला कि इसके कार्यालय में विशाखा दिशा–निर्देशन के तहत कोई भी शिकायत या कार्यस्थल पर यौन उत्पीड़न की शिकायत के लिये समिति नहीं थी।

इस प्रकार, केवल आने वाला समय ही बता सकता है कि अभी हाल

ही में पारित हुआ अधिनियम, कार्यस्थल पर महिलाओं के साथ यौन उत्पीड़न (रोकथाम, निषेध और निवारण) अधिनियम, 2013, उस अपराध को जो केवल महिलाओं के साथ किया जाता है, उसे रोकने और निषेध करने में सफल हो पायेगा या नहीं।

यह कानून क्या करता है?

यह कानून कार्यस्थल पर महिलाओं के यौन उत्पीड़न को अवैध करार देता है।

यह कानून यौन उत्पीड़न के विभिन्न प्रकारों को चिह्नित करता है, और यह बताता है कि कार्यस्थल पर यौन उत्पीड़न की स्थिति में शिकायत किस प्रकार की जा सकती है।

यह कानून हर उस महिला के लिए बना है जिसका किसी भी कार्यस्थल पर यौन उत्पीड़न हुआ हो।

इस कानून में यह जरूरी नहीं है कि जिस कार्यस्थल पर महिला का उत्पीड़न हुआ है,वह वहां नौकरी करती हो।

कार्यस्थल कोई भी कार्यालयध्दफ्तर हो सकता है,चाहे वह निजी संस्थान हो या सरकारी।

यौन उत्पीड़न क्या है?

इस अधिनियम के तहत निम्नलिखित व्यवहार या कृत्य 'यौन उत्पीड़न' की श्रेणी में आता है–

व्यवहार या कृत्य

इच्छा के खिलाफ छूना या छूने की कोशिश करना जैसे यदि एक तैराकी कोच छात्रा को तैराकी सिखाने के लिए स्पर्श करता है तो वह यौन उत्पीड़न नहीं कहलाएगा सपर यदि वह पूल के बाहर, क्लास खत्म होने के बाद छात्रा को छूता है और वह असहज महसूस करती है, तो यह यौन उत्पीड़न है।

शारीरिक रिश्ता/यौन सम्बन्ध बनाने की मांग करना या उसकी उम्मीद करना जैसे यदि विभाग का प्रमुख, किसी जूनियर को प्रमोशन का प्रलोभन दे कर शारीरिक रिश्ता बनाने को कहता है,तो यह यौन उत्पीड़न है।

यौन स्वभाव की (अश्लील) बातें करना जैसे यदि एक वरिष्ठ संपादक एक युवा प्रशिक्षु/जूनियर पत्रकार को यह कहता है कि वह एक सफल पत्रकार बन सकती है क्योंकि वह शारीरिक रूप से आकर्षक है, तो यह यौन उत्पीड़न है।

अश्लील तस्वीरें, फिल्में या अन्य सामग्री दिखाना जैसे यदि आपका सहकर्मी आपकी इच्छा के खिलाफ आपको अश्लील वीडियो भेजता है, तो यह यौन उत्पीड़न है।

कोई अन्यकर्मी यौन प्रकृति के हों, जो बातचीत द्वारा, लिख कर या छू कर किये गए हों

शिकायत कौन कर सकता है?

जिस महिला के साथ कार्यस्थल पर यौन उत्पीड़न हुआ है, वह शिकायत कर सकती है।

शिकायत किसको की जानी चाहिए ?

अगर आपके संगठनध संस्थान में आंतरिक शिकायत समिति हैतो उसमें ही शिकायत करनी चाहिए। ऐसे सभी संगठन या संस्थान जिनमें 10 से अधिक कर्मचारी हैं,। आंतरिक शिकायत समिति गठित करने के लिए बाध्य हैं।

अगर संगठन ने आंतरिक शिकायत समिति नहीं गठित की है तो पीड़ित को स्थानीय शिकायत समिति में शिकायत दर्ज करानी होगीस दुर्भाग्य से कई राज्य सरकारों ने इन समितियों को पूरी तरह से स्थापित नहीं किया है और किससे संपर्क किया जाए,यह जानकारी ज्यादातर मामलों में सार्वजनिक नहीं हुई है।

शिकायत कब तक की जानी चाहिए? क्या शिकायत करने की कोई समय सीमा निर्धारित है ?

शिकायत करते समय घटना को घटे तीन महीने से ज्यादा समय नहीं बीता हो, और यदि एक से अधिक घटनाएं हुई है तो आखिरी घटना की तारीख से तीन महीने तक का समय पीड़ित के पास है।

क्या यह समय सीमा बढ़ाई जा सकती है ?

हाँ, यदि आंतरिक शिकायत समिति को यह लगता है की इससे पहले पीड़ित शिकायत करने में असमर्थ थी तो यह सीमा बढ़ाई जा सकती है, पर इसकी अवधि और तीन महीनों से ज्यादा नहीं बढ़ाई जा सकती।

शिकायत कैसे की जानी चाहिए ?

शिकायत लिखित रूप में की जानी चाहिए। यदि किसी कारणवश पीड़ित लिखित रूप में शिकायत नहीं कर पाती है तो समिति के सदस्यों की जिम्मेदारी है कि वे लिखित शिकायत देने में पीड़ित की मदद करें।

उदाहरण के तौर पर, अगर वह महिला पढ़ी लिखी नहीं हैऔर उसके पास लिखित में शिकायत लिखवाने का कोई जरिया नहीं है तो वह समिति को इसकी जानकारी दे सकती है, और समिति की जिम्मेदारी है कि वह यह सुनिश्चित करे की पीड़ित की शिकायत बारीकी से दर्ज की जाए।

क्या पीड़ित की ओर से कोई और शिकायत कर सकता है ?

यदि पीड़ित शारीरिक रूप से शिकायत करने में असमर्थ है (उदाहरण के लिए,यदि वह बेहोश है), तो उसके रिश्तेदार या मित्र, उसके सह–कार्यकर्ता, ऐसा कोई भी व्यक्ति जो घटना के बारे में जानता है और जिसने पीड़ित की सहमति ली है, अथवाराष्ट्रीय या राज्य स्तर के महिला आयोग के अधिकारी शिकायत कर सकते हैं।

यदि पीड़ित शिकायत दर्ज करने की मानसिक स्थिति में नहीं है, तो

उसके रिश्तेदार या मित्र, उसके विशेष शिक्षक, उसके मनोचिकित्सक/मनोवैज्ञानिक, उसके संरक्षक या ऐसा कोई भी व्यक्ति जो उसकी देखभाल कर रहे हैं, शिकायत कर सकते हैं। साथ ही कोई भी व्यक्ति जिसे इस घटना के बारे में पता है,उपरोक्त व्यक्तियों के साथ मिल कर संयुक्त शिकायत कर सकता है।

यदि पीड़ित की मृत्यु हो चुकी है, तो कोई भी व्यक्ति जिसे इस घटना के बारे में पता हो, पीड़ित के कानूनी उत्तराधिकारी की सहमति से शिकायत कर सकता है।

शिकायत दर्ज करने के बाद क्या होता है?

यदि वह महिला चाहती है तो मामले को 'कंसिलिएशन'ध्समाधान' की प्रक्रिया से भी सुलझाया जा सकता है। इस प्रक्रिया में दोनों पक्ष समझौते पर आने की कोशिश करते हैं, परन्तु ऐसे किसी भी समझौते में पैसे के भुगतान द्वारा समझौता नहीं किया जा सकता है।

यदि महिला समाधान नहीं चाहती है तो जांच की प्रक्रिया शुरू होगी, जिसे आंतरिक शिकायत समिति को 90 दिन में पूरा करना होगा। यह जांच संस्था/कंपनी द्वारा तय की गई प्रकिया पर की जा सकती है, यदि संस्था/कंपनी की कोई तय प्रकिया नहीं है तो सामान्य कानून लागू होगा। समिति पीड़ित, आरोपी और गवाहों से पूछ ताछ कर सकती है और मुद्दे से जुड़े दस्तावेज भी माँग सकती है ससमिति के सामने वकीलों को पेश होने की अनुमति नहीं है।

जाँच के खत्म होने पर यदि समिति आरोपी को यौन उत्पीडन का दोषी पाती है तो समिति नियोक्ता (अथवा कम्पनी या संस्था, आरोपी जिसका कर्मचारी है) को आरोपी के खलिाफ कार्यवाही करने के लिए सुझाव देगी। नियोक्ता अपने नियमों के अनुसार कार्यवाही कर सकते हैं, नियमों के अभाव में नीचे दिए गए कदम उठाए जा सकते हैं:–

- लिखित माफी
- चेतावनी

- पदोन्नतिध्प्रमोशन या वेतन वृद्धि रोकना
- परामर्श या सामुदायिक सेवा की व्यवस्था करना
- नौकरी से निकाल देना

झूठी शिकायतों से यह कानून कैसे निपटता है ?

यदि आंतरिक समिति को पता चलता है कि किसी महिला ने जान–बूझ कर झूठी शिकायत की है,तो उस पर कार्यवाही की जा सकती है।ऐसी कार्यवाही के तहत महिला को चेतावनी दी जा सकती है, महिला से लिखित माफी माँगी जा सकती है या फिर महिला की पदोन्नति या वेतन वृद्धि रोकी जा सकती है, या महिला को नौकरी से भी निकाला जा सकता है।

हालांकि, सिर्फ इसलिए कि पर्याप्त प्रमाण नहीं है,शिकायत को गलत नहीं ठहराया जा सकता , इसके लिए कुछ ठोस सबूत होना चाहिए (जैसे कि महिला ने किसी मित्र को भेजे इ–मेल में यह स्वीकार किया हो कि शिकायत झूठी है)।

नियोक्ता और उनके कर्त्तव्य

इस कानून के मुताबिक संस्था या कम्पनी के निम्न श्रेणी के प्रबंधक या अधिकारी को नियोक्ता माना जाता है–

सरकारी कार्यालय/दफ्तर में

विभाग का प्रमुख नियोक्ता होता है, कभी कभी सरकार किसी और व्यक्ति को भी नियोक्ता का दर्जा दे सकती है।

निजी दफ्तर में

नियोक्ता कोई ऐसा है व्यक्ति जिस पर कार्यालय के प्रबंधन और देखरेख की जिम्मेदारी है , इसमें नीतियां बनाने वाले बोर्ड और समिति भी शामिल हैं।

किसी अन्य कार्यालय में

एक व्यक्ति जो अपने अनुबंध/कॉन्ट्रैक्ट के अनुसार एक नियोक्ता है को इस कानून में भी नियोक्ता माना जा सकता है।

घर में

जिस व्यक्ति या घर ने किसी घरेलू कामगार को काम पर रखा है वह नियोक्ता है (काम की प्रकृति या कामगारों की संख्या से कोई फर्क नहीं पड़ता)।

नियोक्ता के कर्तव्य

नियोक्ता को अपने कार्यस्थल पर यौन उत्पीड़न के मामलों से निपटने के लिए अपनीसंस्था कम्पनीमें आंतरिक शिकायत समिति का गठन करना चाहिए। ऐसी समिति की अध्यक्षता संस्था या कम्पनी की किसी वरिष्ठ महिला कर्मचारी द्वारा की जानी चाहिए। इसके अलावा इस समिति से सम्बन्धित जानकारी कार्यस्थल पर किसी ऐसी जगह लगायी/चस्पाँ की, जानी चाहिए जहाँ कर्मचारी उसे आसानी से देख सकें।

नियोक्ताओं को मुख्य रूप से सुनिश्चित करना है कि कार्यस्थल सभी महिलाओं के लिए सुरक्षित है। महिला कर्मचारियों को कार्यस्थल पर आने–जाने वालों (जो कर्मचारी नहीं हैं) की उपस्थिति में असुरक्षित महसूस नहीं करना चाहिए। इसके अलावा,नियोक्ता को अपनी 'यौन उत्पीड़न सम्बन्धी नीति' और जिस आदेश के तहत आंतरिक शिकायत समिति की स्थापना हुई है, ऐसे आदेश की प्रति, ऐसे स्थान पर लगा चस्पाँ कर देनी चाहिए जिससे सभी कर्मचारियों को इसके बारे में पता चल सके।

नियोक्ता को यौन उत्पीड़न के मुद्दों के बारे में कर्मचारियों को शिक्षित करने के लिए नियमित कार्यशालाओं का आयोजन करना चाहिए।

उन्हें अपने सेवा नियमों में यौन उत्पीड़न को भी शामिल करना चाहिए और कार्यस्थल में इससे निपटने के लिए एक व्यापक नीति तैयार करनी चाहिए।

महत्वपूर्ण कदम

कानून और नियमों को ठीक से जानें

आपके लिये यह जानना बेहद जरूरी है कि इस संबंध में नीतियां (पोलिसी) क्या कहती हैं। ताकि आप उसके अनुसार तैयारी कर पाएं। साथ

ही अपने कानूनी अधिकारों को जानें। इससे संबंधित कानूनों को पढ़ें या किसी कानूनी जानकार से विकल्पों के बारे में जानकारी लें।

सबसे पहला कदम ये उठाएं

उत्पीड़न के मामले में जो सबसे पहला कदम उठाना चाहिये वो ये है कि, आप सीधा जाकर उस व्यक्ति से बात करें जो आपको परेशान कर रहा है। और उसे इस बात का अंदेशा दें कि आप बर्दाश्त करने वाले या चुप रहने वालों में से नहीं हैं। उसे इस संबंध में एक लिखित चेतावनी भी दें। यदि उससे बात कर कोई फायदा न हो, तो अपने सानियर से इसकी शिकायत करें। अपने एचआर (ह्यूमन रीसोर्स) मैनेजर को भी इसमें शामिल करें, ताकि वे आपको आगे की कार्रवाई के बारे में सूचित कर सकें। इस मामले को अब लिखित बनाएं।

पीड़ितों और गवाहों को जुटाएं

इस बात की पूरा संभावना है कि, आपको परेशान कर रहे व्यक्ति ने पहले भी लोगों के साथ उत्पीड़न किया हो, या वो हाल में भी और लोगों के साथ ऐसा करता या करती हो। उन लोगों से बात करें और उन्हें एक साथ जुटाने की कोशिश करें। अपने लिये किसी प्रत्यक्ष गवाह को तैयार करने की कोशिश करें। जितने हो सके सबूत जुटाएं। बाकी पीड़ितों से भी लिखित सूचना या चेतावनी देने का आग्रह करें ताकि आप सभी का केस मजबूत बन पाए। इसके बाद सीनियर मैनेजमेंट से इस संबंध में बात करें। उनके सामने सभी संभव सबूत ले जाएं।

उत्पीड़न करने वाले के खिलाफ मुकदमा करें

अपने विकल्पों का मूल्यांकन करने के लिए वकील से सलाह लें। स्पष्ट रहें और सुनिश्चित कर लें कि आप बदले में क्या चाहते हैं, जैसे मुआवजा या अगर आपको नौकरी से निकाल दिया गया हो, तो अपनी नौकरी में वापसी।

निंदकों की बातों पर ध्यान ना दें और अच्छे लोगों में रहें।

याद रखें, इस तरह के कदम को उठाने पर आपको निंदकों का भी सामना करना पड़ेगा। तो खुद को मजबूत बनाएं, निंदकों की बातों को दिल से न लगाएं, आप सही काम कर रही/रहे हैं।

गर्भ का चिकित्सकीय समापन अधिनियम, 1971

चिकित्सकीय गर्भ समापन

अनचाहे गर्भ से छुटकारा पाया जा सकता है। कानून कुछ विशेष परिस्थितियों में इसकी इजाजत देता है। स्वास्थ्य कार्यकर्ताओं को चिकित्सकीय गर्भ समापन सेवाओं के बारे में जानना जरूरी है। वे जरूरतमन्द महिला को सही जानकारी दे सकते हैं इससे महिलाओं को नीम–हकीम के पास जाने से रोका जा सकता है।

हमारे देश में प्रतिवर्ष करीब 40 लाख महिलाएं गर्भपात करवाती है। उन्हे नीम–हकीम के पास जाने से रोकना चाहिए और अधिकृत डॉक्टरों की सेवायें ही लेने के लिए प्रेरित करना चाहिए इससे माताओं की मृत्यु दर में कमी लाने में मदद मिलेगी।

गर्भ समापन कानून

सरकार ने गर्भ समापन को आर्थिक, सामाजिक एवं मानवीय दृष्टिकोण से देखा है और इसे एक कल्याणकारी कदम माना है। इसलिये सन् 1971 में चिकित्सकीय गर्भ समापन कानून बनाया गया है तथा वर्ष 2002 में कानून में आवश्यक संशोधन किये गये हैं। इस कानून के अन्तर्गत महिलायें कुछ विशेष परिस्थितियों में सरकारी अस्पताल में या सरकार की ओर से अधिकृत किसी से भी चिकित्सा केन्द्र में अधिकृत व प्रशिक्षित डॉक्टर द्वारा गर्भपात करा सकती है। गर्भ–समापन के लिये घर के किसी सदस्य की लिखित इजाजत की जरूरत नहीं होती है। लेकिन 18 वर्ष से कम आयु की महिलाओं अथवा जिसने 18 वर्ष की आयु प्राप्त कर ली हो, लेकिन जो पागल हो, को माता–पिता या पति (यदि कोई नाबालिक लडकी की शादी हो गई हो) की लिखित इजाजत की जरूरत होती है। 18 वर्ष या उससे अधिक उम्र की महिलाओं का केवल स्ध्वयं की लिखित स्वीकृति ही देनी जरूरी है।

गर्भ समापन की परिस्थितियॉं

यदि चिकित्सा–व्यवसायी / चिकित्सा व्यवसायियों न सद्भावना पूर्वक यह राय कायम की हो किः–

गर्भ के बने रहने से गर्भवती स्त्री का जीवन जोखिम में पडेगा अथवा उसके शारीरिक या मानसिक स्वास्थ्य को गम्भीर क्षति की जाखिम होगी अथवा यदि इस बात की पर्याप्त जोखिम है कि यदि बच्चा पैदा हुआ तो वह ऐसी शारीरकि या मानसिक असामान्यताओं से पीडित होगा कि वह गम्भीर रूप से विकलांग हो, तो वह गर्भ रजिस्ट्रीकृत चिकित्सा–व्यवसायी द्वारा समाप्त किया जा सकेगा।

सेवायें कहाँ व किससे

कानून में यह व्यवस्था की गई है कि केवल सरकार द्वारा मान्यता प्राप्त अस्पतालों में ही गर्भ समापन सेवायें प्राप्त की जा सकती हैं इन अस्पतालों में पूरी सुविधायें होने पर ही इन्हें इस कार्य के लिए अधिकृत किया जाता है।

प्रसूति विज्ञान और स्त्री रोग विज्ञान में स्नातकोतर डिग्री प्राप्त कर चुका हो।

प्रसूति विज्ञान ओर स्त्री रोग विज्ञान के व्यवसाय में तीन वर्ष का अनुभव हो।

वे डॉक्टर जिन्होंने प्रसूति विज्ञान एवं स्त्री रोग विज्ञान में छः महीने तक हाऊस जॉब किया हो या अधिकृत अस्पताल में गर्भ समापन का प्रशिक्षण लिया हो।

सेवाये निःशुल्क एवं गोपनीय

सरकार द्वारा मान्यता प्राप्त सरकारी अस्पताल में अधिकृत डॉक्टर द्वारा गर्भ समापन सेवायें निःशुल्क हैं। इन केन्द्रो में गर्भ समापन सम्बन्धी रिकार्ड गोपनीय रखे जाते हैं।

गर्भपात और जरूरी सावधनियाँ

गर्भपात कराने वाली माताओं का निम्न सावधानियॉ रखनी चाहिये.–

सरकारी अस्पताल अथवा सरकार द्वारा मान्यता प्राप्त अस्पताल के अधिकृत डॉक्टर से ही सेवायें लें। किसी भी स्थिति में नीम हकीम के पास न जावें।

बार–बार गर्भपात करवाना हानिकारक है। इससे मॉ के स्वास्थ्य को खतरा भी हो सकता है। इसकी वजह से अगले बच्चे के जन्म के समय रक्त स्त्राव ओर दर्द की तकलीफ हो सकती है। इसे परिवार नियोजन का साधन नहीं समझना चाहिए।

यदि गर्भ समापन जरूरी है तो इसमें देरी नहीं करनी चाहिए। 12 सप्ताह के बाद गर्भपात कराया जाना जोखिमपूर्ण होता है इस हालत में पेट का ऑपरेशन करना होता है और यह दो डॉक्टरों की सलाह से ही किया जा सकता है। इस समय अस्पताल मे भर्ती भी रहना पडता है।

अनचाहे गर्भ से मुक्ति पानी हो तो गर्भ के पहले तीन महीनों में ही अधिकृत केन्द्र पर गर्भपात करा लें। इसमें देरी करना खतरनाक है।

जैसे ही महिला को गर्भ का ज्ञान हो, यह निश्चित कर लेना चाहिए कि क्या गर्भपात कराना है? यदि कोई महिला गर्भपात कराना चाहती है तो देरी करना ठीक नहीं।

12 सप्ताह तक के गर्भ को गिराना एक आसान प्रक्रिया है इसमें अस्पताल में नहीं रहना पडता है।

चिकित्सकीय गर्भ समापन अधिनियम, 1971 एवं संशोधित अधिनियम, 2002 के प्रावधानों के अनुसार इस कानून का उल्लंघन करने पर 2 से 7 वर्ष तक की सजा का प्रावधान है। कुछ परिस्थितियॉ जिन्हे अधिनियम के अन्तर्गत कानून का उल्लंघन माना गया है, निम्न प्रकार है.–

गैर पंजीकृत चिकित्सक द्वारा समापन का कार्य किया जाना।

सरकारी अस्पताल या सरकार की ओर से अधिकृत चिकित्सा केन्द्रो के अतिरिक्त किसी भी अन्य स्थान पर गर्भ समापन किया जाना।

सरकारी अस्पताल अथवा सरकार द्वारा मान्यता प्राप्त अस्पताल के अधिकृत डॉक्ष्टर से ही सेवायें लें। किसी भी स्थिति में नीम हकीम के पास न जावें।

बार—बार गर्भपात करवाना हानिकारक है। इससे मॉ के स्वास्थ्य को खतरा भी हो सकता है। इसकी वजह से अगले बच्चे के जन्म के समय रक्त स्त्राव ओर दर्द की तकलीफ हो सकती है। इसे परिवार नियोजन का साधन नहीं समझना चाहिए।

यदि गर्भ समापन जरूरी है तो इसमें देरी नहीं करनी चाहिए। 12 सप्ताह के बाद गर्भपात कराया जाना जोखिमपूर्ण होता है इस हालत में पेट का ऑपरेशन करना होता है और यह दो डॉक्टरों की सलाह से ही किया जा सकता है। इस समय अस्पताल मे भर्ती भी रहना पडता है।

अनचाहे गर्भ से मुक्ति पानी हो तो गर्भ के पहले तीन महीनों में ही अधिकृत केन्द्र पर गर्भपात करा लें। इसमें देरी करना खतरनाक है।

आसान प्रक्रिया

जैसे ही महिला को गर्भ का ज्ञान हो, यह निश्चित कर लेना चाहिए कि क्या गर्भपात कराना है? यदि कोई महिला गर्भपात कराना चाहती है तो देरी करना ठीक नहीं। 12 सप्ताह तक के गर्भ को गिराना एक आसान प्रक्रिया है इसमें अस्पताल में नहीं रहना पडता है।

चिकित्सकीय गर्भ समापन अधिनियम, 1971 एवं संशोधित अधिनियम, 2002 के प्रावधानों के अनुसार इस कानून का उल्लंघन करने पर 2 से 7 वर्ष तक की सजा का प्रावधान है। कुछ परिस्थितियॉ जिन्हे अधिनियम के अन्ध्तर्गत कानून का उल्लंघन माना गया है, निम्न प्रकार हैः—

- गैर पंजीकृत चिकित्ष्सक द्वारा समापन का कार्य किया जाना।

- सरकारी अस्पताल या सरकार की ओर से अधिकृत चिकित्सा केन्द्रो के अतिरिक्त किसी भी अन्य स्थान पर गर्भ समापन किया जाना।

आपातकालीन गर्भ निरोधक :–

निम्नांकित परिस्थितियों में उपयोग में ली जा सकती हैः–

- असुक्षित यौन सम्बन्ध
- बलात्कार
- अन्तराल विधि की असफलता

इसमें 48 घण्ध्टे के अन्दर दो गर्भ निरोधक गोलियॉ तुरन्त लेनी चाहिए एवं उसके 12 घण्टे बाद दो गोलियॉ और लेनी चाहिए।

इन्जेक्टेबल

ये इन्जेक्शन (सुई) है जिसमें डीएम्पीए (डिपोट मेडरोक्सी प्रोजेस्ट्रोन एक्सीडेट) होता है। जिसे महिलाओं को हर तीन माह में एक बार लेना पडता है। ये इन्जेक्शन महिलाओं के शरीर में बनने वाले अंडों के निर्माण को रोकता है। इसलिए इनके लगने के बाद संभोग करने पर भी महिला गर्भ धारण नहीं कर पाती। इनका लेना बन्द करने पर शरीर में अंडो का निर्माण फिर प्रारम्भ हो जाता है और वह पुनः माँ बन सकती है।

कोई भी महिला इसका उपयोग कर सकती है, परन्तु जो महिला पिछले डेढ माह में माँ बनी है और स्तनपान करा रही है, उनके लिये यह विशेष रूप से उपयुक्त है अगर इन्हें नियमित रूप से लिया जाये तो ये काफी सुरक्षित और 99 प्रतिशत प्रभावी है। महिलाओं के लिये यह एक सरल उपाय है, तथा इसके लगवाने के बारे में किसी को भी पता नहीं चलता है, तथा इसके द्वारा वह अपनी इच्छानुसार बच्चों में अन्तर रखने में सक्षम होती है।

यह काफी किफायती उपाय है तथा संभोग में इसके कारण कोई बाधा नहीं पड़ती है। मासिक धर्म के सात दिन के अन्दर ये इन्जेक्शन लेना चाहिए।

इसे हर तीन माह लगातार लेना चाहिए। जब तक अगला बच्चा नहीं चाहें, इस सिलसिले का जारी रखना चाहिए यह इन्जेक्शन किसी प्रशिक्षित से ही लगवाना चाहिए।

इस कानून के अन्तर्गत महिलायें कुछ विशेष परिस्थितियों में सरकारी अस्पताल में या सरकार की ओर से अधिकृत किसी से भी चिकित्सा केन्द्र में अधिकृत व प्रशिक्षित डॉक्टर द्वारा गर्भपात करा सकती है।

18 वर्ष से कम आयु की लड़की को माता–पिता या पति (यदि कोई नाबालिक लड़की की शादी हो गई हो) की लिखित इजाजत की जरूरत होती है।

18 वर्ष से अधिक आयु की स्त्री, जिसका मानसिक संतुलन ठीक न हो, मेंटली चैलेंज्ड हो को माता–पिता या पति से लिखित इजाजत की जरूरत होती है।

18 वर्ष या उससे अधिक उम्र की महिलाओं का केवल स्वयं की लिखित स्वीकृति ही देनी जरूरी है।

गर्भ का चिकित्सकीय समापन अधिनियम, 1971

सरकार ने गर्भ समापन एबॉर्शन, को आर्थिक, सामाजिक एवं मानवीय दृष्टिकोण से देखा है और इसे एक कल्याणकारी कदम माना है। सन् 1971 में चिकित्सकीय गर्भ समापन कानून मेडिकल टर्मिनेशन ऑफ प्रेगनेंसी। एमटीपी बनाया गया है तथा वर्ष 2002 में कानून में आवश्यक संशोधन किये गये हैं।

मातृ मृत्यु का कारण है असुरक्षित गर्भपात

देश में असुरक्षित गर्भपात हर साल मातृ मृत्यु का तीसरा प्रमुख कारण है। मातृ मृत्यु से होने वाली कुल मौतों में आठ प्रतिशत मौतों का कारण असुरक्षित गर्भपात होता है।

यह दावा क्रम्प्रेहेनसिव एर्बोशन केयर (सी.ए.सी.) और व्यापक गर्भनिरोधक

देखभाल (सी.सी.सी.) पर कार्य कर रही गैर–सरकारी संस्था आईपास डिवेलपमेंट फाउंडेशन (आई.डी.एफ) ने किया है।

आईडीएफ की निदेशक मेधा गांधी ने कहा कि व्यापक गर्भ समापन देखभाल (सी.ए.सी.) पर महिलाओं की पहुँच पर आवाज को मजबूत बनाने के लिए मीडिया की भूमिका पर आयोजित एक कार्यशाला में किया।

उन्होंने कहा कि आज भी, देश में 80 प्रतिशत से अधिक महिलाएं चिकित्सकीय गर्भ समापन (एमटीपी) अधिनियम, 1971 के प्रावधानों के अनुसार सी.ए.सी. सेवाओं की वैधता और उपलब्धता से अनजान हैं।

स्वास्थ्य प्रणाली द्बारा मुफ्त गर्भ समापन सेवाओं की पेशकश के बावजूद, अभी भी महिलायें अप्रशिक्षित प्रदाताओं से असुरक्षित गर्भ समापन की तलाश करती हैं, और अक्सर स्वास्थ्य जोखिम में डालती हैं और कभी–कभी अपना जीवन भी खो देती हैं।

दहेज निषेध अधिनियम, 1961

दहेज निषेध अधिनियम, 1961 के अनुसार दहेज लेने, देने या इसके लेन–देन में सहयोग करने पर 5 वर्ष की कैद और 15,000 रुपए के जुर्माने का प्रावधान है। दहेज के लिए उत्पीड़न करने पर भारतीय दंड संहिता की धारा 498–ए जो कि पति और उसके रिश्तेदारों द्वारा सम्पत्ति अथवा कीमती वस्तुओं के लिए अवैधानिक मांग के मामले से संबंधित है, के अन्तर्गत 3 साल की कैद और जुर्माना हो सकता है। धारा 406 के अन्तर्गत लड़की के पति और ससुराल वालों के लिए 3 साल की कैद अथवा जुर्माना या दोनों, यदि वे लड़की के स्त्रीधन को उसे सौंपने से मना करते हैं।

यदि किसी लड़की की विवाह के सात साल के भीतर असामान्य परिस्थितियों में मौत होती है और यह साबित कर दिया जाता है कि मौत से पहले उसे दहेज के लिए प्रताड़ित किया जाता था। तो भारतीय दंड संहिता की धारा 304–बी के अन्तर्गत लड़की के पति और रिश्तेदारों को कम से कम सात वर्ष से लेकर आजीवन कारावास की सजा हो सकती है।

आज जीवन विलासी होता जा रहा है। जो सामान लड़के पहले 15–20 साल काम करके इकट्ठा कर पाते थे। वही सामान आज लड़के विवाह के समय बटोर लेना चाहते हैं। यह उपभोक्तावादी प्रवृत्ति भारतीय सभ्यता और संस्कृति के नितान्त विरुद्ध है। आज इन पवित्र परम्पराओं के प्रति हमारा दृष्टिकोण दूषित होता जा रहा है। दहेज एक सामाजिक समस्या है जिसका उन्मूलन तभी हो सकता है जब हम संकल्पपूर्वक इसके विरुद्ध कदम उठाएं।

दहेज से सम्बंधित किसी भी कानून को प्रभावी बनाने के लिए सरकार को अपनी पहल पर कदम उठाने होंगे।

दहेज निषेध अधिनियम, 1961 के महत्वपूर्ण प्रावधान

दहेज निषेध अधिनियम, 1961 की धारा 2 को दहेज (निषेध) अधिनियम संशोधन अधिनियम 1984 और 1986 के तौर पर संशोधित किया गया जिसमें दहेज को निम्न प्रकार से परिभाषित किया गया हैः–

"दहेज" का अर्थ है प्रत्यक्ष या परोक्ष तौर पर दी गयी कोई संपत्ति या मूल्यवान प्रतिभूति सुरक्षा या उसे देने की सहमति":–

- विवाह के एक पक्ष के द्वारा विवाह के दूसरे पक्ष को। या
- विवाह के किसी पक्ष के अभिभावकों द्वारा। या
- विवाह के किसी पक्ष के किसी व्यक्ति के द्वारा किसी अन्य व्यक्ति को।
- शादी के वक्त, या उससे पहले या उसके बाद कभी भी जो कि उपरोक्त पक्षों से संबंधित हो जिसमें मेहर की रकम सम्मिलित नहीं की जाती, अगर व्यक्ति पर मुस्लिम पर्सनल लॉ (शरियत) लागू होता हो।

इस प्रकार दहेज से संबंधित तीन स्थितियां हैं–

- विवाह से पूर्व

- विवाह के अवसर पर
- विवाह के बाद

दहेज लेने और देने या दहेज लेने और देने के लिए उकसाने पर या तो 6 महीने का अधिकतम कारावास है या 5000 रूपये तक का जुर्माना अदा करना पड़ता है। वधु के माता–पिता या अभिभावकों से प्रत्यक्ष या परोक्ष रूप से दहेज की मांग करने पर भी यही सजा दी जाती है। बाद में संशोधन अधिनियम के द्वारा इन सजाओं को भी बढ़ाकर न्यूनतम 6 महीने और अधिकतम दस साल की कैद की सजा तय कर दी गयी है। वहीं जुर्माने की रकम को बढ़ाकर 10,000 रूपये ली गयी, दी गयी या मांगी गयी दहेज की रकम, दोनों में से जो भी अधिक हो, के बराबर कर दिया गया है। हालाँकि अदालत ने न्यूनतम सजा को कम करने का फैसला किया है लेकिन ऐसा करने के लिए अदालत को जरूरी और विशेष कारणों की आवश्यकता होती है (दहेज निषेध अधिनियम, 1961 की धारा 3 और 4)।

दंडनीय है–

- दहेज देना
- दहेज लेना
- दहेज लेने और देने के लिए उकसाना

वधु के माता–पिता या अभिभावकों से सीधे या परोक्ष तौर पर दहेज की मांग

(दहेज निषेध अधिनियम, 1961 की धारा 3 और 4)

दहेज के लेन और देन के सम्बन्ध में सारे समझौते बेकार हैं और इन्हें कोई भी विधि अदालत लागू नहीं कर सकती है। वधु के अलावा अगर किसी व्यक्ति को दहेज मिलता है तो उसे वधु के खाते में तीन महीने के अन्दर रसीद समेत जमा करना होगा। अगर वधु नाबालिग है तो उसके बालिग होने के तीन महीने के अन्दर संपत्ति को हस्तांतरित करना होगा। अगर वधु की इस प्रकार के हस्तांतरण से पहले मृत्यु हो जाती है तो उसके उत्तराधिकारियों को

उक्त समान शर्तों के तहत दहेज को हस्तांतरित करना होगा। ऐसा नहीं कर पाने की दशा में दहेज अधिनियम के तहत यह दंडनीय अपराध होगा और किसी भी सूरत में अदालत को नियत न्यूनतम सजा से कम दंड देने का अधिकार नहीं होगा।

दहेज के मुकदमे पर निर्णय लेने का क्षेत्राधिकार मेट्रोपोलिटन मजिस्ट्रेट या प्रथम श्रेणी के मजिस्ट्रेट को ही है। दहेज के अपराध का संज्ञान या तो मजिस्ट्रेट खुद ले सकता है या वह पुलिस रिपोर्ट में दर्ज तथ्यों जिनसे अपराध का पता चलता है, के आधार पर या ऐसे व्यक्ति के माता–पिता या अन्य रिश्तेदार द्वारा दर्ज शिकायत के आधार पर या मान्यताप्राप्त कल्याणकारी संस्थान या संगठन के द्वारा दर्ज कराई गयी शिकायत के आधार पर संज्ञान ले सकता है। आमतौर पर लड़कीवाले शिकायत दर्ज करने में हिचकते हैं, इसलिए कल्याणकारी संस्थाओं द्वारा दर्ज शिकायतों को मान्यता मिलने से इस अधिनियम की संभावनाएं व्यापक हुई हैं।

मुख्य विधि में मौजूद कमियों को दूर करने के लिए दहेज निषेध अधिनियम में संशोधन किये गये। महिला एवम बाल विकास मंत्रालय दहेज निषेध अधिनियम के मौजूदा प्रावधानों में और बदलाव करना चाह रही है ताकि दहेज निषेध कानूनों को और अधिक धारदार बनाया जा सके। 2009 में राष्ट्रीय महिला आयोग ने इस अधिनियम में कुछ परिवर्तन प्रस्तावित किये थे। इन सिफारिशों पर एक अंतर–मंत्रालयी बैठक में विचार–विमर्श किया गया और विधि एवम न्याय मंत्रालय के परामर्श से दहेज निषेध (संशोधन) विधेयक 2010 की रूपरेखा तैयार की गयी।

घरेलू हिंसा अधिनियम 2005 के लिए नियुक्त किये गए सुरक्षा अधिकारियों को दहेज सुरक्षा अधिकारियों के दायित्व भी निभाने के लिए अधिकृत किया जाए।

महिला जहाँ कहीं भी स्थायी या अस्थायी तौर पर रह रही है वही से दहेज की शिकायत दर्ज करने की अनुमति दी जाए।

दहेज देने के लिए कम सजा और दहेज लेने के लिए अधिक दंड की

व्यवस्था की जाए क्योंकि अक्सर लड़की के माता–पिता अपनी मर्जी के खिलाफ दहेज देने के लिए मजबूर किये जाते हैं। और उनके लिए भी समान दंड की व्यवस्था की जाए जो लड़कीवालों को शिकायत करने के लिए हतोत्साहित करते हैं।

स्वैच्छिक तौर पर दिए गये "उपहारों" और दबाव या मजबूरी में आकर दिए गये तोहफों में साफ अंतर किया जाना चाहिए।

दंपत्ति के लिए शपथ पत्र के प्रपत्र में विवाह के सम्बन्ध में आदान–प्रदान किये गए उपहारों की सूची बनाई जाए और दहेज निषेध अधिकारी के द्वारा सूची को नोटरी द्वारा प्रमाणित किया जाए।

उपरोक्त सम्बन्ध में गैर–अनुपालन वर, वधु और उनके माता–पिता के लिए दंडनीय अपराध होगा।

अधिनियम से जुड़ी प्रमुख धाराएँ

धारा 2

दहेज का मतलब है कोई सम्पति या बहुमूल्य प्रतिभूति देना या देने के लिए प्रत्यक्ष या परोक्ष रूप से:

(क) विवाह के एक पक्षकार द्वारा दूसरे पक्षकार कोय या

(ख) विवाह के किसी पक्षकार के

अविभावक या दूसरे व्यक्ति द्वारा विवाह के किसी पक्षकार को विवाह के समय या पहले या बाद देने या देने के लिए सहमत होना। लेकिन जिन पर मुस्लिम विधि लागू होती है उनके संबंध में महर दहेज में शामिल नहीं होगा।

धारा–3

दहेज लेने या देने का अपराध करने वाले को कम से कम पाँच वर्ष के कारावास साथ में कम से कम पन्द्रह हजार रूपये या उतनी राशि जितनी

कीमत उपहार की हो, इनमें से जो भी ज्यादा हो, के जुर्माने की सजा दी जा सकती है।

लेकिन शादी के समय वर या वधू को जो उपहार दिया जाएगा और उसे नियमानुसार सूची में अंकित किया जाएगा वह दहेज की परिभाषा से बाहर होगा।

धारा 4

दहेज की मांग के लिए जुर्माना–

यदि किसी पक्षकार के माता पिता, अभिभावक या रिश्तेदार प्रत्यक्ष या परोक्ष रूप से दहेज की मांग करते हैं तो उन्हें कम से कम छः मास और अधिकतम दो वर्षों के कारावास की सजा और दस हजार रूपये तक जुर्माना हो सकता है।

धारा 4ए

किसी भी व्यक्ति द्वारा प्रकाशन या मिडिया के माध्यम से पुत्र–पुत्री के शादी के एवज में व्यवसाय या सम्पत्ति या हिस्से का कोई प्रस्ताव भी दहेज की श्रेणी में आता है और उसे भी कम से कम छह मास और अधिकतम पाँच वर्ष के कारावास की सजा तथा पंद्रह हजार रूपये तक जुर्माना हो सकता है।

धारा 6

यदि कोई दहेज विवाहिता के अतिरिक्त अन्य किसी व्यक्ति द्वारा धारण किया जाता है तो दहेज प्राप्त करने के तीन माह के भीतर या औरत के नाबालिग होने की स्थिति में उसके बालिग होने के एक वर्ष के भीतर उसे अंतरित कर देगा। यदि महिला की मृत्यु हो गयी हो और संतान नहीं हो तो अविभावक को दहेज अन्तरण किया जाएगा और यदि संतान है तो संतान को अन्तरण किया जाएगा।

धारा 8ए

यदि घटना से एक वर्ष के अन्दर शिकायत की गयी हो तो न्यायालय

पुलिस रिपोर्ट या क्षुब्ध द्वारा शिकायत किये जाने पर अपराध का संज्ञान ले सकेगा।

धारा 8बी

दहेज निषेध पदाधिकारी की नियुक्ति राज्य सरकार द्वारा की जाएगी जो बनाये गये नियमों का अनुपालन कराने या दहेज की मांग के लिए उकसाने या लेने से रोकने या अपराध कारित करने से संबंधित साक्ष्य जुटाने का कार्य करेगा।

घरेलू हिंसा एवं महिला संरक्षण अधिनियम

घरेलू दायरे में हिंसा को घरेलू हिंसा कहा जाता है। किसी महिला का शारीरिक, मानसिक, भावनात्मक, मौखिक, मनोवैज्ञानिक या यौन शोषण किसी ऐसे व्यक्ति द्वारा किया जाना जिसके साथ महिला के पारिवारिक सम्बन्ध हैं, घरेलू हिंसा में शामिल है।

घरेलू हिंसा की कानूनी परिभाषा

"घरेलू हिंसा के विरुद्ध महिला संरक्षण अधिनियम की धारा, 2005" घरेलू हिंसा को पारिभाषित किया गया है –"प्रतिवादी का कोई बर्ताव, भूल या किसी और को काम करने के लिए नियुक्त करना, घरेलू हिंसा में माना जाएगा।

क्षति पहुँचाना या जख्मी करना या पीड़ित व्यक्ति को स्वास्थ्य, जीवन, अंगों या हित को मानसिक या शारीरिक तौर से खतरे में डालना या ऐसा करने की नीयत रखना और इसमें शारीरिक, यौनिक, मौखिक और भावनात्मक और आर्थिक शोषण शामिल है।

दहेज या अन्य संपत्ति या मूल्यवान प्रतिभूति की अवैध मांग को पूरा करने के लिए महिला या उसके रिश्तेदारों को मजबूर करने के लिए यातना देना, नुक्सान पहुँचाना या जोखिम में डालना।

पीड़ित या उसके निकट सम्बन्धियों पर उपरोक्त वाक्यांश (क) या (ख)

में सम्मिलित किसी आचरण के द्वारा दी गयी धमकी का प्रभाव होना या पीड़ित को शारीरिक या मानसिक तौर पर घायल करना या नुक्सान पहुँचाना शिकायत किया गया कोई व्यवहार या आचरण घरेलू हिंसा के दायरे में आता है या नहीं, इसका निर्णय प्रत्येक मामले के तथ्य विशेष के आधार पर किया जाता है।

व्यथित व्यक्ति कौन है?

इस कानून के पूरे लाभ को लेने के लिए यह समझना जरूरी है कि 'व्यथित व्यक्ति' अथवा पीड़ित कौन है। यदि आप एक महिला हैं और कोई व्यक्ति (जिसके साथ आप घरेलू नातेदारी में हैं) आपके प्रति दुर्व्यवहार करता है तो आप इस अधिनियम के तहत पीड़ित या 'व्यथित व्यक्ति' हैं। चूँकि इस कानून का उद्देश्य महिलाओं को घरेलू नातेदारी से उपजे दुर्व्यवहार से संरक्षित करना है, इसलिए यह समझना भी जरूरी है की घरेलू नातेदारी या सम्बंध क्या हैं और कैसे हो सकते हैं? 'घरेलू नातेदारी' का आशय किन्हीं दो व्यक्तियों के बीच के उन सम्बन्धों से है, जिसमें वे या तो साझी गृहस्थी में एक साथ रहते हैं या पहले कभी रह चुके हैं। इसमें निम्न सम्बंध शामिल हो सकते हैं:—

- रक्तजनित सम्बन्ध (जैसे माँ— बेटा, पिता— पुत्री, भाई— बहन, इत्यादि)
- विवाहजनित सम्बन्ध(जैसेपति—पत्नी,सास—बहू,ससुर—बहू, देवर—भाभी, ननद परिवार, विधवाओं के सम्बन्ध या विधवा के परिवार के अन्य सदस्यों सेसम्बन्ध)
- दत्तकग्रहण / गोदलेने से उपजे सम्बन्ध(जैसे गोद ली हुई बेटी और पिता)
- शादी जैसे रिश्ते (जैसे लिव—इन सम्बन्ध, कानूनी तौर पर अमान्य विवाह (उदाहरण के लिए पति ने दूसरी बार शादी की है,अथवापति और पत्नी रक्त आदि से संबंधित हैं और विवाह इस कारण अवैध है))
- (घरेलू नातेदारी के दायरे में आने के लिए जरूरी नहीं कि दो

व्यक्ति वर्तमान में किसी साझा घर में रह रहे हों। मसलन यदि पति ने पत्नी को अपने घर से निकाल दियातो यह भी एक घरेलू नातेदारी के दायरे में आएगा।)

व्यथित व्यक्ति के अधिकार

इस अधिनियम को लागू करने की जिम्मेदारी जिन अधिकारियों पर है, उनके इस कानून के तहत कुछ कर्तव्य हैं जैसे– जब किसी पुलिस अधिकारी, संरक्षण अधिकारी, सेवा प्रदाता या मजिस्ट्रेट को घरेलू हिंसा की घटना के बारे में पता चलता है, तो उन्हें पीड़ित को निम्न अधिकारों के बारे में सूचित करना हैः–

- पीड़ित इस कानून के तहत किसी भी राहत के लिए आवेदन कर सकती है जैसे कि – संरक्षण आदेश,आर्थिक राहत,बच्चों के अस्थाई संरक्षण (कस्टडी) का आदेश, निवास आदेश या मुआवजे का आदेश।
- पीड़ित आधिकारिक सेवा प्रदाताओं की सहायता ले सकती है।
- पीड़ित संरक्षण अधिकारी से संपर्क कर सकती है।
- पीड़ित निशुल्क कानूनी सहायता की मांग कर सकती है।
- पीड़ित भारतीय दंड संहिता के तहत क्रिमिनल याचिका भी दाखिल कर सकती है, इसके तहत प्रतिवादी को तीन साल तक की जेल हो सकती है, इसके तहत पीड़ित को गंभीर शोषण सिद्ध करने की आवश्यकता हैं।
- इसके अलावा,राज्य द्वारा निर्देशित आश्रय गृहों और अस्पतालों की जिम्मेदारी है कि उन सभी पीड़ितों को रहने के लिए एक सुरक्षित स्थान और चिकित्सा सहायता प्रदान करे जो उनके पास पहुंचते हैं। पीड़ित सेवा प्रदाता या संरक्षण अधिकारी के माध्यम से इन्हें संपर्क कर सकती हैं।

प्रमुख कानूनी प्रावधान

धारा 4

घरेलू हिंसा किया जा चुका हो या किया जाने वाला है या किया जा रहा है, की सूचना कोई भी व्यक्ति संरक्षण अधिकरी को दे सकता है जिसके लिए सूचना देने वाले पर किसी प्रकार की जिम्मेदारी नहीं तय की जाएगी। पीड़ित के रूप में आप इस कानून के तहत संरक्षण अधिकारी या सेवा प्रदाता से संपर्क कर सकती हैं। पीड़ित के लिए एक 'संरक्षण अधिकारी' संपर्क का पहला बिंदु है। संरक्षण अधिकारी मजिस्ट्रेट के समक्ष कार्यवाही शुरू करने और एक सुरक्षित आश्रय या चिकित्सा सहायता उपलब्ध कराने में मदद कर सकते हैं। प्रत्येक राज्य सरकार अपने राज्य में 'संरक्षण अधिकारी' नियुक्त करती हैस 'सेवा प्रदाता' एक ऐसा संगठन है जो महिलाओं की सहायता करने के लिए काम करता है और इस कानून के तहत पंजीकृत है। पीड़ित सेवा प्रदाता से, उसकी शिकायत दर्ज कराने अथवा चिकित्सा सहायता प्राप्त कराने अथवा रहने के लिए एक सुरक्षित स्थान प्राप्त कराने हेतु संपर्क कर सकती है। भारत में सभी पंजीकृत सुरक्षा अधिकारियों और सेवा प्रदाताओं का एक डेटाबेस यहाँ उपलब्ध है। सीधे पुलिस अधिकारी या मजिस्ट्रेट से भी संपर्क किया जा सकता है। आप मजिस्ट्रेट – फर्स्ट क्लास या मेट्रोपोलिटन मजिस्ट्रेट से भी संपर्क कर सकती हैं। किंतु किस क्षेत्र के मैजिस्ट्रेट से सम्पर्क करना है यह आपके और प्रतिवादी के निवास स्थान पर निर्भर करता है। 10 लाख से ज्यादा आबादी वाले शहरों में अमूमन मेट्रोपोलिटन मजिस्ट्रेट से संपर्क करने की आवश्यकता हो सकती है।

धारा 5

यदि धरेलू हिंसा की कोई सूचना किसी पुलिस अधिकारी या संरक्षण अधिकारी या मजिस्ट्रेट को दी गयी है तो उनके द्वारा पीड़िता को जानकारी देनी होगी कि:–

(क) उसे संरक्षण आदेश पाने का

(ख) सेवा प्रदाता की सेवा उपलब्धता

(ग) संरक्षण अधिकारी की सेवा की उपलब्धता

(घ) मुफ्त विधिक सहायता प्राप्त करने का

(ङ) परिवाद—पत्र दाखिल करने का अधिकार प्राप्त है। पर संज्ञेय अपराध के लिए पुलिस को कार्रवाई करने से यह प्रावधान नहीं रोकता है।

धारा 10

सेवा प्रदाता, जो नियमतः निबंधित हो, वह भी मजिस्ट्रेट या संरक्षा अधिकारी को घरेलू हिंसा की सूचना दे सकता है।

धारा 12

पीड़िता या संरक्षण अधिकारी या अन्य कोई घरेलू हिंसा के बारे में या मुआवजा या नुकासान के लिए मजिस्ट्रेट को आवेदन दे सकता है। इसकी सुनवाई तिथि तीन दिनों के अन्दर की निर्धारित होगी एवं निष्पादन 60 दिनों के अन्दर होगा।

धारा 14

मजिस्ट्रेट पीड़िता को सेवा प्रदात्ता से परामर्श लेने का निर्देश दे सकेगा।

धारा 16

पक्षकार ऐसी इच्छा करें तो कार्यवाही बंद कमरे में हो सकेगी।

धारा 17 तथा 18

पीड़िता को साझी गृहस्थी में निवास करने का अधिकार होगा और कानूनी प्रक्रिया के अतिरिक्त उसका निष्कासन नहीं किया जा सकेगा। उसके पक्ष में संरक्षण आदेश पारित किया जा सकेगा।

धारा 19

पीड़िता को और उसके संतान को संरक्षण प्रदान करते हुए संरक्षण देने का स्थानीय थाना को निदेश देने के साथ निवास आदेश एवं किसी तरह के

भुगतान के संबंध में भी आदेश पारित किया जा सकेगा और सम्पत्ति का कब्जा वापस करने का भी आदेश दिया जा सकेगा।

धारा 20 तथा 22

वित्तीय असंतोष – पीड़िता या उसके संतान को घरेलू हिंसा के बाद किये गये खर्च एवं हानि की पूर्ति के लिए मजिस्ट्रेट निर्देश दे सकेगा तथा भरण–पोषण का भी आदेश दे सकेगा एवं प्रतिकर आदेश भी दिया जा सकता है।

धारा 21

अभिरक्षा आदेश संतान के संबंध में दे सकेगा या संतान से भेंट करने का भी आदेश मेजिस्ट्रेट दे सकेगा।

धारा 24

पक्षकारों को आदेश की प्रति निःशुल्क न्यायालय द्वारा दिया जाएगा।

घरेलू हिंसा से महिला संरक्षण अधिनियम, 2006

नियम 9

आपातकालीन मामलों में पुलिस की सेवा की मांग संरक्षण अधिकारी या सेवा प्रदाता द्वारा की जा सकती है।

नियम 13

परामर्शदाताओं की नियुक्ति संरक्षण अधिकारी द्वारा उपलब्ध सूची में से की जायेगी।

कौन घरेलू हिंसा की शिकायत दर्ज करा सकता है?

इस अधिनियम के तहत यह जरूरी नहीं है की पीड़ित व्यक्ति ही शिकायत दर्ज कराये। कोई भी व्यक्ति चाहे वह पीड़ित से संबंधित हो या नहीं, घरेलू हिंसा की जानकारी इस अधिनियम के तहत नियुक्त सम्बद्ध अधिकारी को दे सकता है।

यह कोई जरूरी नहीं है कि घरेलू हिंसा वास्तव में ही घट रही हो, घटना होने की आशंका के सम्बन्ध में भी जानकारी दी जा सकती है। आरोपी व्यक्ति से घरेलू संबंध में रहने वाली महिला के द्वारा अथवा उसके प्रतिनिधि द्वारा इस सम्बन्ध में शिकायत दर्ज कराई जा सकती है। निम्न महिला संबंधी शिकायत कर सकते हैं:–

- पत्नियाँ/लिव इन पार्टनर्स
- बहनें
- माताएं
- बेटियां

इस प्रकार इस अधिनियम का मक्सद पारिवारिक ढांचे के अन्दर रह रही सभी स्त्रियों, चाहे वह आपस में सगी संबंधी, विवाह, दत्तक या वैसे भी साथ में रह रही हों, सभी को सुरक्षा देना है।

घरेलू हादसों के रिपोर्ट

जब पीड़िता घरेलू हिंसा की शिकायत करना चाहती हो तो रिपोर्ट दर्ज की जानी चाहिए। घरेलू हिंसा के विरुद्ध संरक्षण नियम, 2006 के फॉर्म 1 में रिपोर्ट का स्वरूप दिया गया है।

पीड़िता की शिकायत में उसकी व्यक्तिगत जानकारियों जैसे नाम, आयु, पता, फोन नंबर, बच्चों की जानकारी, घरेलू हिंसा की घटना का पूरा ब्यौरा, और प्रतिवादी का भी विवरण दिये जाने की जरुरत होती है। जब जरुरत हो तो संबंधी दस्तावेज जैसे चिकित्सकीय विधिक दस्तावेज, डॉक्टर के निर्देश या स्त्रीधन की सूची को रिपोर्ट के साथ नत्थी करना चाहिए। शिकायत में पीड़िता को मिली राहत या सहायता का भी विशेष उल्लेख किया जाना चाहिए। इस रिपोर्ट पर पीड़िता के हस्ताक्षर के साथ–साथ सुरक्षा अधिकारी के भी दस्तखत होने चाहिए। इस रिपोर्ट की प्रति स्थानीय पुलिस थाने और मजिस्ट्रेट को उचित कार्रवाई के लिए दी जानी चाहिए। एक प्रति पीड़िता और एक कॉपी सुरक्षा अधिकारी या सेवा प्रदाता के पास रहनी चाहिए।

घरेलू हिंसा अधिनियम, 2005 के तहत महिलाओं का सरंक्षण

घरेलू हिंसा की शिकार महिला को निम्नलिखित सूची में से एक या एकाधिक सहायता उपलब्ध कराई जा सकती है–

उपरोक्त सभी बातों के अलावा पीड़िता भारतीय दंड संहिता, 1860 धारा 498– I के तहत आरोपी के विरुद्ध आपराधिक मामलों को दर्ज को कराने का भी अधिकार देती है।

इसके अलावा मजिस्ट्रेट

प्रतिवादी को परामर्श के लिए भेज सकता है।

परिवार कल्याण में कार्यरत किसी सामाजिक कार्यकर्त्ता, विशेषकर किसी महिला को सहायता के लिए नियुक्त कर सकता है।

जहाँ आवश्यक हो कार्यवाही के दौरान कैमरे के प्रयोग का आदेश दिया जा सकता है।

मजिस्ट्रेट द्वारा पीड़िता या प्रतिवाद के लिए पारित आदेश के खिलाफ, आदेश जारी होने के 30 दिनों के भीतर सत्र न्यायालय में अपील की जा सकती है।

अधिनियम के तहत कार्यरत संस्थाएं

घरेलू हिंसा के शिकार किसी भी व्यक्ति को कानूनी सहायता, मदद, आश्रय या चिकित्सकीय सहायता देना राज्य की जिम्मेदारी है। इस उद्देश्य के साथ राज्य सरकार को निम्न सस्थाओं को नियुक्त करने के लिए प्राधिकृत किया गया है जो कि पीड़िता को विधि के अंतर्गत सहायता पाने के उसके अधिकार के बारे में जानकारी के साथ सहायता पाने में मदद कर सके।

पुलिस अधिकारी (धारा 5)

जब भी किसी पुलिस अधिकारी को घरेलू हिंसा की घटना की

जानकारी मिलती है तो यह उसक दायित्व है कि आपराधिक दंड प्रक्रिया, 1973 के प्रावधानों के अनुसार जाँच करे। इसके अतिरिक्त, घरेलू हिंसा अधिनियम पुलिस अधिकारी को दायित्व देता है कि वह पीड़िता को।

(क) निःशुल्क विधि सेवाओं के बारे में जानकारी दे।

(ख) इस अधिनियम के तहत उसकी हानि और वेदनाओं के लिए मुआवजे और नुक्सान के एवज में आवास आदेश, सुरक्षा आदेश, संरक्षण आदेश और आर्थिक राहत जैसी सहायता मुहैया कराये।

(ग) सुरक्षा अधिकारियों और सेवा प्रदाताओं की सेवाएं उपलब्ध कराये।

(घ) अगर जरूरी हो तो आरोपी व्यक्ति के खिलाफ धारा 498 । के तहत आपराधिक मामला दर्ज करे। (केवल पत्नी ही अपने पति या उसके परिजनों के खिलाफ धारा 498 । के तहत शिकायत कर सकती है। यह अधिकार लिव इन पार्टनर्स को उपलब्ध नहीं है।)

सुरक्षा अधिकारी (धारा 9)

घरेलू हिंसा अधिनियम में सुरक्षा अधिकारी अत्यधिक महत्वपूर्ण भूमिका का निर्वहन करते हैं। ये सरकारी और गैर–सरकारी संगठनों के साथ काम करते हैं। ये योग्य होते हैं और इनके पास सामाजिक क्षेत्र में काम करने का कम से कम तीन सालों का अनुभव होता है। राज्य सरकार ऐसे अधिकारियों को जो ज्यादातर महिलाएं होती हैं, हर जिले में न्यनतम तीन सालों के लिए तैनात करता है और उनके काम का संज्ञान लिया जाता है।

सुरक्षा अधिकारी का काम पीड़िता की हर कदम पर मदद करना है। वे पीड़िता की घरेलू हिंसा की रिपोर्ट को तयशुदा ढांचे में दर्ज करवाने में मदद करते हैं। वे पीड़ित को उनके अधिकारों की जानकारी देते हैं और इस अधिनियम के तहत सहायता को उपलब्ध करवाने के लिए पीड़िता को

आवेदन लिखने में सहायता करते हैं। ये अधिकारी घरेलू हिंसा के मामले के निबटारे में मजिस्ट्रेट की भी सहायता करते हैं और यह सुनिश्चित करते हैं कि मजिस्ट्रेट द्वारा पारित किये गए आदेशों का अनुपालन पीड़िता के हित में हो।

स्थिति का जायजा लेने के और घरेलू हिंसा नियम, 2005 के फॉर्म ट के अनुसार सुरक्षा योजना बनाने के लिए भी सुरक्षा अधिकारियों की आवश्यकता होती है। यह सब घरेलू हिंसा की आवृत्ति को रोकने के लिए उचित उपाय की सलाह देने और उन पर अमल करने के उद्देश्य से किया जाता है।

सुरक्षा अधिकारी पीड़िता को हर मुमकिन सहायता देने के लिए बाध्य हैं जिसमें उसके चिकित्सकीय परीक्षण से लेकर, उसके आवागमन और आश्रय स्थल में आवास की व्यवस्था करना शामिल है बशर्ते कि वह अपने घर पर सुरक्षित न हो। सबसे पहले सुरक्षा अधिकारी को कानूनी सहायता सेवाओं, परामर्श, चिकित्सा सहायता, या जरूरतमंद पीड़ित के आश्रय के लिए अपने क्षेत्राधिकार में शामिल सभी सेवा प्रदाताओं की सूची तैयार करनी होती है।

सेवा प्रदाता (धारा 10)

सेवा प्रदाता महिलाओं के अधिकारों और हितों की सुरक्षा के लिए राज्य सरकार द्वारा पंजीकृत स्वैच्छिक संगठन हैं। ये संगठन निरोधात्मक, सुरक्षात्मक और पुनर्वास का काम करते हैं। ये घरेलू हिंसा की शिकार औरतों की सहायता करने और उन्हें कानूनी, समाजिक, चिकित्सकीय और आर्थिक सहायता देने के लिए उत्तरदायी हैं। ये संस्थाएं निश्चित आवेदन के प्रारूप में शिकायत को दर्ज करा सकती हैं और उसे सीधे आवश्यक कार्रवाई के लिए सम्बद्ध और मजिस्ट्रेट और सुरक्षा अधिकारी को भेज सकती हैं। अगर पीड़िता चाहे तो ये संस्थाएं उसे चिकत्सकीय सहायता और शरणगृहों में आवास का प्रबंध कर सकती हैं।

राज्य सरकार सेवा प्रदाताओं की सूची बनाती है और उसे क्षेत्र विशेष

के सुरक्षा अधिकारी के पास भेजती है ताकि वे आपसी तालमेल के साथ काम कर सकें। किसी क्षेत्र विशेष के सेवा प्रदाताओं की सूची को जानकारी और आवश्यक कार्रवाई के लिए अखबार में प्रकाशित करना होता है या राज्य सरकार की वेबसाइट पर उपलब्ध कराना होता है

परामर्शदाता (धारा 14)

परामर्शदाता सेवा प्रदाताओं के ऐसे सदस्य हैं जो कि घरेलू हिंसा के मामलों से निबटने में योग्य एवम अनुभवी होते हैं इसलिए वे घरेलू हिंसा की पीड़िता या दोषी व्यक्ति को परामर्श सेवाएं देने में दक्ष होते हैं। इस अधिनियम के दौरान अगर मजिस्ट्रेट को ऐसा महसूस होता है कि पीड़िता या पीड़क व्यक्ति को परामर्श की आवश्यकता है तो वह उन्हें एकल या संयुक्त रूप से सेवा प्रदाताओं द्वारा उपलब्ध कराये गए परामर्शदाता के पास परामर्श सत्रों में भाग लेने का सीधे तौर पर निर्देश जारी कर सकता है। परामर्शदाता दोनों पक्षों के लिए सहज स्थान पर मुलाकात का आयोजन करता है और वह पीड़ित की शिकायत के निवारण के लिए उपाय सुझाता है और जहाँ पर पीड़ित राजी हो, वह वहाँ पर समझौते का भी प्रबंध करता है। इस प्रकार के परामर्श का उद्देश्य पीड़ित व्यक्ति के विरुद्ध घरेलू हिंसा के उन्मूलन के उपायों को खोजना और विकसित करना है।

कल्याण विशेषज्ञ (धारा 15)

कल्याण विशेषज्ञ पारिवारिक मामलों को सुलझाने में दक्षता और विशेषज्ञता प्राप्त व्यक्ति होते हैं। इस अधिनियम के तहत आवश्यकता पड़ने पर मजिस्ट्रेट कल्याण विशेषज्ञों की सहायता ले सकते हैं। इस अधिनियम के तहत जहाँ तक संभव हो महिला विशेषज्ञों का ही चुनाव किया जाता है।

आश्रय और चिकित्सा सुविधा प्रभारी

घरेलू हिंसा अधिनियम की धारा 6 और 7 के अनुसार आश्रय और चिकित्सा सुविधा प्रभारी का दायित्व है कि स्वयम पीड़िता या सुरक्षा अधिकारी या उसकी ओर से सेवा प्रदाता के अनुरोध के आधार पर पीड़िता को आश्रय और चिकित्सा सुविधा उपलब्ध कराये।

हिन्दू उत्तराधिकार अधिनियम, 1956

प्रारम्भिक संक्षिप्त नाम और विस्तार

(1) यह अधिनियम हिन्दू उत्तराधिकार अधिनियम, 1956 कहा जा सकेगा ।

(2) इसका विस्तार जम्मू–कश्मीर राज्य के सिवाय सम्पूर्ण भारत पर है।

अधिनियम का लागू होना

(1) यह अधिनियम लागू है

(क) ऐसे किसी भी व्यक्ति को जो हिन्दू धर्म के किसी भी रूप या विकास के अनुसार, जिसके अन्तर्गत वीरशैव, लिंगायत अथवा ब्रह्म समाज, प्रार्थना समाज या आर्य समाज के अनुयायी भी आते हैं, धर्मतः हिन्दू हो।

(ख) ऐसे किसी भी व्यक्ति को जो धर्मतः बौद्ध, जैन या सिक्ख हो।

(ग) ऐसे किसी भी अन्य व्यक्ति को जो धर्मतः मुस्लिम, क्रिश्चियन, पारसी या यहूदी न हो, जब तक कि यह साबित न कर दिया जाय कि यदि यह अधिनियम पारित न किया गया होता तो ऐसा कोई भी व्यक्ति एतस्मिन् उपबन्धित किसी भी बात के बारे में हिन्दू विधि या उस विधि के भाग–रूप किसी रूढ़ि या प्रथा द्वारा शासित न होता।

स्पष्टीकरण

निम्नलिखित व्यक्ति धर्मतः यथास्थिति, हिन्दू, बौद्ध, जैन या सिक्ख हैः–

(क) कोई भी अपत्य, धर्मज या अधर्मज, जिसके माता–पिता दोनों ही धर्मतः हिन्दू, बौद्ध, जैन या सिक्ख हों।

(ख) कोई भी अपत्य, धर्मज या अधर्मज, जिसके माता–पिता में से कोई एक धर्मतः हिन्दू, बौद्ध, जैन या सिक्ख हो और जो उस

जनजाति, समुदाय, समूह या कुटुम्ब के सदस्य के रूप में पला हो जिसका वह माता या पिता सदस्य हैं।

(ग) कोई भी ऐसा व्यक्ति जो हिन्दू, बौद्ध, जैन या सिक्ख धर्म में संपरिवर्तित या प्रतिसंपरिवर्तित हो गया हो।

(2) उपधारा (1) में अन्तर्विष्ट किसी बात के होते हुए भी, इस अधिनियम में अन्तर्विष्ट कोई भी बात किसी ऐसी जनजाति के सदस्यों को, जो संविधान के अनुच्छेद 366 के खण्ड (25) के अर्थ के अन्तर्गत अनुसूचित जनजाति हो, लागू न होगी जब तक कि केन्द्रीय सरकार शासकीय राजपत्र में अधिसूचना द्वारा अन्यथा निर्दिष्ट न कर दे।

(3) इस अधिनियम के किसी भी प्रभाग में आए हुए हिन्दू पद का ऐसा अर्थ लगाया जाएगा मानों उसके अन्तर्गत ऐसा व्यक्ति आता हो जो यद्यपि धर्मतरू हिन्दू नहीं है तथापि ऐसा व्यक्ति है जिसे यह अधिनियम इस धारा में अन्तर्विष्ट उपबन्धों के आधार पर लागू होता है।

परिभाषाएं और निर्वचन

(1) इस अधिनियम में जब तक कि संदर्भ से अन्यथा अपेक्षित न हो

(क) गोत्रज एक व्यक्ति दूसरे का गोत्रज कहा जाता है यदि वे दोनों केवल पुरुषों के माध्यम से रत या दत्तक द्वारा एक–दूसरे से सम्बन्धित हों।

(ख) 'आलियसन्तान विधि "से वह विधि–पद्धति अभिप्रेत है जो ऐसे व्यक्ति को लागू है जो यदि यह अधिनियम पारित न किया गया हो तो मद्रास अलियसन्तान ऐक्ट, 1949 (मद्रास ऐक्ट 1949 का 9) द्वारा या रूढ़िगत अलियसन्तान विधि द्वारा उन विषयों के बारे में शासित होता जिनके लिए इस अधिनियम में उपबन्ध किया गया है।

(ग) 'बन्धु एक व्यक्ति दूसरे का बन्धु कहा जाता है यदि वे दोनों रक्त या दत्तक द्वारा एक–दूसरे से सम्बन्धित हों किन्तु केवल

पुरुषों के माध्यम से नहीं।

(घ) 'रूढि और प्रथा पद ऐसे किसी भी नियम का संज्ञान कराते हैं जिसने दीर्घकाल तक निरन्तर और एकरूपता से अनुपालित किए जाने के कारण किसी स्थानीय क्षेत्र, जनजाति, समुदाय, समूह या कुटुम्ब के हिन्दुओं में विधि का बल अभिप्राप्त कर लिया हो।

परन्तु यह तब जब कि नियम निश्चित हो और अयुक्तियुक्त या लोक नीति के विरुद्ध न हो।

तथा परन्तु यह और भी कि ऐसे नियम की दशा में जो एक कुटुम्ब को ही लागू हो, उसकी निरन्तरता उस कुटुम्ब द्वारा बन्द न कर दी गई हो।

(ड०) पूर्णरक्त, अर्धरक्त और एकोदररक्त

(क) कोई भी दो व्यक्ति एक–दूसरे से पूर्ण रक्त द्वारा सम्बन्धित कहे जाते हैं जबकि वे एक ही पूर्वज से उसकी एक ही पत्नी द्वारा अवजनित हुए हों, और अर्धरक्त द्वारा सम्बन्धित कहे जाते हैं जबकि वे एक ही पूर्वज से किन्तु उसकी भिन्न पत्नियों द्वारा अवजनित हुए हों।

(ख) दो व्यक्ति एक–दूसरे से एकोदररक्त द्वारा सम्बन्धित कहे जाते हैं जबकि वे एक ही पूर्वजा से किन्तु उसके भिन्न पतियों से अवजनित हुए हों।

स्पष्टीकरण

इस खण्ड में पूर्वज पद के अन्तर्गत पिता आता है और पूर्वजा के अन्तर्गत माता आती है।

(ग) 'वारिस" से ऐसा कोई भी व्यक्ति अभिप्रेत है चाहे वह पुरुष हो, या नारी, जो निर्वसीयत की सम्पति का उत्तराधिकारी होने का इस अधिनियम के अधीन हकदार है।

(घ) निर्वसीयत कोई व्यक्ति चाहे पुरुष हो या नारी, जिसने किसी सम्पति के बारे में ऐसा वसीयती व्ययन न किया हो जो प्रभावशील होने योग्य हो, वह उस सम्पति के विषय में निर्वसीयत मरा समझा जाता है।

(ड) 'मरुमक्कतायम विधि" से विधि की वह पद्धति अभिप्रेत है जो उन व्यक्तियों को लागू है।

(क) जो यदि यह अधिनियम पारित न हुआ होता तो मद्रास मरुमक्कत्तायम ऐक्ट, 1932 (मद्रास अधिनियम 1933 का 22), ट्रावन्कोर नायर ऐक्ट (1100–के का 2), ट्रावन्कोर ईषवा ऐक्ट (1100–के का 3), ट्रावन्कोर नान्जिनाड वेल्लाल ऐक्ट (1101–के का 6), ट्रावन्कोर क्षेत्रीय ऐक्ट (1108–के का 7), ट्रावन्कोर कृष्णवका मरुमक्कतायी ऐक्ट (1115–के का 7), कोचीन मरुमक्कतायम् ऐक्ट (1113–के का 33), या कोचीन नायर ऐक्ट (1113–के का 29) द्वारा उन विषयों के बारे में शासित होते जिनके लिए इस अधिनियम द्वारा उपबन्ध किया गया है। अथवा

(ख) जो ऐसे समुदाय के हैं जिसके सदस्य अधिकतर तिरुवांकुर कोचीन या मद्रास राज्य में, जैसा कि वह पहली नवम्बर, 1956 के अव्यवहित पूर्व अस्तित्व में था, अधिवासी हैं और यदि यह अधिनियम पारित न हुआ होता तो जो उन विषयों के बारे में जिनके लिए इस अधिनियम द्वारा उपबन्ध किया गया है विरासत की ऐसी पद्धति द्वारा शासित होते जिसमें नारी परम्परा के माध्यम से अवजनन गिना जाता है। किन्तु इसके अन्तर्गत अलियसन्तान विधि नहीं आती।

(झ) 'नंबूदिरी विधि" से विधि की वह पद्धति अभिप्रेत है जो उन व्यक्तियों को लागू है जो यदि यह अधिनियम पारित न किया गया होता तो मद्रास नंबूदिरी ऐक्ट, 1932 (मद्रास अधिनियम 1933 का 21), कोचीन नम्बूदिरी ऐक्ट (1113–के का 17), या ट्रावन्कोर मलायल्ल ब्राह्मण ऐक्ट (1106–के का 3), द्वारा उन विषयों के बारे में शासित होते जिनके लिए इस अधिनियम में उपबन्ध किया गया है।

(ज) 'सम्बन्धित' से अभिप्रेत है, धर्मज द्वारा सम्बन्धित परन्तु अधर्मज

अपत्य अपनी माता से परस्पर एक–दूसरे से सम्बन्धित समझे जाएंगे और उनके धर्मज वंशज उनसे और परस्पर एक–दूसरे से सम्बन्धित समझे जाएंगे और किसी भी ऐसे शब्द का जो सम्बन्ध को अभिव्यक्त करे या संबंधी को घोषित करे तदनुसार अर्थ लगाया जायगा।

(2) इस अधिनियम में जब तक कि सन्दर्भ से अन्यथा अपेक्षित न हो, पुल्लिंग संकेत करने वाले शब्दों के अन्तर्गत नारियां न समझी जाएंगी।

अधिनियम का अध्यारोही प्रभाव

(1) इस अधिनियम में अभिव्यक्ततः उपबन्धित के सिवाय

(क) हिन्दू विधि का कोई ऐसा शास्त्र–वाक्य, नियम या निर्वचन या उस विधि की भागरूप कोई भी रूढ़ि या प्रथा, जो इस अधिनियम के प्रारम्भ के अव्यवहित पूर्व प्रवृत्त रही हो, ऐसे किसी भी विषय के बारे में, जिसके लिए इस अधिनियम में उपबन्ध किया गया है, प्रभावहीन हो जाएगी।

(ख) इस अधिनियम के प्रारम्भ के अव्यवहित पूर्व प्रवृत्त किसी भी अन्य विधि का हिन्दुओं को लागू होना वहाँ तक बन्द हो जाएगा जहां तक कि वह इस अधिनियम में अन्तर्विष्ट उपबन्धों में से किसी से भी असंगत हो।

अध्याय 2

निर्वसीयती उत्तराधिकार

अधिनियम का कुछ सम्पत्तियों को लागू न होना।

यह अधिनियम निम्नलिखित को लागू न होगा।

(i) ऐसी किसी सम्पत्ति की जिसके लिए उत्तराधिकार, विशेष विवाह अधिनियम, 1954 (1954 का 43) की धारा 21 में अन्तर्विष्ट उपबन्धों के कारण भारतीय उत्तराधिकार अधिनियम, 1925 (1925 का 39) द्वारा विनियमित होता है।

(ii) ऐसी किसी सम्पदा को जो किसी देशी राज्य के शासक द्वारा भारत

सरकार से की गई किसी प्रसंविदा या करार के निबन्धनों द्वारा इस अधिनियम के प्रारम्भ से पूर्व पारित किसी अधिनियमिति के निबन्धनों द्वारा किसी एकल वारिस को अवजनित हुई है।

(iii) वलियम्मा थम्पूरन कोविलागम् सम्पदा और पैलेस फण्ड को जो कि महाराजा कोचीन द्वारा 29 जून, 1949 को प्रख्यापित उद्घोषणा (1124–के का 9) द्वारा प्रदत्त शक्तियों के आधार पर पैलेस एडमिनिस्ट्रेशन बोर्ड द्वारा प्रशासित है।

सहदायिकी सम्पत्ति में के हित का न्यागमन

(1) हिन्दू उत्तराधिकार (संशोधन अधिनियम, 2005 के प्रारम्भ पर और से, मिताक्षरा विधि द्वारा शासित संयुक्त हिन्दू परिवार में, सहदायिक की पुत्री।

(क) जन्म से उसी ढंग में अपने अधिकार में सहदायिक होगी, जैसे पुत्र,

(ख) को सहदायिकी सम्पति में वही अधिकार होगा, जैसा उसे होता, यदि वह पुत्र होता,

(ग) उक्त सहदायिकी सम्पति के सम्बन्ध में उन्हीं दायित्वों के अध यधीन होगी, जैसे पुत्र का दायित्व है।

हिन्दू मिताक्षरा सहदायिक का कोई निदेश सहदायिक की पुत्री के निर्देश को शामिल करने वाल माना जायेगा परन्तु इस उपधारा में अन्तर्विष्ट कोई चीज सम्पति के किसी विभाजन या वसीयती विन्यास को, जो दिसम्बर, 2004 के 20वें दिन के पूर्व किया गया है, शामिल करके किसी विन्यास या अन्य संक्रमण को प्रभावित नहीं करेगी या अविधिमान्य नहीं बनायेगी।

(2) कोई सम्पति, जिसमें महिला हिन्दू उपधारा (1) के परिणामस्वरूप हकदार होती है, उसके द्वारा सहदायिकी स्वामित्व की घटना के साथ धारण की जायेगी और इस अधिनियम या तत्समय प्रवर्तित किस अन्य विधि में अन्तर्विष्ट किसी चीज के होते हुये भी वसीयती विन्यास द्वारा उसके द्वारा व्ययन करने योग्र सम्पति मानी जायेगी।

(3) जहाँ हिन्दू की मृत्यु हिन्दू उत्तराधिकार (संशोधन) अधिनियम, 2005 के प्रारम्भ के बाद होती है वहाँ मिताक्षरा विधि द्वारा शासित संयुक्त हिन्दू परिवार की सम्पत्ति में उसका हित इस अधिनियम के अधीन वसीयती या निवसीयती उत्तराधिकार द्वारा, यथास्थिति, निगमित होगा औ उत्तरजीविता के द्वारा नहीं और सहदायिकी सम्पति विभाजित की गयी मानी जायेगी, मानों विभाजन् हुआ था और, –

(क) पुत्री को वही अंश आवंटित किया जाता है जो पुत्र को आवंटित किया जाता है।

(ख) पूर्व मृत पुत्र या पूर्व मृत पुत्री का अंश, जिसे वे प्राप्त करते, यदि वे विभाजन के समय जीवित् रहते, ऐसे पूर्व मृत पुत्र के या ऐसे पूर्व मृत पुत्री के उत्तरजीवी सन्तान को आवंटित कि। जायेगा।

(ग) पूर्व मृत पुत्र के या पूर्व मृत पुत्री के पूर्व मृत सन्तान का अंश, जिसे ऐसी सन्तान प्राप्त करता, यदि वह विभाजन के समय जीवित रहता या रहती, पूर्व मृत पुत्र या पूर्व मृत पुत्री के, यथास्थिति, के पूर्व मृत सन्तान की सन्तान को आवंटित किया जायेगा।

स्पष्टीकरण

इस उपधारा के प्रयोजनों के लिये हिन्दू मिताक्षरा सहदायिक का हित सम्पत्तिमें वह अंश समझा जायेगा जो उसे विभाजन में मिलता, यदि उसकी अपनी मृत्यु में अव्यवहित पूर्व सम्पत्ति का विभाजन किया गया होता इस बात का विचार किये बिना कि वह विभाजन का दावा करने का हकदार था या नहीं।

(4) हिन्दू उत्तराधिकार (संशोधन) अधिनियम, 2005 के प्रारम्भ के बाद, कोई न्यायालय पुत्र, पौत्र या प्रपौत्र के विरुद्ध उसके पिता, पितामह–प्रपितामह से किसी बकाया ऋण की वसूली के लिये एकमात्र हिन्दू विधि के अधीन पवित्र कर्तव्य के आधार पर किसी ऐसे ऋण का उन्मोचन करने के लिए ऐसे

पुत्र, पौत्र या प्रपौत्र के हिन्दू विधि के अधीन पवित्र आबद्धता के आधार पर कार्यवाही करने के किसी अधिकार को मान्यता नहीं देगा। परन्तु हिन्दू उत्तराधिकार (संशोधन) अधिनियम, 2005 के प्रारम्भ के पूर्व लिये गये किसी ऋण के मामले में इस उपधारा में अन्तर्विष्ट कोई चीज –

(क) पुत्र, पौत्र या प्रपौत्र के विरुद्ध, यथास्थिति, कार्यवाही करने के लिये किसी लेनदार के अधिकार को प्रभावित नहीं करेगा।

(ख) किसी ऐसे ऋण के सम्बन्ध में या ऋण की तुष्टि में किये गये किसी अन्य संक्रमण को प्रभावित नहीं करेगा और कोई ऐसा अधिकार या अन्य संक्रमण उसी ढंग में और उसी विस्तार तक पवित्र कर्तव्य के नियम के अधीन प्रवर्तनीय होगा, जैसे यह प्रवर्तनीय होता, मानों हिन्दू उत्तराधिकार (संशोधन) अधिनियम, 2005 प्रवर्तित किया गया है।

स्पष्टीकरण – खण्ड (ख) के प्रयोजनों के लिये अभिव्यक्ति पुत्र, पौत्र या प्रपौत्र को पुत्र, पौत्र या प्रपौत्र को, यथास्थिति निर्दिष्ट करने वाला माना जायेगा, जिसे हिन्दू उत्तराधिकार (संशोधन) अधिनियम, 2005 के प्रारम्भ पूर्व जन्मा था या दत्तक लिया गया था।

(5) इस धारा में अंतर्विष्ट कोई चीज उस विभाजन को लागू नहीं होगी, जो दिसम्बर, 2004 के 20वें दिन के पूर्व हुआ था।

स्पष्टीकरण

इस धारा के प्रयोजनों के लिये विभाजन से रजिस्ट्रीकरण अधिनियम, 1908 (1908 का 16) के अधीन सम्यक् से पंजीकृत विभाजन विलेख के निष्पादन द्वारा किया गया कोई विभाजन, न्यायालय के डिक्री द्वारा किया गया विभाजन अभिप्रेत है।

तरवाड, तावषि, कुटुम्ब, कबरु या इल्लम की सम्पत्ति में हित का न्यागमन

(1) जबकि कोई हिन्दू जिसे यदि यह अधिनियम पारित न किया गया होता तो मरुमक्कत्तायम् या नंबूदिरी विधि लागू होती। इस अधिनियम के

प्रारम्भ के पश्चात् अपनी मृत्यु के समय, यथास्थिति, तरवाड, तावषि या इल्लम् की सम्पति में हित रखते हुए मरे तब सम्पत्ति में उसका हित इस अधिनियम के अधीन, यथास्थिति, वसीयती या निर्वसीयती उतराधिकार द्वारा न्यागत होगा, मरुमक्कत्तायम् या नंबूदिरी विधि के अनुसार नहीं।

स्पष्टीकरण

इस उपधारा के प्रयोजन के लिए तरवाड, तावषि या इल्लम् की सम्पति में हिन्दू का हित, यथास्थिति, तरवाड, तावषि या इल्लम् की सम्पत्ति में वह अंश समझा जाएगा जो उसे मिलता यदि उसकी अपनी मृत्यु के अव्यवहित पूर्व, यथास्थिति, तरवाड, तावषि या इल्लम् के उस समय जीवित सब सदस्यों में उस सम्पत्ति का विभाजन व्यक्तिवार हुआ होता, चाहे वह अपने को लागू मरुमक्कतायम् या नंबूदिरी विधि के अधीन ऐसे विभाजन का दावा करने का हकदार था या नहीं तथा ऐसा अंश उसे बांट में आत्यंतिकतः दे दिया गया समझा जाएगा।

(2) जबकि कोई हिन्दू, जिसे यदि वह अधिनियम पारित न किया गया होता तो अलियसन्तान विधि लागू होती। इस अधिनियम के प्रारम्भ के पश्चात् अपनी मृत्यु के समय, यथास्थिति, कुटुम्ब या कवरू की सम्पत्ति में अविभक्त हित रखते हुए मरे तब सम्पति में उसका अपना हित इस अधिनियम के अधीन, यथास्थिति, वसीयती, या निर्वसीयती उत्तराधिकार द्वारा न्यागत होगा, अलियसन्तान विधि के अनुसार नहीं।

स्पष्टीकरण

इस उपधारा के प्रयोजनों के लिए कुटुम्ब या कवरु की सम्पति में हिन्दू का हित, यथास्थिति, कुटुम्ब या कवरु की सम्पति में अंश समझा जाएगा जो उसे मिलता यदि उसकी अपनी मृत्यु के अव्यवहित पूर्व, यथास्थिति, कुटुम्ब या कवरु के उस समय जीवित सब सदस्यों में उस सम्पति का विभाजन व्यक्तिवार हुआ होता, चाहे वह अलियसन्तान विधि के अधीन ऐसे विभाजन का दावा करने का हकदार था या नहीं तथा ऐसा अंश उसे बाँट में आत्यंतिकतरू दे दिया गया समझा जाएगा।

(3) उपधारा (1) में अन्तर्विष्ट किसी बात के होते हुए भी जबकि इस अधिनियम के प्रारम्भ के पश्चात् कोई स्थानम्दार मरे तब उसके द्वारा धारित स्थानम् सम्पत्ति उस कुटुम्ब के सदस्यों की जिसका वह स्थानम्दार है और स्थानम्दार के वारिसों को ऐसे न्यागत होगी मानो स्थानम् सम्पत्ति स्थानम्दार और उसके उस समय जीवित कुटुम्ब के सब सदस्यों के बीच स्थानम्दार की मृत्यु के अव्यवहित पूर्व व्यक्तिवार तौर पर विभाजित कर दी गई थी और स्थानम्दार के कुटुम्ब के सदस्यों और स्थानम्दार के वारिसों को जो अंश मिले उन्हें वे अपनी पृथक् सम्पति के तौर पर धारित करेंगे।

स्पष्टीकरण

इस उपधारा के प्रयोजनों के लिए स्थानम्दार के कुटुम्ब के अन्तर्गत उस कुटुम्ब की, चाहे विभक्त हो या अविभक्त, हर वह शाखा आएगी जिसके पुरुष सदस्य यदि अधिनियम पारित न किया गया होता तो किसी रूढ़ि या प्रथा के आधार पर स्थानम्दार के पद पर उत्तरवर्ती होने के हकदार होते।

पुरुष की दशा में उत्तराधिकार के साधारण नियम

निर्वसीयत मरने वाले हिन्दू पुरुष की सम्पत्ति इस अध्याय के उपबन्धों के अनुसार निम्नलिखित को न्यागत होगीः—

(क) प्रथमतः उन वारिसों को, जो अनुसूची के वर्ग 1 में विनिर्दिष्ट सम्बन्धी हैं।

(ख) द्वितीयतः यदि वर्ग 1 में वारिस न हों तो उन वारिसों को जो अनुसूची के वर्ग 2 में विनिर्दिष्ट सम्बन्धी हैं।

(ग) तृतीयतः यदि दोनों वर्गों में से किसी में का कोई वारिस न हो तो मृतक के गोत्रजों को।

(घ) अन्ततः यदि कोई गोत्रज न हो तो मृतक के बन्धुओं को।

अनुसूची में के वारिसों के बीच उत्तराधिकार का क्रम

अनूसूची में विनिर्दिष्ट वारिसों में के वर्ग 1 में के वारिस एक साथ और अन्य

सब वारिसों का अपवर्जन करते हुए अंशभागी होंगे। वर्ग 2 में की पहली प्रविष्टि में के वारिसों को दूसरी प्रविष्टि में के वारिसों की अपेक्षा अधिमान प्राप्त होगा। दूसरी प्रविष्टि में के वारिसों को तीसरी प्रविष्टि में के वारिसों की अपेक्षा अधिमान प्राप्त होगा और इसी प्रकार आगे क्रम से अधिमान प्राप्त होगा।

अनूसूची के वर्ग 1 में के वारिसों में सम्पत्ति का वितरण

निर्वसीयत की सम्पत्ति अनुसूची के वर्ग 1 में वारिसों में निम्नलिखित नियमों के अनुसार विभाजित की जाएगी :—

नियम 1— निर्वसीयत की विधवा को या यदि एक से अधिक विधवाएं हों तो सब विधवाओं को मिलाकर एक अंश मिलेगा।

नियम 2— निर्वसीयत के उत्तरजीवी पुत्रों और पुत्रियों और माता हर एक को एक—एक अंश मिलेगा।

नियम 3— निर्वसीयत के हर एक पूर्वमृत पुत्र की या हर एक पूर्वमृत पुत्री की शाखा में के सब वारिसों को मिलाकर एक अंश मिलेगा।

नियम 4— नियम 3 में निर्दिष्ट अंश का वितरण —

(i) पूर्वमृत पुत्र की शाखा में के वारिसों के बीच ऐसे किया जाएगा कि उसकी अपनी विधवा को (या सब विधवाओं को मिलाकर) और उत्तरजीवी पुत्रों और पुत्रियों को बराबर भाग प्राप्त हों, और उसके पूर्वमृत पुत्रों की शाखा को वही भाग प्राप्त हों।

(ii) पूर्वमृत पुत्री की शाखा में के वारिसों के बीच ऐसे किया जायगा कि उत्तरजीवी पुत्रों और पुत्रियों को बराबर भाग प्राप्त हो।

अनुसूची के वर्ग 2 में के वारिसों में सम्पत्ति का वितरण

अनुसूची के वर्ग 2 में किसी एक प्रविष्टि में विनिर्दिष्ट वारिसों के बीच निर्वसीयत की सम्पत्ति विभाजित की जाएगी कि उन्हें बराबर अंश मिले ।

गोत्रजों और बन्धुओं में उत्तराधिकार का क्रम

गोत्रजों और बंधुओं में, यथास्थिति, उत्तराधिकार का क्रम यहाँ नीचे दिए हुए अधिमान के नियमों के अनुसार अवधारित किया जाएगा –

नियम 1– दो वारिसों में से उसे अधिमान प्राप्त होगा जिसकी उपरली ओर की डिग्रियाँ अपेक्षातर कम हों या हों ही नहीं।

नियम 2– जहां कि उपरली ओर की डिग्रियों की संख्या एक समान हों या हों ही नहीं उस वारिस को अधिमान प्राप्त होगा, जिसकी निचली ओर की डिग्रियां अपेक्षातर कम हों या हों ही नहीं।

नियम 3– जहां कि नियम 1 या नियम 2 के अधीन कोई–सा भी वारिस दूसरे से अधिमान का हकदार न हो वहां वे दोनों साथ–साथ अंशभागी होंगे।

डिग्रियों की संगणना

(1) गोत्रजों या बन्धुओं के बीच उत्तराधिकार क्रम के अवधारण के प्रयोजन के लिए निर्वसीयत से, यथास्थिति, उपरली डिग्री या निचली डिग्री या दोनों के अनुसार वारिस के सम्बन्ध की संगणना की जाएगी।

(2) उपरली डिग्री और निचली डिग्री की संगणना निर्वसीयत को गिनते हुए की जाएगी।

(3) हर पीढ़ी एक डिग्री गठित करती है चाहे उपरली चाहे निचली।

हिन्दू नारी की सम्पत्ति उसकी आत्यन्तिकतः अपनी सम्पत्ति होगी

(1) हिन्दू नारी के कब्जे में की कोई भी सम्पत्ति, चाहे वह इस अधिनियम के प्रारम्भ से पूर्व या पश्चात् अर्जित की गई हो,

उसके द्वारा पूर्व स्वामी के तौर पर न कि परिसीमित स्वामी के तौर पर धारित की जाएगी।

स्पष्टीकरण

इस उपधारा में सम्पत्ति के अन्तर्गत वह जंगम और स्थावर सम्पत्ति आती है जो हिन्दू नारी ने विरासत द्वारा अथवा वसीयत द्वारा अथवा विभाजन में अथवा भरण–पोषण के या भरण–पोषण की बकाया के बदले में अथवा अपने विवाह के पूर्व या विवाह के समय या पश्चात् दान द्वारा किसी व्यक्ति से, चाहे वह सम्बन्धी हो या न हो, अथवा अपने कौशल या परिश्रम द्वारा अथवा क्रय द्वारा अथवा चिरभोग द्वारा अथवा किसी अन्य रीति से, चाहे वह कैसी ही क्यों न हों, अर्जित की हो और ऐसी कोई सम्पति भी जो इस अधिनियम के प्रारम्भ से अव्यवहित पूर्व स्त्रीधन के रूप में उसके द्वारा धारित थी।

(2) उपधारा (1) में अन्तर्विष्ट कोई बात ऐसी किसी सम्पत्ति को लागू नहीं होगी जो दान अथवा बिल द्वारा या अन्य किसी लिखित के अधीन अथवा सिविल न्यायालय की डिक्री या आदेश के अधीन या पंचाट के अधीन अर्जित की गई ही यदि, दान, बिल या अन्य लिखत अथवा डिक्री, आदेश या पंचाट के निबन्धन ऐसी सम्पत्ति में निर्बन्धित सम्पदा विहित करते हों।

हिन्दू नारी की दशा में उत्तराधिकार के साधारण नियम

(1) निर्वसीयत मरने वाली हिन्दू नारी की सम्पत्ति धारा 16 में दिए गए नियमों के अनुसार निम्नलिखित को न्यागत होगी।

(क) प्रथमतः पुत्रों और पुत्रियों (जिसके अन्तर्गत किसी पूर्वमृत पुत्र या पुत्री के अपत्य भी हैं) और पति को।

(ख) द्वितीयतः पति के वारिसों को।

(ग) तृतीयतः माता और पिता को।

(घ) चतुर्थतः पिता के वारिसों को।

(ङ) अन्ततः माता के वारिसों को।

(2) उपधारा (1) में अंतर्विष्ट किसी बात के होते हुए भी

(क) कोई सम्पति जिसकी विरासत हिन्दू नारी को अपने पिता या माता से प्राप्त हुई हो, मृतक के पुत्र या पुत्री के (जिसके अन्तर्गत किसी पूर्वमृत पुत्र या पुत्री के अपत्य भी आते हैं) अभाव में उपधारा (1) में निर्दिष्ट अन्य वारिसों को उसमें विनिर्दिष्ट क्रम से न्यागत न होकर पिता के वारिसों को न्यागत होगी तथा

(ख) कोई सम्पति जो हिन्दू नारी को अपने पति या अपने श्वसुर से विरासत में प्राप्त हुई हो मृतक के किसी पुत्र या पुत्री के (जिसके अन्तर्गत किसी पूर्वमृत पुत्र या पुत्री या अपत्य भी आते हैं) अभाव में उपधारा (1) में निर्दिष्ट अन्य वारिसों को उसमें विनिर्दिष्ट क्रम से न्यागत न होकर पति के वारिसों को न्यागत होगी।

हिन्दू नारी के वारिसों में उत्तराधिकार का क्रम और वितरण की रीति

धारा 15 में निर्दिष्ट वारिसों में उतराधिकार का क्रम और उन वारिसों में निर्वसीयत की सम्पति का वितरण निम्नलिखित नियमों के अनुसार होगा, अर्थात्य–

नियम 1– धारा 15 की उपधारा (1) में विनिर्दिष्ट वारिसों में से पहली प्रविष्टि में के वारिसों को किसी उत्तरवर्ती प्रविष्टि में के वारिसों की तुलना में अधिमान प्राप्त होगा और जो वारिस एक ही प्रविष्टि के अन्तर्गत हों, वे साथ–साथ अंशभागी होंगे।

नियम 2– यदि निर्वसीयत का कोई पुत्र या अपने ही कोई अपत्य निर्वसीयत की मृत्यु के समय जीवित छोड़कर निर्वसीयत से पूर्व मर जाए तो ऐसे पुत्र या पुत्रों के अपत्य परस्पर वह अंश

लेंगे जिसे वह लेती यदि निर्वसीयत की मृत्यु के समय ऐसा पुत्र या पुत्री जीवित होती।

नियम 3– धारा 15 की उपधारा (1) के खण्ड (ख), (घ) और (ड०) और उपधारा (2) में निर्दिष्ट वारिसों को निर्वसीयत की सम्पति उसी क्रम में और उन्हीं नियमों के अनुसार न्यागत होगी जो लागू होते यदि सम्पत्ति, यथास्थिति, पिता की या माता की या पति की होती और वह व्यक्ति निर्वसीयत की मृत्यु के अव्यवहित पश्चात् उस सम्पत्ति के बारे में वसीयत किए बिना मर गया होता।

मरुमक्कत्तायम् और अलियसन्तान विधियों द्वारा शासित व्यक्तियों के विषय में विशेष उपबन्ध

धाराओं 8, 10, 15 और 23 के उपबन्ध उन व्यक्तियों के सम्बन्ध में जो यदि यह अधिनियम पारित न किया गया होता तो मरुमक्कत्तायम् विधि या अलियसन्तान विधि द्वारा शसित होते, ऐसे प्रभावशील होंगे मानो (प) धारा 8 के उपखण्डों (ग) और (घ) के स्थान पर निम्नलिखित प्रतिस्थापित कर दिया गया हो, अर्थात् – (ग) तृतीयतः, यदि दोनों वर्गों में किसी का कोई वारिस न हो तो उसके सम्बन्धियों को चाहे वे गोत्रज हों या बन्धु हों।

(ii) धारा 15 की उपधारा (1) के खण्ड (क) से लेकर (ड०) तक के स्थान पर निम्नलिखित प्रतिस्थापित कर दिया गया हो, अर्थात् –

(क) प्रथमतः पुत्रों और पुत्रियों को (जिनके अन्तर्गत किसी पूर्वमृत पुत्र या पुत्री के अपत्य भी आते हैं) और माता को।

(ख) द्वितीयतः पिता और पति को।

(ग) तृतीयतः माता के वारिसों को।

(घ) चतुर्थतः पिता के वारिसों को।

(ड) अन्ततः पति के वारिसों को।

(iii) धारा 15 की उपधारा (2) का खण्ड (क) लुप्त कर दिया गया हो।

(iv) धारा 23 लुप्त कर दी गई हो।

उत्तराधिकार से सम्बन्धित साधारण उपबन्ध

पूर्वरक्त को अर्धरक्त पर अधिमान प्राप्त है –

निर्वसीयत से पूर्णरक्त सम्बन्ध रखने वाले वारिसों को अर्धरक्त सम्बन्ध रखने वाले वारिसों पर अधिमान प्राप्त होगा यदि उस सम्बन्ध की प्रकृति सब प्रकार से वही हो ।

दो या अधिक वारिसों के उत्तराधिकार का ढंग –

यदि दो या अधिक वारिस निर्वसीयत की सम्पत्ति के एक साथ उत्तराधिकारी होते हैं तो वे सम्पत्ति को निम्नलिखित प्रकार से पायेंगे –

(क) इस अधिनियम में अभिव्यक्त तौर पर अन्यथा उपबन्धित के सिवाय व्यक्तिवार, न कि शाखावार आधार पर लेंगे।

(ख) सामान्यिक अभिधारियों की हैसियत में न कि संयुक्त अभिधारियों की हैसियत में लेंगे।

गर्भस्थित अपत्य का अधिकार –

जो अपत्य निर्वसीयत की मृत्यु के समय गर्भ में स्थित था और जो तत्पश्चात् जीवित पैदा हुआ हो उसके निर्वसीयत की विरासत के विषय में वही अधिकार होंगे जो उसके होते यदि वह निर्वसीयत की मृत्यु के पूर्व पैदा होताय और ऐसी दशा में विरासत निर्वसीयत की मृत्यु की तारीख से उसमें निहित समझी जाएगी।

सम–सामयिक मृत्युओं के विषय में उपधारणा –

जहां कि दो व्यक्ति ऐसी परिस्थितियों में मरे हों जिनमें यह अभिनिश्चित हो कि उनमें से कोई दूसरे का उत्तरजीवी रहा या नहीं और रहा तो कौन सा, वहां जब तक प्रतिकूल साबित न किया जाए, सम्पत्ति के उत्तराधिकार

सम्बन्धी सब प्रयोजनों के लिए यह उपधारणा की जाएगी कि कनिष्ठ ज्येष्ठ का उत्तरजीवी रहा।

कुछ दशाओं में सम्पत्ति अर्जित करने का अधिमानी अधिकार –

(1) जहां कि इस अधिनियम के प्रारम्भ के पश्चात् निर्वसीयती को किसी स्थावर सम्पत्ति में या उसके द्वारा चाहे स्वयं या दूसरों के साथ किए जाने वाले किसी कारबार में के हित में अनुसूची के वर्ग 1 में विनिर्दिष्ट दो या अधिक वारिसों को न्यागत हों और ऐसे वारिसों में से कोई उस सम्पति या कारोबार में अपने हित के अन्तरण की प्रस्थापना करे वहां ऐसे अन्तरित किए जाने के लिए प्रस्थापित हित को अर्जित करने का अधिमानी अधिकार दूसरे वारिसों को प्राप्त होगा ।

(2) मृतक की सम्पति में कोई हित जिस प्रतिफल के लिए इस धारा के अधीन अन्तरित किया जा सकेगा, वह पक्षकारों के बीच किसी करार के अभाव में इस निमित किए गए आवेदन पर न्यायालय द्वारा अवधारित किया जाएगा और यदि उस हित को अर्जित करने की प्रस्थापना करने वाला कोई व्यक्ति ऐसे अवधारित प्रतिफल पर उसे अर्जित करने के लिए राजी न हो तो ऐसा व्यक्ति उस आवेदन के, या उससे आनुषंगिक सब खर्चों को देने का दायी होगा।

(3) यदि इस धारा के अधीन किसी हित के अर्जित करने की प्रस्थापना करने वाला अनुसूची के वर्ग 1 में विनिर्दिष्ट दो या अधिक वारिस हों तो उस वारिस को अधिमान दिया जाएगा जो अन्तरण के लिए अधिकतम प्रतिफल देने की पेशकश करे।

स्पष्टीकरण

इस धारा में न्यायालय से वह न्यायालय अभिप्रेत है जिसकी अधिकारिता की सीमाओं के अन्दर वह स्थावर सम्पति आस्थित है या कारबार किया जाता है और इसके अन्तर्गत ऐसा कोई अन्य न्यायालय भी आता है जिसे राज्य सरकार शासकीय राजपत्र में अधिसूचना द्वारा इस निमित्त विनिर्दिष्ट करे।

निवास–गृह के बारे में विशेष उपबन्ध –

हिन्दू उत्तराधिकार (संशोधन) अधिनियम, 2005 (2005 का 39) की धारा 4 द्वारा 9/9/2005 से विलुप्त

पुनर्विवाह करने वाली कुछ विधवाएँ विधवा होने के नाते विरासत प्राप्त न कर सकेंगी –

हिन्दू उत्तराधिकार (संशोधन) अधिनियम, 2005 (2005 का 39) की धारा 5 द्वारा 9/9/2005 से विलुप्त

हत्या करने वाला निरर्हित होगा –

जो व्यक्ति हत्या करता है या हत्या करने का दुष्प्रेरण करता हैं वह हत व्यक्ति की सम्पत्ति या ऐसी किसी अन्य सम्पत्ति को, जिसमें उत्तराधिकार को अग्रसर करने के लिए उसने हत्या की थी या हत्या करने का दुष्प्रेरण किया था विरासत में पाने से निरर्हित होगा।

संपरिवर्तितों के वंशज निरर्हित होंगे –

जहां कि कोई हिन्दू उस अधिनियम के प्रारम्भ के पूर्व या पश्चात् धर्म–संपरिवर्तन के कारण हिन्दू न रह गया हो या न रहे वहां ऐसे संपरिवर्तन के पश्चात् पैदा हुए उसके अपत्य और उस अपत्य के वंशज अपने हिन्दू सम्बन्धियों में से किसी की सम्पत्ति को विरासत में प्राप्त करने से निरर्हित होंगे सिवाय जब कि ऐसे अपत्य या उस अपत्य के वंशज उस समय जबकि उत्तराधिकार खुले, हिन्दू हों।

27. उत्तराधिकार जबकि वारिस निरर्हित हो

यदि कोई व्यक्ति किसी सम्पत्ति को विरासत में पाने से इस अधिनियम के अधीन निरर्हित हो तो वह सम्पत्ति ऐसे न्यागत होगी मानी ऐसा व्यक्ति निर्वसीयत के पूर्व मर चुका हो।

28. रोग, त्रुटि आदि से निरर्हता न होगी

कोई व्यक्ति किसी सम्पत्ति का उत्तराधिकार पाने से किसी रोग,

त्रुटि या अंगविकार के आधार पर या इस नियम में यथा उपबन्धित को छोड़कर किसी भी अन्य आधार पर, चाहे वह कोई क्यों न हो, निरर्हित न होगा।

वारिसों का अभाव –

यदि निर्वसीयत ऐसा कोई वारिस पीछे न छोड़े जो उसकी सम्पत्ति को इस अधिनियम के उपबन्धों के अनुसार उत्तराधिकार में पाने के लिए अर्ह हो तो ऐसी सम्पत्ति सरकार को न्यागत होगी और सरकार को उन सब बाध्यताओं और दायित्वों के अध्यधीन लेगी जिनके अध्यधीन वारिस् होता है।

अध्याय 3

वसीयती उत्तराधिकारी

कोई हिन्दू विल द्वारा या अन्य वसीयती व्ययन द्वारा भारतीय उत्तराधिकार अधिनियम, 1925 (1925 का 39) या हिन्दुओं को लागू और किसी अन्य तत्समय प्रवृत्त विधि के उपबन्धों के अनुसार किसी ऐसी सम्पत्तिको 1ख व्ययनित कर सकेगा या कर सकेगी, जिसका ऐसे व्ययनित् किया जाना शक्य हो।

स्पष्टीकरण

मिताक्षरा सहदायिकी सम्पत्ति में हिन्दू पुरुष का हित या तरवाड, तावषि, इल्लम्, कुटुम्ब् या कवरु की सम्पत्ति में तरवाड, तावषि, इल्लम, कुटुम्ब या कवरु के सदस्य का हित इस अधिनियम में य किसी अन्य तत्समय प्रवृत्त विधि में किसी बात के होते हुए भी इस धारा के अर्थ के अन्दर ऐसी सम्पत्ति समझी जाएगी जिसका उस द्वारा व्ययनित किया जाना शक्य हो।

7
महिलाओं के कानूनी अधिकार व उनका प्रयोग

आप लाख दुहाई दे दीजिए और महिलाओं के लिए बने कानूनों का हवाला दे दीजिए लेकिन यह नहीं बता पाएंगे कि क्यों बालिका जन्म दर चिंताजनक स्तर तक घट गई है एवम महिलाओं के प्रति अत्याचार से समाज लहूलुहान क्यों हैं?

पुरातन काल मे महिलाओं की सामाजिक स्थित–

जिस राष्ट्र में महिलाओं को पूजा जाता था तथा "यत्र नारी पुजते" की अवधारणा रही हो। जिस देश मे योग्यतम पुत्र भी अपनी माता के नाम से यथा भीष्म को "गांगेय", कर्ण को "राधेय" व अर्जुन को "कौन्तेय" पुकारा जाता था वहाँ वर्तमान समाज के समाचार–पत्र उनकी पीडाओं से लबरेज है।

महिला अधिकारों को लेकर चिंतन–

सम्पूर्ण विश्व मे महिलाओं के प्रति होने वाले अपराधों को लेकर एक बहस छिड़ी हुई है एवम इस बहस ने अब एक सामाजिक आंदोलन का रूप ग्रहण कर लिया है। न्याय के मूलभूत सिद्धांतो के तहत व मानवीय दृष्टिकोण से यह नितांत आवश्यक है कि महिलाओं को पूर्ण सरंक्षण प्रदान करना व उन्हें स्वयं के निर्णय लेते हुए जीवन जीने का अवसर प्राप्त हो।

महिलाओं के प्रति सामाजिक सुधार की आवश्यकता–

महिलाओं के प्रति संवेदनशील व्यवहार एक जीवनशैली एवम विचारधारा है। सदियाँ बीत जाने के बाद भी पुरुष का व्यवहार किसी महिला के प्रति सामान्य नही हो पाना एक आश्चर्यजनक स्तिथि है। आज सम्पूर्ण विश्व मे जब पशु, पक्षी व जीव–जंतु तक के प्रति जागरूकता आ रही है, ऐसे युग मे नारी–स्वातंर्त्य की स्तिथि का निर्माण नही हो पाना भी मानवीयता की बहुत बड़ी हार है।

महिला अधिकारों के प्रति वैशविक चिंतन–

अंतरराष्ट्रीय स्तर पर "द मेक्सिको प्लान ऑफ ऐक्शन" (1975), नैरोबी फॉरवर्ड लुकिंग स्ट्रेटेजी (1985), द बीजिंग डिक्लेरेशन तथा प्लैटफॉर्म फॉर ऐक्शन (1995) व 21वीं शताब्दी में लैंगिक समानता तथा विकास व शांति पर आयोजित UNG। सत्र द्वारा ग्रहण किया गया आउटकम डॉक्युमेंट को भी भारत को पर्याप्त समर्थन मिला है।

भारत मे महिलाओं के अधिकार–

इस आलेख द्वारा हम भारत में महिलाओ को कानूनी सुरक्षा व सामाजिक सरंक्षण प्रदान करने वाले विभिन्न व्यवस्थाओं का अध्धयन करेंगे। आज जब सम्पूर्ण विश्व मे भारत जैसे महान राष्ट्र में महिलाओं की स्तिथि पर चिंता प्रकट की जा रही है तब ऐसा अध्ययन अधिक समीचीन व सान्दर्भिक हो जाता है।

राष्ट्रीय महिला आयोग–

राष्ट्रीय महिला आयोग की स्थापना वर्ष 1990 में संसद के एक अधिनियम द्वारा की गई है, जिसके तहत महिला के अधिकारों तथा कानूनी अशिकारों को सुरक्षा प्रदान की जाती है। संविधान का 73वां तथा 74वां संशोधन (1993) में पंचायत तथा नगर निकाय के चुनावों में महिला को आरक्षण प्रदान करने का प्रावधान किया गया है, जिससे स्थानीय स्तरों पर उनकी भागीदारी का मार्ग प्रशस्त होता है।

राष्ट्रीय महिला सशक्तिकरण नीति– 2001

राष्ट्रीय महिला सशक्तिकरण नीति एक विराट अवधारणा है जिसमे महिलाओं से सम्बंधित संवैधानिक व्यवस्थाओं को समाज मे वास्तविक रूप से परिलक्षित करना है। इसमे विभिन्न पहलुओं को सम्मिलित करते हुए प्रत्येक महिला नागरिक को एक स्वतंत्रता युक्त माहौल सुलभ करवाना है।

महिलाओं को आर्थिक सरंक्षण प्रदान करने हेतु लघु उद्योग, कृषि व सहायक सेवाओं में उनकी भागीदारी सुनिश्चित करने हेतु ऋण उपलब्ध करवाना, सामाजिक सुरक्षा प्रदान करने हेतु उनके लिए बेहतरीन शिक्षा, स्वास्थ्य, पोषण, आश्रय व कठिन परिस्थितियों में सहायता उपलब्ध करवाना है।

महिलाओं के प्रति हिंसा उन्मूलन व बालिकाओं के अधिकारों की रक्षार्थ सामाजिक संस्थागत ढांचे का निर्माण इसी प्रक्रिया के हिस्से है। इस हेतु राज्य के कार्यपालिका, विधायिका तथा न्यायपालिका विभागों के कर्मचारियों का प्रशिक्षण, जिसमें नीति तथा कार्यक्रम निर्माता, क्रियांवयन तथा विकास एजेंसियों, कानून अनुपालन प्रणाली व न्यायपालिका और साथ ही गैर–सरकारी संगठनों पर ध्यान दिया जाना है।

भारत में महिलाओं के संवैधानिक अधिकार–

भारतीय संविधान में महिलाओं को पूर्ण संवेधानिक सरंक्षण प्रदान किया गया है।

महिलाओं के मौलिक अधिकारों का वर्णन संविधान के अनुच्छेद 14,15,16,21 व 22 में वर्णित है। शोषण के विरुद्ध अधिकारों का उल्लेख अनुच्छेद 23 व 24 में है। महिलाओं के सांस्कृतिक व शैक्षणिक अधिकार अनुच्छेद 29,30,39.1 व 42 में व्यवस्थित है। इसी क्रम में महिलाओं की सुरक्षार्थ घरेलू हिंसा, विवाह, सम्पति, उत्तराधिकार,दहेज निषेध इत्यादि कानूनों का निर्माण भी किया गया है। इन सबके साथ ही "समान नागरिक संहिता" के तहत भी महिलाओं को पूर्ण सरंक्षण प्राप्त है।

उपरोक्त व्यवस्थाओं के अतिरिक्त महिलाओं के अधिकारों के सरंक्षण हेतु अनेक सामाजिक संस्थाए, गैर–सरकारी संगठन कार्यरत है।

महिलाओं की सुरक्षार्थ वास्तविक जीवन मे काम आने वाले कानून–

1. घरेलू हिंसा अधिनियम, 2005
2. यौन उत्पीड़न अधिनियम
3. PCPNDT एक्ट।
4. समान वेतन अधिनियम,1976
5. मातृत्व लाभ अधिनियम,1961
6. हिंदू उत्तराधिकार अधिनियम
7. हिंदू मैरिज ऐक्ट

आम जीवन मे महिलाओं के अधिकार–

1. आपराधिक प्रक्रिया संहिता, सेक्शन 46 के तहत एक महिला को सूरज डूबने के बाद और सूरज उगने से पहले गिरफ्तार नहीं किया जा सकता।
2. यौन उत्पीड़न की शिकार महिलाओं को अपने नाम की गोपनीयता बनाए रखने का पूरा आधिकार है।
3. एक महिला को जीने का अधिकार देने के लिए लिंग की जांच और उसकी हत्या के खिलाफ कानून निर्मित है।
4. यौन उत्पीड़न अधिनियम के तहत आपको वर्किंग प्लेस पर हुए यौन उत्पीड़न के खिलाफ शिकायत दर्ज कराने का पूरा हक है, महिलाओं को जांच लंबित रहने तक 90 दिन की पेड लीव का प्रावधान।
5. किसी मामले में अगर आरोपी एक महिला है, तो उस पर की

जाने वाली कोई भी चिकित्सा जांच प्रक्रिया किसी महिला द्वारा या किसी दूसरी महिला की मौजूदगी में ही की जानी चाहिए।

6. रेप की शिकार हुई किसी भी महिला को मुफ्त कानूनी मदद पाने का पूरा अधिकार है।
7. भारत का कानून किसी महिला को अपने पिता की पुश्तैनी संपति में पूरा अधिकार ।
8. पति की हैसियत के हिसाब से महिला को गुजारा भत्ता का हक।
9. गरिमा और शालीनता के लिए अधिकार!

महिलाएं कहा करे शिकायत–

किसी भी प्रकार के प्रकरण हेतु प्राथमिक रूप से कोई भी महिला दुरभाष नम्बर 100 पर सूचना प्रदान कर सकती है। इसके अलावा प्रत्येक महिला अपनी शिकायत को नजदीकी पुलिस थाने में भी दर्ज करवा सकती है।

क्यों नही कर पाती महिलाएं अपने हको के लिए लड़ाई–

1. खुद को बड़े कदम उठाने के लिए स्वतंत्र नही समझना।
2. साक्षरता की कमी।
3. जटिल न्यायिक प्रक्रिया।
4. लोक–लाज का डर।
5. भावनात्मक सोच।
6. पुरानी सोच।

सारः–

सार स्वरूप हम कह सकते है अनेकों कानूनों के निर्माण से ही नारी की

सुरक्षा सम्भव नही हैं। एक सम्पूर्ण सुरक्षित वातावरण के निर्माण हेतु हमें अपने घर से ही शुरुआत करनी पड़ेगी एवम हमारे शिक्षा व्यवस्था को मजबूत करना पड़ेगा।

न्याय की प्रक्रिया को तीव्र करते हुए यह सुनिश्चित करना पड़ेगा कि बालिकाओं के अधिकार व महिलाओं के हितों की सुरक्षा हेतु अविलम्ब कार्यवाही प्रत्येक स्तर पर अविलम्ब हो।

8
महिला हिंसा एवं कानूनी उपाय

हर रोज महिलाओं को थप्पड़ों, लातों, पिटाई, अपमान, धमकियों, यौन शोषण और अनेक अन्य हिंसात्मक घटनाओं का सामना करना पड़ता है।यहां तक कि उनके जीवन साथी या उसके परिवार के सदस्य उनकी हत्या कर देते हैं। इन सबके बावजूद हमें इस प्रकार की हिंसा के परे में अधिक पता नहीं चलता है क्योंकि शोषित व प्रताड़ित महिलाएं इसके बारे में चर्चा करने से घबराती, डरती व झिझकती हैं। अनेक डॉक्टर्स, नर्सें व स्वास्थ्य कर्मचारी हिंसा को एक गंभीर स्वास्थ्य समस्या के रूप में पहचानने में चुक जाते हैं।

यह अध्याय महिलाओं पर घरों में होने वाली हिंसा से संबंधित है ।यह आपको यह समझने में सहायक होगा कि हिंसा क्यों होती है, इसके लिए आप क्या कर सकती हैं तथा अपने समुदाय में परिवर्तन लाने के लिए किस प्रकार कार्यरत हो सकते हैं।

कोई पुरुष महिला को चोट क्यों पहुंचता है ?

महिला को चोट पहुंचाने के लिए के पुरुष अनेक बहाने दे सकता है जैसे कि–वह शराब के नशे में था य वह अपना आपा खो बैठा या फिर वह महिला इसी लायक है। परंतु वास्तविकता यह है कि वह हिंसा का रास्ता केवल इसलिए अपनाता है क्योंकि वह केवल इसी के माध्यम से वह सब प्राप्त कर

सकता है जिन्हें वह एक मर्द होने के कारण अपना हक समझता है।

जब एक पुरुष का अपनी स्वयं की पत्नी की जिन्दगी पर काबू नहीं रहता है तो वह हिंसा का प्रयोग करके दूसरों की जिन्दगी पर नियंत्रण करने का कोशिश करता है ।अगर कोई व्यक्ति सामान्य तरीकों का प्रयोग करके अपने जीवन को नियंत्रित करने का प्रयत्न करता है तो सुमें कोई बुराई नहीं है परंतु यदि वह दूसरों के जीवन पर अपना नियंत्रण वह भी हिंसा का प्रयोग कर के बनाने की कोशिश करे तो वह सही नहीं है।

महिलाओं के साथ हिंसा के कारण

यहां कुछ ऐसे कारणों की चर्चा की गई है जो यह वर्णित करते हैं कि कुछ पुरुष महिलाओं को चोट क्यों पहुंचाते हैं –

- हिंसा काम करती है
- किसी कमजोर व्यक्ति के साथ हिंसा में लिप्त होकर एक पुरुष अपनी कुंठाओं से मुक्ति पाने का प्रयत्न करता है।
- वास्तविक परेशानी को पहचाने या कोई उसका कोई व्यवहारिक समाधान ढूंढने के बजाय, पुरुष हिंसा का सहारा लेकर असहमति को जल्दी से समाप्त करना चाहता है।
- किसी पुरुष को लड़ना बेहद रोमांचक लगता है और उससे उसे नई स्फूर्ति मिलती है ।वह इस रोमांच को बार बार पाना चाहता है।
- अगर कोई पुरुष हिंसा का प्रयोग करता है कि वह जीत गया है और अपनी बात मनवाने का प्रयत्न करता है हिंसा की शिकार, चोट व अपमान से बचने के लिए, अगली स्थिति में, उसका विरोध करने से बचती है। ऐसे में पुरुष को और भी शह मिलती है।
- पुरुष को मर्द होने के बारे में गलत धारणा है।

- अगर पुरुष यह मानता है कि मर्द होने का अर्थ है महिला के उपर पूरा नियंत्रण होना तो हो सकता है कि वह महिला के साथ हिंसा करने को भी उचित माने।
- कुछ पुरुष यह समझते हैं कि मर्द होने के कारण उन्हें कुछ चीजों का हक है जैसे कि अच्छी पत्नी, बेटों की प्राप्ति, परिवार के सारे फैसले करने का हक।
- पुरुष को लगता है कि महिला उसकी है या उसे वह चाहिए।
- यदि महिला सशक्त है तो पुरुष को यह लग सकता है कि वह उसे खो देगा या महिला को उसकी जरुरत नहीं है ।वह कुछ ऐसे कार्य करेंगे जिससे महिला उस पर अधिक निर्भर हो जाए।
- उसे अन्य किसी और तरीके के व्यवहार करना आता ही नहीं है (सामाजिक अनुकूलन)
- अगर पुरुष ने अपने पिता या अन्य लोगों के तनाव व परशानी की स्थिति में हिंसा का सहारा लेते हुए देखा है तो केवल ऐसा व्यवहार करना ही सही लगता है। उसे कोई अन्य व्यवहार करना ही सही लगता है ।उसे कोई अन्य व्यवहार का पता ही नहीं है।

हिंसा के प्रकार

एक पुरुष किसी महिला पर अनके तरीकों से नियंत्रण करने की कोशिश करता है। मार–पिटाई उनमें से केवल एक तरीका हैं। ये सभी तरीके महिला को चोट पहुंचा सकते हैं।

कल्पना कीजिए कि नीचे बनाया हुआ चक्र एक पहिया है। शक्ति व नियंत्रण इस पहिये के केंद्र में हैं क्योंकि ये सभी कार्य कलापों की जड़ें हैं। पहिये का हर भाग एक व्यवहार को दर्शाता है जिसका प्रयोग एक हिंसक पुरुष एक महिला को नियंत्रित करने के लिए करता है। हिंसा इस पहिये की

परिधि (रिम) है जो एक साथ रखती है और उसे शक्ति प्रदान करती है।

एक प्रकार की प्रताड़ना आमतौर पर, दूसरे प्रकार में बदल जाती है।

अनेक मामलों में मौखिक शाब्दिक प्रताड़ना थोड़े समय के बाद शारीरिक प्रताड़ना में बदल जाती है इसकी शुरुआत पत्नी द्वारा पर्याप्त दहेज है लाने से शुरू होकर यह एक शाब्दिक प्रताड़ना, फिर हिंसा, शारीरिक हिंसा में बदल जाती है। उसे त्योहारों, उत्सवों तथा बिमारियों जैसे अवसरों पर अपने मायके जाने की इजाजत भी नहीं दी जाती है । इस प्रकार का घुटन वाला व्यवहार, शारीरिक पिटाई से भी अधिक दर्दनाक बन जाता है।

खतरे के चिन्ह

जब गली–गलौच वाला संबंध हिंसक बन जाता है तो उसे छोड़ना और भी कठिन हो जाता है। जितने लंबे समय तक महिला ऐसे संबंध में रहती है। पुरुष का उस पर उतना ही नियंत्रण बढ़ता जाता है उसका आत्मविश्वास समाप्त होता जाता है। कुछ पुरुषों की अन्य पुरुषों की तुलना में अधिक हिंसक हो जाएगा। अगर आप इन लक्षणो को देखते हैं और अगर आपके पास इन संबंध से छुटकारा पाना संभव है तो ध्यान से सोचिए।

अपने आप से ये प्रश्न पूछिएः–

जब आप अन्य लोगों से मिलती है। (आपके परिवार के सदस्य या मित्रगण) तो क्या वह ईर्ष्यापूर्ण व्यवहार करता है या आप पर उससे झूठ बोलने का आरोप लगाता है ? अगर आप उसे ईर्ष्यापूर्ण व्यवहार को रोखने के लये अपने व्यवहार में बदलाव लाटी है तो इसका अर्थ है आप उसके नियंत्रण में हैं।

क्या वह आपको, आपके परिवारजनों या मित्रों से मिलने तथा अपने कार्य स्वयं करने से रोखने का प्रयास करता है ? इससे कोई अंतर नहीं पड़ता है कि वह ऐसा करने के लिए क्या कारण देता है। इसका सीधा अर्थ है कि वह आपको अपने परिवारजनों तथा मित्रों का सहारा प्राप्त करने से रोक रहा है। अगर आपके पास कोई सहायता प्राप्त करने व कहीं जाने की जगह नहीं

होगी तो उसे आपको प्रताड़ित करने में आसानी होगी।

क्या वह दुसरे व्यक्तियों के सामने आपका अपमान करता है या मजाक उड़ाता है ? धीरे–धीरे आप उसकी कही बातों पर विश्वास करने लगेंगी और आपको यह यकीन होने लगेगा कि अगर आपके साथ दुर्व्यवहार हो रहा है तो यह ठीक नहीं है व आप इसी योग्य हैं।

जब उसे गुस्सा आता है तो वह क्या करता है ? क्या वह चीजें तोड़ता या फैंकना शुरू कर देता है ? क्या गुस्से में उसने अभी आपको मारा–पीटा है या ऐसा करने की धमकी दी है ? क्या अभी उसने किसी अन्य महिला पर हाथ उठाया है ? इन सबसे यह पता चलता है कि उसने अपने कर्मों पर नियंत्रण करने में कठिनाई होती है।

क्या वह अध्यापकों, अपने सीनियरों या अपने पिता जैसे शक्तियुक्त लोगों के हाथों अपमानित महसूस करता है ? उसे यह एहसास हो सकता है कि वह शक्तिहीन या असहाय है। अपनी इस हीन भावना पर काबू पाने के लिए वह अपने जीवन में मौजूद अन्य लोगों पर नियंत्रण करने के लिए हिंसा का सहारा ले सकता है।

क्या वह ऐसा दावा करता है कि शराब, नशीली दवाएं या तनाव उसके हिंसात्मक व्यवहार के लिए जिम्मेवार है? अगर वह किसी अन्य को अपने इस व्यवहार के लिए जिम्मेवार ठहराता है तो ऐसा कह सकता है कि जब उसे कोई नई नौकरी मिल जाएगी या वे किसी नए शहर में चले जाएंगे या वह नशीली दवाएं लेना बंद कर देगा ताकि स्थिति सुधर जाएगी।

क्या वह अपने दुर्व्यवहार के लिए आपको या किसी अन्य को दोषी ठहरता है ? क्या वह यह मानने से इंकार करता है कि कोई गलत कार्य कर रहा है ? अगर आपके गंदे व्यवहार के लिए वह आपको दोषी मानता है तो संभावना यह है कि वह अपने आपको बदल नहीं सकता है।

कुछ महिलाओं के प्रताड़ित होने की संभावना अधिक होती है।

बहुत से दंपतियों में पुरुष पहली बार तब हिंसात्मक हो जाता है जब

महिला पहली बार गर्भवती या उसके एक कन्या को जन्म दिया हो। युवा पत्नियों, विशेष कर गरीब वर्ग की, को अपने पतियों के हाथों ऐसी स्थितियों में दुर्व्यवहार का सामना करना पड़ सकता है। पुरुष ऐसी स्थितियों का अवैध संबंध बनाने के लिए उपयोग कर सकता हैं, इसलिए उसे ऐसा लगने लगता है कि उसका नियंत्रण समाप्त हो रहा है। उसे इस बात पर भी क्रोध आ सकता है कि उसे यह लगे कि वह उससे अधिक, बच्चे पर ध्यान दे रही है या वह यौन संबंधों के लिए मना करती है। इसके अतिरिक्त अनेक दम्पतियों में बच्चे के आगमन से आर्थिक स्थिति खराब होने की चिंता के दबाव भी हो सकते हैं। अशक्तता युक्ता महिलाओं के भी अधिक प्रताड़ित होने की संभावना होती है।

कुछ पुरुषों को इस बात पर भी क्रोध आ सकता है कि उन्हें इच्छित आदर्श पत्नी नहीं मिली।

कुछ पुरुष ऐसा भी सोचते हैं कि अशक्त महिला को नियंत्रित करना अधिक आसान होता है क्योंकि वह अपनी रक्षा करने में अक्षम होती है।

हिंसा के चक्र

हिंसा की पहली घटना प्रायः अपने आपमें एक बारगी होने वाली घटना लग सकती है। लेकिन अनेक मामलों में, पहली घटना के बाद निम्न ढर्रा या चक्र विकसित होता हैः–

जैसे जैसे हिंसा की घटनाओं में वृद्धि होती है। वैसे–वैसे अधिकतर दम्पतियों में शांति काल की अवधि कम होती है चूँकि तब तक महिला की इच्छा शक्ति टूट चुकी होती है और पुरुष का वर्चस्व उस पर पूर्ण रूप से होता हो जाता है। ऐसी स्थिति में पुरुष के लिए यह भी आवश्यक नहीं रह जाता है कि वह स्थिति में सुधार लाने के की वायदे भी करे।

हिंसा के हानिकारक प्रभाव

हिंसा केवल महिलाओं को ही चोट नहीं पहुंचती है। यह उनके बच्चों व पुरे समाज को प्रभावित करती है।

महिलाओं में, पुरुष की हिंसा के ये परिणाम हो सकते हैंः–

प्रेरित होने की भावना तथा आत्मसम्मान में कमी।

मानसिक स्वास्थ्य समस्याएं, जैसे कि चिंता, घबराहट, अवसाद, भोजन व नींद संबंधित समस्याएं।

हिंसा का सामना करने के लिए कोई महिला अपनी सम्पूर्ण पहचान को बदलने का प्रयत्न करने लगती है। हिंसा से बचने के लिए वह अपने पहले व्यक्तित्व की छाया मात्र रह जाती है तथा अपने उपर लगाए गए झूठे आरोपों को विरोध भी नहीं करती है।

वह अपने छोटी छोटी खुशियों से भी स्वयं को वंचित रखने लगती है।

घर–परिवार वालों व मित्रों से संबंध तोड़ने लगती है तथा एकाकीपन व अपराध बोध में शरण लेने लगती हैं।

उसे नशीली दवाईयों और शराब की आदत पड़ सकती है या वह अनेक पुरुषों से यौन संबंध बना बैठती है।

वह गंभीर चोटों व दर्द, हड्डियों के टूटने जलने, शरीर पर कट, नीले दागों, सिर दर्द, पेट दर्द व मांसपेशियों में दर्द आदि से पीड़ित हो सकती है जो प्रताड़ना के बाद लंबे समय तक रह सकते हैं।

यौन स्वास्थ्य की समस्याएं गर्भावस्था के दौरान पिटाई से गर्भपात भी हो सकता है। यौन उत्पीडन के कारण वे अवांछित गर्भ, यौन संचारित रोग या एच.आई.वी./एड्स का भी शिकार हो सकती हैं। यौन उत्पीड़न के कारण प्रायः यौन संबंधों में अनिच्छा, दर्द व भय उत्पन्न हो सकता है।

मृत्यु

बच्चों में अपनी मां को हिंसा का शिकार होते हुए देखकर बच्चों में ये सब हो सकता हैः–

लड़के अपने पिता से गुस्सैल व आक्रामक व्यवहार सीखते हैं। इसका

असर ऐसे बच्चों का अन्य कमजोर बच्चों व जानवरों से हिंसा करते हुए देखा जा सकता है।

लड़कियां नकारात्मक व्यवहार सीखती हैं और वे अकसर ही दब्बू, चुप–चुप रहने वाली या परिस्थितियों से दूर भागने वाली बन जाती है।

भयंकर सपने व अन्य भय उत्पन्न हो जाते हैं। जिन परिवारों में नारी–उत्पीडन व हिंसा होती है, वहां बच्चे प्रायः ठीक से भोजन नहीं खाते हैं, उनकी वृद्धि व विकास में शिथिलता आ सकती है तथा उनकी सीखने–समझने की शक्ति भी धीमी हो जाती है। ऐसे बच्चों में पेट दर्द, सिर दर्द, दमा जैसी बिमारियां तथा सोते समय बिस्तर में पेशाब करने जैसी समस्याएं हो जाती है।

अगर उनके साथ हिंसा होती है तो वे चोटग्रस्त हो सकते हैं और मौत भी हो सकती है।

प्रायः ही पुरुष अपनी पत्नी को परोक्ष रूप से त्रास पहुंचाने के लिए बच्चों को मारता–पीटता है ताकि वह और भी असहाय महसूस कर सके।

हिंसा के कारण समाज पर प्रभावः–

- अगली पीढ़ी में हिंसा चक्र की निरंतरता बनी रहती है।
- यह धारणा बनी रहती है की पुरुष महिलाओं से बेहतर होते हैं।
- प्रत्येक व्यक्ति की जीवन गुणवत्ता पर प्रतिकूल प्रभाव पड़ता है क्योंकि हिंसा का शिकार हुई महिलाएं समाज की जीवन की विभिन्न गतिविधियों में कम भाग लेती है।

क्यों रहती हैं महिलाएं उन पुरुषों के साथ जो उन्हें चोट पहुंचाते हैं ?

जब लोग किसी पुरुष के हाथों एक महिला के उत्पीडन व हिंसा के बारे में सुनता हैं तो उनका पहला प्रश्न अक्सर यह होता है, वह उसे छोड़ क्यों नहीं देती ? अनेक ऐसे क़ारण हो सकते हैं जो महिला को इस प्रकार के

घुटनकारी व उत्पीडन युक्त जीवन संबंधों को जारी रखने के लिए मजबूर कर देते हैं। इनमें ये सब सम्मिलित हैं:–

भय व धमकियां :– पुरुष उसे यह धमकी दे सकता हैं, "अगर तुम यहां से गई तो में तुम्हें, बच्चों और तुम्हारी मां को जान से खत्म कर दूंगा–"। महिला के ऐसा लग सकता है कि वह वहां रह कर वह सब कर रही है जिससे उसकी व अन्य लोगों की जान की रक्षा हो सके।

पैसे व स्थान का अभाव :– महिला के पास न तो पैसा ही हो और न ही कहीं जाने का ठिकाना। यह विशेषतः उन स्थितियों में और भी सत्य होता हैं जहां पैसे पर पुरुष का सम्पूर्ण नियंत्रण हो और उसने उसके रिश्तेदारों, मित्रों आदि से मिलने पर रोक लगा राखी हो।

शिक्षा व दक्षता की कमी :– इन की कमी के करण वह कोई रोजगार पाने में असमर्थ हो सकती है जिससे वह अपना व बच्चों को पाल पोस सके।

सुरक्षा का अभाव :– महिला के पास पुरुष की हिंसा और चोटों व मौत से बचने की कोई सुरक्षा न हो।

शर्म हो सकता है कि उसे यह लगे कि हिंसा उसकी स्वयं की वजह से हो रही है और वह इसी लायक है।

धार्मिक व सांस्कृतिक प्रभाव :– अनेक महिलाओं का ऐसा विश्वास होता है कि चाहे कुछ भी हो, शादी को बचाना उसका कर्त्तव्य है।

व्यवहार परिवर्तन की आशा :– महिला को ऐसा लग सकता है कि वह उस पुरुष से प्यार करती है और उस रिश्ते को जारी रखना चाहती है। उसे आशा रहती है की किसी न किसी तरह से हिंसा रुक जाएगी। बच्चों को बिना बाप के कर देने का अपराधबोध।

लेकिन शायद एक बेहतर प्रश्न हो सकता है यह पूछना कि "वह क्यों नहीं घर छोडकर जाता"? जब हम यह पूछते हैं कि "वह उसे छोड़ कर क्यों नहीं जाती" तो इसका तात्पर्य यह हो सकता है कि हमारे विचार में यह उसकी व्यक्तिगत समस्या है। लेकिन ऐसा सोचना सरासर गलत है कि हिंसा

केवल उसकी समस्या है।

यह पुरे समाज का यह उतरदायित्व है की समाज का हर व्यक्ति स्वस्थ व कुशलतापूर्वक रहे।

अगर पुरुष या परिवार का कोई अन्य सदस्य महिला के स्वतंत्र रूप से रहने के अधिकार का हनन करके या उसे चोट पहुंचा अथवा मारकर कोई अपराध कर रहा है तो इसके इन कुकर्मों को चुनौती देना व रोकना आवश्यक है।

इस स्थिति में क्या करना चाहिए

एक सुरक्षा योजना बनाइयें

एक महिला का अपने जीवन साथी की हिंसा के उपर नियंत्रण नहीं होता है परंतु यह तो उसके हाथ में हैं कि वह इस हिंसा का किस प्रकार उत्तर देती है और उससे निपटती हैं ।वह पहले से ही कोई ऐसी योजना बना सकती हैं ताकि पुरुष के हिंसा समाप्त करने के पल तक स्वयं को और अपने बच्चों को सुरक्षित रख सके।

अगली बार हिंसा शुरू होने से पहले की सुरक्षा

अपने आस पड़ोस में किसी को हिंसा के बारे में बतायें। उसे कहें कि आगे फिर आप मुसीबत में हों तो वह स्वयं आये या आपके लिए कोई सहायता पहुंचाये। संभवतः कोई पड़ोसी, पुरुष रिश्तेदार या पुरूषों अथवा महिलाओं का कोई समूह आपकी सहायता के लिए आ सकता है।

कोई ऐसा विशेष शब्द या संकेत निर्धारित करें जिसे सुनकर आपके बच्चे या घर का कोई अन्य स्वस्थ्य आपके लिए सहायता प्राप्त कर सके।

आपने बच्चे को सुरक्षित स्थान तक पहुंचना सिखाईए।

हिंसा के दौरान सुरक्षा

अगर आपको लग रहा है कि वह (पुरुष) हिंसक होने ही वाला है तो यह सुनिश्चित करें कि हिंसात्मक कार्यवाई ऐसे स्थान पर हो जहां कोई

हथियार अथवा वस्तु न हो जिनसे वह आपको नुक्सान पहुंचा सके या जहां से आप जल्दी से भाग सकें।

अपनी निर्णय लेने की योग्यता का सर्वोतम प्रोयग करें। जो आवश्यक हो वह करें जिससे आप उसे शांत कर सकें तथा आप व आपके बच्चे सुरक्षित रहें।

यदि आपको उस स्थान से दूर भागने की आवश्यकता हो तो इसके बारे में सोचिए। सोचिए कि आपके लिए सबसे सुरक्षित जगह कौन से होगी।

महिला के घर छोड़कर जाने की स्थिति में सुरक्षा

पैसा तो हर स्थिति में बचाईए ।इस पैसे को घर से दूर किसी सुरक्षित स्थान पर या बैंक में अपने नाम के खाते में रखें ताकि आप अधिक रूप से आत्मनिर्भर बन सकें।

अगर आप ऐसा सुरक्षित रूप से कर सकती हैं तो पुरुष पर निर्भरता कम करने के अन्य तरीकों के बारे में सोचिए। उदाहरण के लिए मित्र बनाईए, किसी संगठन या समूह के सदस्य बनिए या अपने पिरवार के साथ अधिक समय बताईए।

ऐसे "आश्रम घरों" या सेवाओं के बारे में जानकारी एकत्रित करके रखें जो उत्पीडित महिलाओं और उसके बच्चों के लिए उपलब्ध है। घर छोड़ने से पहले नजदीक के किसी गृह के बारे में जानकारी अवश्य ले लीजिए।

किसी विश्वसनीय मित्र या संबंधी से पूछिए कि क्या वे आपके अपने पास रहने देंगे या आपको पैसा उधार दे सकेंगे ? ये लोग ऐसे होने चाहिए जो आपके जीवन साथी को इस बारे में न बतायें।

महत्वपूर्ण दस्तावेजों तथा प्रमाणपत्रों की कापियां अपने लिए एकत्रित करें। जैसे कि– आपका पहचान पत्र, बच्चों के जन्म प्रमाणपत्र (जिसमें पिता का नाम हो), टीकाकरण कार्ड, आपकी शादी का प्रमाणपत्र या कार्ड (जिसके आपके पति के पहचान निर्धारित की जा सके)। अगर आपको रख–रखाव भत्ते का दावा करना पड़ा तो इन सब की आवश्यकता होगी। इन सब की

एक कॉपी घर पर रखें तथा दूसरी कॉपी किसी विश्वसनीय व्यक्ति के पास घर से दूर रखें।

पैसा, दस्तावेजों की कॉपीयां तथा अतिरिक्त कपड़े किसी विश्वसनीय व्यक्ति के पास रखें ताकि आप जल्दी से जा सकें।

अगर आप ऐसा बिना किसी झंझट के कर सकें तो अपने बच्चों के साथ आपनी भागने की योजना का एक बार पूर्वाभ्यास (रिहर्सल) करके यह देखें कि क्या यह कार्य करती है अथवा नहीं। ध्यान रखें कि किसी बच्चे को इस बारे में नहीं बताएं।

अगर आपको घर छोडकर जाना पड़े

अगर आपने घर छोडकर जाना निश्चित कर लिया है तो कुछ नई समस्याओं का सामना करने के लिए अपने आपको तैयार करिए।

सुरक्षा

किसी महिला के लिए घर छोड़कर जाने के तुरंत पश्चात का समय सबसे अधिक खतरनाक होता है। चूँकि पुरुष महिला पर नियंत्रण समाप्त खो चूका होता है। इसलिए वह इस नियंत्रण को पुनः हासिल करने के लिए कुछ भी कर सकता है। वह महिला को जान से मार डालने की अपनी धमकी पर भी आचरण कर सकता है। महिला को यह सुनिश्चित करना चाहिए कि वह किसी सुरक्षित स्थान पर रह रही हैं और इस बारे में महिला को किसी को भी नहीं बताना चाहिए। पति उन लोगों को आपके निवास स्थल के बारे में बताने के लिए विवश कर सकता है।

अपने बलबूते पर जीना

आपना व अपने बच्चों का गुजर बसर करने का कोई तरीका ढूंढिए। अगर आप अपने मित्रों या परिवारजनों के पास रह सकती हैं तो इस समय का और शिक्षा या रोजगार दक्षता हासिल करने के लिए सदुपयोग करें। आप किसी अन्य उत्पीड़ित महिला के साथ भी रह सकतीं है। इससे पैसे की बचत होगी।

भावनाएं

आपको ऐसा महसूस हो सकता है कि नई जिन्दगी की शुरुआत करने के लिए आवश्यक साधन जुटाना एक अत्यंत कठिन कार्य है। नई जगह में आपको भय व एकाकीपन लग सकता है क्योंकि आप अनजान जगह पर रहने की आदि नहीं हैं। चाहे आपका पति ने आपके साथ कितना भी दुर्व्यवहार क्यों न किया हो– आप फिर भी उससे बिछुड़कर दुखी महसूस कर सकती हैं। जब वर्त्तमान स्थिति में आप कठिनाईयों का सामना कर रही हैं तो आप शायद घर छोड़ने से पहले की कठिन परिस्थितियों को भूलने लगें। थोडा धीरज रखें। कुछ समय गुजरने दें ताकि आप अपनी गुजारी ही जिन्दगी तथा अपने जीवन साथी से बिछुड़ने के गम पर काबू पा सकें। मजबूत बने रहने का प्रयत्न करें। आपकी जैसी स्थिति से गुजरती हुई महिलाओं से मिलिए। साथ रहकर, एक दुसरे को सहारा दीजिए।

अगर सुखद परिस्थितियों में परिवर्तन लाना है तो लोगों को महिलाओं के विरुद्ध होने वाली हिंसा के प्रति अपने दृष्टिकोण में परिवर्तन लाना होगा।"ऐसा ही होता है " या "यह तो महिला का दोष है" जैसे विचारों से मुक्ति पानी होगी। यहां पर हम आपके समुदाय में हिंसा की समाप्ति के बारे में कुछ विचार प्रकट कर रहें हैं:–

इस विषय में चर्चा करें

हिंसा व उत्पीडन के विषय में चर्चा करना इसको रोकने की दिशा में पहला कदम है। ऐसी महिलाओं को खोजने का प्रयत्न करें जिन्होंने हिंसक व उत्पीड़क पुरुषों का व्यवहार भुगता है। उनसे विचारों का आदान–प्रदान करें। ऐसे पुरुषों को खोजिए जो महिलाओं के विरुद्ध हिंसा को गलत मानते हैं। हिंसा को बातचीत का एक सामान्य मुद्दा बनाईए। इसको ऐसा विषय बनाईए जिसके बारे में लोग कहें की यह गलत है।

घर छोड़ने वाली महिलाओं के लिए सेवाएं स्थापित करें

महिलाओं के लिए ऐसी परामर्श (काउंसलिंग) सेवाएं व आश्रय गृह स्थापित करें जिन्हें वे आवश्यकता पड़ने पर शीघ्रातिशीघ्र प्रयोग कर सकें।

अन्य लोगों–विशेषकर बड़े व अधिक शक्तिशाली संगठनों से समर्थन प्राप्त करें। उदहारण के लिए यह देखें कि क्या आपके देश में स्वस्थ्य संस्थाओं का एक ऐसा नेटवर्क है जो सहायता कर सके ।आप समुदाय के ऐसे माननीय सदस्यों से भी इस विषय पर चर्चा कर सकती है जिन पर आप विश्वास करती हैं। आपने साथ, जितने लोग हो सके, इस कार्य में लगाएं।

महिलाओं को कानून में दिए गए उनके अधिकारों के बारे में जानकारी दें। परिवारों व हिंसा से संबंधित ऐसे कानून हो सकते हैं जिन्हें महिलाएं प्रयोग कर सकती है। भारत में ऐसी महिलाओं के लिए निःशुल्क कानूनी सहायता उपलब्ध कराने का भी प्रावधान है जो पैसा नहीं दे सकती है। महिलाओं को नई दक्षताओं में प्रसिक्षण देने के साधन खोजिए ताकि उत्पीड़ित महिलायें, आवश्यकता पड़ने पर, अपनी गुजर बसर कर सकें।

सामाजिक दबाव का प्रयोग करें

ऐसे कौन से दबाव हैं जो आपके क्षेत्र में लोगों को गलत समझे जाने वाले कार्यों को करने से रोकते हैं ? कहीं पर पुलिस का डर होता है तो कहीं पर सेना, समझ के बुजुर्ग, परिवार या धर्म। अधिकतर स्थानों पर ये संयुक्त रूप से कार्य करते हैं।

सामुदायिक नेताओं तथा नया पुरुषों को महिलाओं पर होने वाले अत्याचारों तथा हिंसा के विरोध में बोलने तथा महिलाओं को पीटने वाले लोगों की निंदा करने के लिए प्रोत्साहित करें। महिलाओं का उत्पीड़न रोकने के लिए उस जगह पर काम करने वाले दवाबों का प्रयोग करें।

कुछ देशों में महिलाओं ने संगठित होकर ऐसे कानून लागु करवा दिए हैं जिनके द्वारा महिलाओं को उत्पीड़ित करने वाले पुरुषों को दंडित किया जा सकता है। फिर भी, कानून हमेशा ही उत्पीडित महिलाओं की सहायता नहीं करता है। कहीं–कहीं कानूनों को इमानदारी से लागू करने वालों पर पूर्णतया विश्वास नहीं किया जा सकता है। किंतु अगर आपके क्षेत्र में कानून तंत्र और पुलिस दोनों ही महिलाओं की सुरक्षा करने का लिए तत्पर हैं तो संबंधित कानूनों और महिलाओं के अधिकारों के बारे में अधिक से अधिक

जानकारी प्राप्त करने का प्रयास करें। अपने बच्चों को हिंसा मुक्त जीवन गुजरने के लिए तैयार करने वाले तरीकों से पालें–पोसें। उन्हें अहिंसक तरीकों से समस्याओं का समाधान करना सिखाईए। उन्हें स्वयं का एक दूसरे का तथा अपन बड़ों का सम्मान करना सिखाईए।

महिलाओं के विरुद्ध हिंसा रोकने के लिए स्वास्थ्य कर्मचारी एक अधिक सक्रिय भूमिका निभा सकते हैं। केवल महिला के जख्मों की मरहम पिट्टी करना ही काफी नहीं है।

जब आप किसी महिला का परीक्षण करें तो उत्पीड़न के लक्षणों को भी देखें।

पुरुष अकसर ही अपनी पत्नियों के साथ मार पीट करते हैं। हो सकता है कि इनके कोई लक्षण आपके बाहर से नजर न आयें। मार–पीट की शिकार महिला अपने कपड़ों से इन लक्षणों को छिपाने की कोशिश करती हैं। स्वास्थ्य कर्मचारी होने के नाते आप ऐसे कुछ गिने–चुने लोगों में से हैं जो महिला के गुप्त अंगों देख पातें हैं।

अगर आपको कोई असामान्य निशान, धब्बे या जख्म नजर आये तो महिला से उनके होने का कारण पूछिए। अगर कोई महिला आपके पास दर्द, खून स्त्राव, टूटी हड्डियाँ या अन्य कोई चोट के साथ आये तो उससे पूछिए की क्या उसे पीटा गया है ? याद रखिए कि मार पीट की शिकार अनके महिलाएं इस प्रकार की चोट व लक्षणों को "दुर्घटना" के कारण होना बताती है। उसे आश्वासन दीजिए कि आप कोई ऐसा कार्य नहीं करेंगे जिसे वह नहीं चाहती हो।

हर चीज को लिख लें। जब आप हिंसा का शिकार हुई किसी महिला का परीक्षण करें तो मानव शरीर की एक आकृति कागज पर बनाएं तथा उस महिला के शरीर के अगले व पिछले भागों पर पाई गई चोटों को अकिंत करें। उस व्यक्ति का भी नाम लिखें जिसने उसे ये चोट पहुंचाई हैं। यह भी पता करने का प्रत्यन्न करें कि क्या परिवार के किसी अन्य सदस्य, जैसे कि उसकी बहन या बच्चों, के साथ भी ऐसा हुआ है ? अगर उसको खतरा है तो उससे

पूछें कि वह क्या करना चाहती है। चाहे वह घर छोड़ना चाहे अथवा नहीं, एक सुरक्षा योजना बनवाने में उसकी सहायता करें। अगर वह पुलिस सहायता प्राप्त करना चाहती हैं तो उसमें भी उसकी सहायता करें। आप यह सुनिश्चित करें कि पुलिस उसकी शिकायत को गंभीरता से ले। आप उस उत्पीड़ित महिलाओं, सामाजिक संस्थाओं तथा गैर–सरकारी संस्थाओं से संपर्क बनाने में भी सहायता कर सकते हैं। एक साथ मिलकर, वे शायद उसकी समस्या का समाधान ढूंढने में सहायता कर सकें।

आपके समुदाय या आस पड़ोस में उत्पीड़ित महिलाओं की सहायता के लिए क्या संभावना उपलब्ध हैं ? खोजिएः–

- कानूनी सहायता
- मानसिक स्वास्थ्य सेवाएं
- आश्रय गृह
- महिलाओं के लिए पैसा अर्जित करने की परियोजनाएं
- परामर्श सेवाएं
- वयस्कों को पढ़ाना–लिखना सिखाने वाली आया अन्य शिक्षण सेवाएं

पुरुष की सहायता करें। इसके अतिरिक्त परिवार के अन्य हिंसक सदस्य की भी सहायता करें। उन्हें भी सहायता की आवश्यकता है। सामुदायिक अथवा धार्मिक नेताओं में ऐसे लोगों की सहायता करने तथा समुदाय में महिलाओं के विरुद्ध हिंसा समाप्त करने के बारे में बात–चीत करें।

दहेज प्रथा और अधिनियम

दहेज प्रथा

दहेज का अर्थ है जो सम्पत्ति, विवाह के समय वधू के परिवार की तरफ से वर को दी जाती है। दहेज को उर्दू में जहेज कहते हैं। यूरोप, भारत, अफ्रीका और दुनिया के अन्य भागों में दहेज प्रथा का लंबा इतिहास है। भारत

में इसे दहेज, हुँडा या वर–दक्षिणा के नाम से भी जाना जाता है तथा वधू के परिवार द्वारा नकद या वस्तुओं के रूप में यह वर के परिवार को वधू के साथ दिया जाता है। आज के आधुनिक समय में भी दहेज प्रथा नाम की बुराई हर जगह फैली हुई हँ। पिछड़े भारतीय समाज में दहेज प्रथा अभी भी विकराल रूप में है।

हत्याएँ

देश में औसतन हर एक घंटे में एक महिला दहेज संबंधी कारणों से मौत का शिकार होती है और वर्ष 2007 से 2011 के बीच इस प्रकार के मामलों में काफी वृद्धि देखी गई है। राष्ट्रीय अपराध रिकॉर्ड ब्यूरो के आंकड़े बताते हैं कि विभिन्न राज्यों से वर्ष 2017 में दहेज हत्या के 9,225 मामले सामने आए। आंकड़ों का औसत बताता है कि प्रत्येक घंटे में एक महिला दहेज की बलि चढ़ रही है।

कानून

दहेज निषेध अधिनियम, 1961 के अनुसार दहेज लेने, देने या इसके लेन–देन में सहयोग करने पर 5 वर्ष की कैद और 15,000 रुपए के जुर्माने का प्रावधान है।

दहेज के लिए उत्पीड़न करने पर भारतीय दंड संहिता की धारा 498–ए जो कि पति और उसके रिश्तेदारों द्वारा सम्पत्ति अथवा कीमती वस्तुओं के लिए अवैधानिक मांग के मामले से संबंधित है, के अन्तर्गत 3 साल की कैद और जुर्माना हो सकता है।

धारा 406 के अन्तर्गत लड़की के पति और ससुराल वालों के लिए 3 साल की कैद अथवा जुर्माना या दोनों, यदि वे लड़की के स्त्रीधन को उसे सौंपने से मना करते हैं।

यदि किसी लड़की की विवाह के सात साल के भीतर असामान्य परिस्थितियों में मौत होती है और यह साबित कर दिया जाता है कि मौत से पहले उसे दहेज के लिए प्रताड़ित किया जाता था। तो भारतीय दंड संहिता

की धारा 304–बी के अन्तर्गत लड़की के पति और रिश्तेदारों को कम से कम सात वर्ष से लेकर आजीवन कारावास की सजा हो सकती है।

दहेज प्रतिबंध अधिनियम

यह कानून किस बारे में है?

यह अधिनियम विवाह के समय, दोनों पक्षों पर, दहेज देने या लेने की प्रथा पर रोक लगाता है। यह कानून दहेज की माँग करने और विज्ञापन देने पर भी दण्डित करता है।

दहेज से जुड़े गंभीर अपराध जैसे दहेज मृत्यु और दहेज से जुड़ी क्रूरता भारतीय दंड संहिता के तहत दंडनीय हैं।

यह कानून विवाह पक्षों को उपहारों की एक सूची बनाने के लिए कर्तव्यबद्ध करता है।

इसके बावजूद भी यदि किसी शादी में दहेज का आदान प्रदान हुआ है तो यह कानून आदेश देता है कि जिस व्यक्ति को दहेज मिला है उसे वह वधू को देना होगा।

दहेज प्रथा निषेध अधिनियम–यह कानून दहेज लेने और दहेज देने दोनों ही चिजों को रोकने के लिए बनाया गया है। और साथ ही साथ दहेज लेना और दहेज देना ये दोनों ही इस कानून के तहत अपराध है। यदि कोई व्यक्ति जो दहेज देता है या फिर दहेज की मांग करता है या दहेज लेता है वो इस कानून के तहत अपराध करता है।

दहेज, शादी के संबंध में किसी भी समय दिया जा सकता है।

मुसलमानों के निर्जी कानूनों के अनुसार, निकाह के दौरान, वधू को वर पक्ष की ओर से धन या संपत्ति दी जाती है। जिसकी वह हकदार है। इसे मेहर कहते हैं और इसे दहेज की परिभाषा में शामिल नहीं किया गया है।

दहेज के लिए एक समझौता दंडनीय है। भले ही असली दहेज का भुगतान न हो।

क्या शादी के समय उपहार देना भी जुर्म है?

शादी में वरध्वधू पक्ष द्वारा तोहफे या उपहार देना दंडनीय नहीं है, यदि यह स्वेच्छा से किया गया हो।

नियमों के अनुसार उपहारों को एक सूची में दर्ज किया जाना चाहिए (दहेज निषेध नियमावली के नियम २ के अनुसार)।

वधू पक्ष की ओर से उपहार, रिवाज और व्यक्ति की वित्तीय क्षमता को ध्यान में रख कर दिया जाना चाहिए ।

दहेज के मामलों पर किन अदालतों में सुनवाई हो सकती है?

इस कानून के तहत दहेज के अपराध के मामलों का विचारण निम्नलिखित न्यायालयों में हो सकता है:–

– महानगर मजिस्ट्रेट (अधिक जनसँख्या वाले शहरी क्षेत्र)

– प्रथम वर्ग न्यायिक मजिस्ट्रेट

– कोई उच्च न्यायालय (जैसे कि सेशन न्यायालय)

इस कानून के तहत केस अदालत तक कैसे आता है?

अदालत में न्यायिक प्रक्रिया तब शुरू होती है। जब उसे इस कानून के तहत अपराध घटित होने की सूचना प्राप्त होती है:–

– जज की जानकारी से

– पुलिस के चालान पेश करने पर

– पीड़ित या उसके रिश्तेदार द्वारा की गई निजी शिकायत

– सरकार द्वारा चिन्हित सामाजिक संस्था द्वारा की गयी शिकायत।

बाल विवाह और अधिनियम

बाल विवाह का सम्बन्ध आमतौर पर भारत के कुछ समाजों में प्रचलित

सामाजिक प्रक्रियाओं से जोड़ा जाता है। जिसमें एक युवा लड़की (आमतौर पर 15 वर्ष से कम आयु की लड़की) का विवाह एक वयस्क पुरुष से किया जाता है। बाल विवाह की दूसरे प्रकार की प्रथा में दो बच्चों (लड़का एवं लड़की) के माता–पिता भविष्य में होने वाला विवाह तय करते हैं। इस प्रथा में दोनों व्यक्ति (लड़का एवं लड़की) उनकी विवाह योग्य आयु होने तक नहीं मिलते, जबकि उनका विवाह सम्पन्न कराया जाता है। कानून के अनुसार, विवाह योग्य आयु पुरुषों के लिए 21 वर्ष एवं महिलाओं के लिए 18 वर्ष है।

यदि किसी का कोई भी साथी इससे कम आयु में विवाह करता है, तो वह विवाह को अमान्य/निरस्त घोषित करवा सकता/सकती है।

बाल विवाहः तथ्य व आँकड़े

विभिन्न राज्यों में अठारह वर्ष से कम आयु में विवाहित हो रही लड़कियों का प्रतिशत खतरनाक है–

- मध्य प्रदेश – 73 प्रतिशत
- राजस्थान – 68 प्रतिशत
- उत्तर प्रदेश – 64 प्रतिशत
- आन्ध्र प्रदेश – 71 प्रतिशत
- बिहार – 67 प्रतिशत

यूनीसेफ की "विश्व के बच्चों की स्थिति–2009" रिपोर्ट के अनुसार 20–24 वर्ष आयु वर्ग की भारत की 47 प्रतिशत महिलाएं कानूनी रूप से मान्य आयु सीमा 18 वर्ष से कम आयु में ब्याही गईं, जिसमें 56 प्रतिशत ग्रामीण क्षेत्रों से थीं। यूनीसेफ के अनुसार ('विश्व के बच्चों की स्थिति–2009') विश्व के बाल विवाहों में से 40 प्रतिशत भारत में होते हैं।

बाल विवाह के कुप्रभाव

जो लड़कियां कम उम्र में विवाहित हो जाती हैं उन्हें अक्सर कम उम्र में सेक्स की शुरुआत एवं गर्भधारण से जुड़ी स्वास्थ्य समस्याएं होने की प्रबल

सम्भावना होती है। जिनमें एच.आई.वी एवं ऑब्स्टेट्रिक फिस्चुला शामिल हैं।

कम उम्र की लड़कियां, जिनके पास रुतबा, शक्ति एवं परिपक्वता नहीं होते, अक्सर घरेलू हिंसा, सेक्स सम्बन्धी ज़्यादतियों एवं सामाजिक बहिष्कार का शिकार होती हैं।

कम उम्र में विवाह लगभग हमेशा लड़कियों को शिक्षा या अर्थपूर्ण कार्यों से वंचित करता है जो उनकी निरंतर गरीबी का कारण बनता है।

बाल विवाह लिंगभेद, बीमारी एवं गरीबी के भंवरजाल में फंसा देता है।

जब वे शारीरिक रूप से परिपक्व न हों, उस स्थिति में कम उम्र में लड़कियों का विवाह कराने से मातृत्व सम्बन्धी एवं शिशु मृत्यु की दरें अधिकतम होती हैं।

बाल–विवाह प्रतिषेध अधिनियम, 2006

भारत में बाल विवाह

बाल विवाह पर रोक संबंधी कानून सर्वप्रथम सन् 1929 में पारित किया गया था। बाद में सन् 1949, 1978 और 2006 में इसमें संशोधन किए गए। इस समय विवाह की न्यूनतम आयु बालिकाओं के लिए 18 वर्ष और बालकों के लिए 21 वर्ष निर्धारित की गई है।

भारत में बाल विवाह चिंता का विषय है। बाल विवाह किसी बच्चे को अच्छे स्वास्थ्य, पोषण और शिक्षा के अधिकार से वंचित करता है। ऐसा माना जाता है कि कम उम्र में विवाह के कारण लड़कियों को हिंसा, दुर्व्यवहार और उत्पीड़न का अधिक सामना करना पड़ता है। कम उम्र में विवाह का लड़के और लड़कियों दोनों पर शारीरिक, बौद्धिक, मनोवैज्ञानिक और भावनात्मक प्रभाव पड़ता है, शिक्षा के अवसर कम हो जाते हैं और व्यक्तित्व का विकास सही ढंग से नही हो पाता है। हालांकि बाल विवाह से लड़के भी प्रभावित होते हैं। लेकिन यह एक ऐसा मुद्दा है जिससे लड़कियां बड़ी संख्या में प्रभावित होती हैं। 18–29 (46 प्रतिशत) आयु वर्ग में करीब आधी महिलाएं और 21–29 (27 प्रतिशत) पुरुषों में एक चौथाई से ज्यादा का विवाह कानूनी

तौर पर तय न्यूनतम् आयु तक पहुंचने से पहले ही विवाह हो जाता है। माना जाता है कि कम उम्र के विवाह के मुख्य कारणों में सांस्कृतिक चलन, सामाजिक परम्पराएं और आर्थिक दबाव गरीबी और असमानता है।

केन्द्र सरकार ने 1929 के बाल विवाह निषेध अधिनियम को निरस्त करके और उसके स्थान पर 2006 में अधिक प्रगतिशील बाल विवाह निषेध अधिनियम लाकर हाल के वर्षों में इस प्रथा को रोकने की दिशा में काम किया है। इसके अंतर्गत उन लोगों के खिलाफ कठोर उपाय किये गये हैं जो बाल विवाह की इजाजत देते हैं और उसे बढ़ावा देते हैं। इस अधिनियम के अंतर्गत 21 वर्ष से कम आयु के पुरुष और 18 वर्ष से कम आयु की महिला के विवाह को बाल–विवाह के रुप में परिभाषित किया गया है।। यह कानून नवम्बर 2007 में प्रभावी हुआ। राज्यों/संघ राज्य क्षेत्रों द्वारा प्रदान की गई सूचना के अनुसार अब तक 24 संघ राज्य क्षेत्रो/राज्यों ने नियम बनाये हैं और 20 संघ राज्य क्षेत्रों/राज्यों ने बाल–विवाह निषेध अधिकारियों की नियुक्ति की है। केन्द्र सरकार लगातार राज्य सरकारों से बाल–विवाह निषेध अधिकारियों कि नियुक्ति करने की बात कहती रहती है।

बच्चों के लिए राष्ट्रीय कार्य योजना 2005 में बाल–विवाह को समाप्त करने का लक्ष्य शामिल है। लड़कियों सहित बच्चों के संरक्षण के लिए भारत द्वारा कि गई प्रमुख पहलों में बच्चों के अधिकारों के संरक्षण के लिए 2007 में राष्ट्रीय आयोग की स्थापना करना शामिल है ताकि बच्चों के अधिकारों को सही तरीके से और उनसे जुड़े कानून और कार्यक्रम का प्रभावी तौर पर लागू किये जा सकें।

संक्षिप्त नाम, विस्तार और प्रारंभ

(1) इस अधिनियम का संक्षिप्त नाम बाल–विवाह प्रतिषेध अधिनियम, 2006 है।

(2) इसका विस्तार जम्मू–कश्मीर राज्य के सिवाय संपूर्ण भारत पर है। और यह भारत से बाहर तथा भारत सभी नागरिकों को भी लागू होता है– परंतु इस अधिनियम की कोई बात

पांडिचेरी संघ राज्यक्षेत्र के रेनोंसाओं को लागू नहीं होगी।

(3) यह उस तारीख को प्रवृत्त होगा जो केंद्रीय सरकार, राजपत्र में अधिसूचना द्वारा, नियत करे और भिन्न–भिन्न राज्यों के लिए भिन्न–भिन्न तारीखें नियत की जा सकेंगी और किसी उपबंध में इस अधिनियम के प्रारंभ के प्रति निर्देश का किसी राज्य के संबंध में यह अर्थ लगाया जाएगा कि वह उस राज्य में उस उपबंध के प्रवृत्त होने के प्रति निर्देश है।

परिभाषाएं

इस अधिनियम में, जब तक कि संदर्भ से अन्यथा अपेक्षित न हो,।

(क) 'बालक से ऐसा व्यक्ति अभिप्रेत है जिसने, यदि पुरुष है तो, इक्कीस वर्ष की आयु पूरी नहीं की है और यदि नारी है तो, अठारह वर्ष की आयु पूरी नहीं की है।

(ख) 'बाल–विवाह से ऐसा विवाह अभिप्रेत है जिसके बंधन में आने वाले दोनों पक्षकारों में से कोई बालक है।

(ग) विवाह के संबंध में 'बंधन में आने वाले पक्षकार' से पक्षकारों में से कोई भी ऐसा पक्षकार अभिप्रेत है जिसका विवाह उसके द्वारा अनुष्ठापित किया जाता है या किया जाने वाला है।

(घ) 'बाल–विवाह प्रतिषेध अधिकारी' के अन्तर्गत धारा 16 की उपधारा (1) के अधीन नियुक्त बाल–विवाह प्रतिषेध अधिकारी भी है।

(ड) 'जिला न्यायालय' से अभिप्रेत है ऐसे क्षेत्र में, जहां कुटुंब न्यायालय अधिनियम, 1984 (1984 का 66) की धारा 3 के अधीन स्थापित कुटुंब न्यायालय विद्यमान है, ऐसा कुटुंब न्यायालय और किसी ऐसे क्षेत्र में जहां कुटुंब न्यायालय नहीं है, किंतु कोई नगर सिविल न्यायालय विद्यमान है वहां वह न्यायालय और किसी अन्य क्षेत्र में, आरंभिक अधिकारिता

रखने वाला प्रधान सिविल न्यायालय और उसके अंतर्गत ऐसा कोई अन्य सिविल न्यायालय भी है जिसे राज्य सरकार, राजपत्र में अधिसूचना द्वारा, ऐसे न्यायालय के रूप में विनिर्दिष्ट करे जिसे ऐसे में अधिनियम के अधीन कार्रवाई की जाती हैं।

(च) 'अवयस्क' से ऐसा व्यक्ति अभिप्रेत है जिसके बारे में वयस्कता अधिनियम, 1875 (1875 का 9) के उपबंधों के अधीन यह माना जाता है कि उसने, वयस्कता प्राप्त नहीं की है।

बाल–विवाहों का, बंधन में आने वाले पक्षकार के, जो बालक है। विकल्प पर शून्यकरणीय होना।

(1) प्रत्येक बाल–विवाह जो चाहे इस अधिनियम के प्रारंभ के पूर्व या पश्चात् अनुष्ठापित किया गया हो, विवाह बंधन में आने वाले ऐसे पक्षकार के, जो विवाह के समय बालक था। विकल्प पर शून्यकरणीय होगा – परंतु किसी बाल–विवाह को अकृतता की डिक्री द्वारा बातिल करने के लिए, विवाह बंधन में आने वाले ऐसे पक्षकार द्वारा ही, जो विवाह के समय बालक था, जिला न्यायालय में अर्जी फाइल की जा सकेगी।

(2) यदि अर्जी फाइल किए जाने के समय, अर्जीदार अवयस्क है तो अर्जी उसके सरंक्षक या वाद–मित्र के साथ–साथ बाल–विवाह प्रतिषेध अधिकारी की मार्फत की जा सकेगी।

(3) इस धारा के अधीन अर्जी किसी भी समय किंतु अर्जी फाइल करने करने से पूर्व फाइल की जा सकेगी।

(4) इस धारा के अधीन अकृतता की डिक्री प्रदान करते समय जिला न्यायालय, विवाह के दोनों पक्षकारों और उनके माता–पिता या उनके संरक्षकों को यह निदेश देते हुए आदेश करेगा कि वे, यथास्थिति, दूसरे पक्षकार, उसके माता–पिता या संरक्षक को विवाह के अवसर पर उसको दूसरे पक्षकार

से प्राप्त धन, मूल्यवान वस्तुएं, आभूषण और अन्य उपहार या ऐसी मूल्यवान वस्तुओं, आभूषणों, अन्य उपहारों के मूल्य के बराबर रकम और धन लौटा दे – परंतु इस धारा के अधीन कोई आदेश तब तक पारित नहीं किया जाएगा जब तक कि संबद्ध पक्षकारों को जिला न्यायालय के समक्ष उपस्थित होने और यह कारण दर्शित करने के लिए कि ऐसा आदेश क्यों नहीं पारित किया जाए, सूचनाएं न दे दी गई हों।

बाल–विवाह के बंधन में आने वाली महिला पक्षकार के भरण–पोषण और निवास के लिए उपबंध।

(1) धारा 3 के अधीन डिक्री प्रदान करते समय, जिला न्यायालय बाल–विवाह के बंधन में आने वाले पुरुष पक्षकार को और यदि ऐसे विवाह के बंधन में आने वाला पुरुष पक्षकार अवयस्क है, तो उसके माता–पिता या सरंक्षक को, विवाह के बंधन में आने वाली महिला पक्षकार को, उसके पुनर्विवाह तक, भरण–पोषण का संदाय करने के लिए निदेश देते हुए अंतरिम या अंतिम आदेश भी कर सकेगा।

(2) संदेय भरण–पोषण की मात्रा का अवधारण जिला न्यायालय द्वारा, बालक की आवश्यकताओं, अपने विवाह के दौरान ऐसे बालक द्वारा भोगी गई जीवन शैली और संदाय करने वाले पक्षकार की आय के साधनों को ध्यान में रखते हुए किया जाएगा।

(3) भरण–पोषण की रकम का मासिक या एकमुश्त राशि के रूप में संदाय करने का निर्देश दिया जा सकेगा।

(4) यदि धारा 3 के अधीन अर्जी देने वाला पक्षकार विवाह के बंधन में आने वाली महिला पक्षकार है तो जिला न्यायालय उसके पुनर्विवाह तक उसके निवास के लिए उपयुक्त आदेश भी कर सकेगा।

बाल–विवाह से जन्मे बालकों का भरण–पोषण और अभिरक्षा

(1) जहां बाल–विवाह से जन्मे बालक हैं, वहां जिला न्यायालय ऐसे बालकों की अभिरक्षा के लिए समुचित आदेश करेगा।

(2) इस धारा के अधीन किसी बालक की अभिरक्षा के लिए कोई आदेश करते समय, बालक के कल्याण और सर्वोत्तम हितों पर जिला न्यायालय द्वारा, सर्वोपरि ध्यान दिया जाएगा।

(3) बालक की अभिरक्षा के लिए किसी आदेश में, दूसरे पक्षकार की, ऐसे बालक तक ऐसी रीति से, जो बालक के हितों को सर्वोत्तम रूप से पूरा करती हो, पहुंच के लिए समुचित निदेश, और ऐसे अन्य आदेश, जो जिला न्यायालय बालक के हित में उचित समझे, सम्मिलित हो सकेंगे।

(4) जिला न्यायालय विवाह के किसी पक्षकार या उनके माता–पिता या संरक्षक द्वारा बालक के भरण–पोषण का उपबंध करने के लिए समुचित आदेश भी कर सकेगा।

बाल–विवाहों से जन्में बालकों की धर्मजता

इस बात के होते हुए भी कि बाल–विवाह धारा 3 के अधीन अकृतता की डिक्री द्वारा बातिल कर दिया गया है, डिक्री किए जाने के पूर्व ऐसे विवाह से जन्मा या गर्भाहित प्रत्येक बालक, चाहे वह इस अधिनियम के प्रारंभ के पूर्व या पश्चात् पैदा हुआ हो, सभी प्रयोजनों के लिए धर्मज बालक समझा जाएगा।

जिला न्यायालय की धारा 4 और धारा 5 के अधीन जारी किए गए आदेशों को उपांतरित करने की शक्ति जिला न्यायालय को धारा 4 या ध ारा 5 के अधीन और यदि परिस्थितियों में कोई परिवर्तन है जो अर्जी के लंबित रहने के दौरान किसी भी समय और अर्जी के अंतिम निपटारे के पश्चात् भी किसी आदेश में जोड़ने, उसे उपांतरित या प्रतिसंहृत करने की शक्ति होगी।

वह न्यायालय जिसमें अर्जी दी जानी चाहिए

धारा 3, धारा 4 और धारा 5 के अधीन अनुतोष प्रदान करने के प्रयोजन के लिए अधिकारिता रखने वाले जिला न्यायालय में उस स्थान के ऊपर जहां प्रतिवादी या बालक निवास करता है या जहां विवाह अनुष्ठापित किया गया था या जहां पक्षकारों ने अंतिम रूप से एक साथ निवास किया था या जहां अर्जीदार अर्जी पेश करने की तारीख को निवास कर रहा हैं। अधिकारिता रखने वाला जिला न्यायालय सम्मिलित होगा।

बाल–विवाह करने वाले पुरुष वयस्क के लिए दंड

जो कोई, अठारह वर्ष से अधिक आयु का पुरुष वयस्क होते हुए, बाल–विवाह करेगा, वह, कठोर कारावास से, जिसकी अवधि दो वर्ष तक की हो सकेगी, या जुर्माने से, जो एक लाख रुपए तक का हो सकेगा, अथवा दोनों से, दंडनीय होगा।

बाल–विवाह का अनुष्ठान करने के लिए दंड

जो कोई किसी बाल–विवाह को संपन्न करेगा, संचालित करेगा, या निदिष्ट करेगा, या दुष्प्रेरित करेगा, वह जब तक यह साबित न कर दे कि उसके पास यह विश्वास करने का कारण था कि वह विवाह बाल–विवाह नहीं था, कठोर कारावास से, जिसकी अवधि दो वर्ष तक की हो सकेगी, दंडनीय होगा और जुर्माने से भी, जो एक लाख रुपए तक का हो सकेगा, दंडनीय होगा।

बाल–विवाह के अनुष्ठान का संवर्धन करने या उसे अनुज्ञात करने के लिए दंड

(1) जहां कोई बालक बाल–विवाह करेगा, वहां ऐसा कोई व्यक्ति जिसके भारसाधन में चाहे माता–पिता अथवा संरक्षक या किसी अन्य व्यक्ति के रूप में अथवा अन्य किसी विधिपूर्ण या विधिविरुद्ध हैसियत में, बालक है, जिसके अंतर्गत किसी संगठन या व्यक्ति निकाय का सदस्य भी है, जो विवाह का संवर्धन करने के लिए कोई कार्य करता है या उसका अनुष्ठापित किया

जाना अनुज्ञात करता है या उसका अनुष्ठान किए जाने से निवारण करने में उपेक्षापूर्वक असफल रहता है, जिसमें बाल–विवाह में उपस्थित होना या भाग लेना सम्मिलित है, कठोर कारावास से, जिसकी अवधि दो वर्ष तक की हो सकेगी, दंडनीय होगा और जुर्माने से भी, जो एक लाख रुपए तक का हो सकेगा, दंडनीय होगा परंतु कोई स्त्री कारावास से दंडनीय नहीं होगी।

(2) इस धारा के प्रयोजनों के लिए, जब तक कि इसके प्रतिकूल साबित नहीं हो जाता है यह उपधारणा की जाएगी कि जहां अवयस्क बालक ने विवाह किया है वहां ऐसे अवयस्क बालक का भारसाधन रखने वाला व्यक्ति विवाह अनुष्ठापित किए जाने से निवारित करने में उपेक्षापूर्वक असफल रहा है।

कतिपय परिस्थितियों में किसी अवयस्क बालक के विवाह का शून्य होना।

जहां कोई बालक, जो अवयस्क है, विवाह के प्रयोजन के लिए,–

(क) विधिपूर्ण संरक्षक की देखरेख से बाहर लाया जाता है या आने के लिए फुसलाया जाता है।

(ख) किसी स्थान से जाने के लिए बलपूर्वक बाध्य किया जाता है या किन्हीं प्रवंचनापूर्ण साधनों से उत्प्रेरित किया जाता है।

(ग) विक्रय किया जाता है, और किसी रूप में उसका विवाह कराया जाता है या यदि अवयस्क विवाहित है और उसके पश्चात् उस अवयस्क का विक्रय किया जाता है या दुव्यापार किया जाता है या अनैतिक प्रयोजनों के लिए उसका उपयोग किया जाता है।

वहां ऐसा विवाह अकृत और शून्य होगा।

बाल–विवाहों को प्रतिषिद्ध करने वाला व्यादेश जारी करने की न्यायालय की शक्ति

1) इस अधिनियम में किसी प्रतिकूल बात के होते हुए भी, यदि प्रथम वर्ग न्यायिक मजिस्ट्रेट या महानगर मजिस्ट्रेट का बाल–विवाह प्रतिषेध अधिकारी के आवेदन पर, या किसी व्यक्ति से परिवाद के माध्यम से या अन्यथा सूचना प्राप्त होने पर यह समाधान हो जाता है कि इस अधिनियम के उल्लंघन में बाल–विवाह तय किया गया है या उसका अनुष्ठान किया जाने वाला है, तो ऐसा मजिस्ट्रेट ऐसे किसी व्यक्ति के, जिसके अंतर्गत किसी संगठन का सदस्य या कोई व्यक्ति संगम भी है, विरुद्ध ऐसे विवाह को प्रतिषिद्ध करने वाला व्यादेश निकालेगा।

2) उपधारा (1) के अधीन कोई परिवाद, बाल–विवाह या बाल–विवाहों का अनुष्ठापन होने की संभाव्यता से संबंधित व्यक्तिगत जानकारी या विश्वास का कारण रखने वाले किसी व्यक्ति द्वारा और युक्तियुक्त जानकारी रखने वाले किसी गैर–सरकारी संगठन द्वारा, किया जा सकेगा।

3) प्रथम वर्ग न्यायिक मजिस्ट्रेट या महानगर मजिस्ट्रेट का न्यायालय किसी विश्वसनीय रिपोर्ट या सूचना के आधार पर स्वप्रेरणा से भी संज्ञान कर सकेगा।

4) अक्षय तृतीया जैसे कतिपय दिनों पर, सामूहिक बाल–विवाहों के अनुष्ठापन का निवारण करने के प्रयोजन के लिए, जिला मजिस्ट्रेट उन सभी शक्तियों के साथ, जो इस अधिनियम द्वारा या उसके अधीन बाल–विवाह प्रतिषेध अधिकारी को प्रदत्त हैं, बाल–विवाह प्रतिषेध अधिकारी समझा जाएगा।

5) जिला मजिस्ट्रेट को बाल–विवाहों के अनुष्ठापन को रोकने या उनका निवारण करने की अतिरिक्त शक्तियां भी होंगी और स प्रयोजन के लिए, वह सभी समुचित उपाय कर सकेगा और अपेक्षित न्यूनतम बल का प्रयोग कर सकेगा।

6) उपधारा (1) के अधीन कोई व्यादेश किसी व्यक्ति या किसी संगठन के सदस्य या व्यक्ति संगम के विरुद्ध तब तक नहीं निकाला जाएगा जब तक कि न्यायालय ने, यथास्थिति, ऐसे व्यक्ति, संगठन के सदस्यों या व्यक्ति संगम को पूर्व सूचना न दे दी हो और उसेध्या उनको व्यादेश निकाले जाने के विरुद्ध हेतुक दर्शित करने का अवसर न दे दिया हो – परंतु किसी अत्यावश्यकता की दशा में, न्यायालय को, इस धारा के अधीन कोई सूचना दिए बिना, अंतरिम व्यादेश निकालने की शक्ति होगी।

7) उपधारा (1) के अधीन जारी किए गए किसी व्यादेश की, ऐसे पक्षकार को, जिसके विरुद्ध व्यादेश जारी किया गया था, सूचना देने और सुनने के पश्चात् पुष्टि की जा सकेगी या उसे निष्प्रभाव किया जा सकेगा।

8) न्यायालय, उपधारा (1) के अधीन जारी किए गए किसी व्यादेश को या तो स्वप्रेरणा पर या किसी व्यथित व्यक्ति के आवेदन पर विखण्डित या परिवर्तित कर सकेगा ।

9) जहां कोई आवेदन उपधारा (1) के अधीन प्राप्त होता है, वहां न्यायालय आवेदक को, या तो स्वयं या अधिवक्ता द्वारा, अपने समक्ष उपस्थित होने का शीघ्र अवसर देगा, और यदि न्यायालय आवेदक को सुनने के पश्चात् आवेदन की पूर्णतः या भागतः नामंजूर करता है तो वह ऐसा करने के अपने कारणों को लेखबद्ध करेगा।

10) जो कोई, यह जानते हुए कि उसके विरुद्ध उपधारा (1) के अधीन व्यादेश जारी किया गया है, उस व्यादेश की अवज्ञा करेगा, तो वह दोनों में से किसी भांति के कारावास से, जिसकी अवधि दो वर्ष तक की हो सकेगी अथवा जुर्माने से, जो एक लाख रुपए तक का हो सकेगा, अथवा दोनों से,

दंडनीय होगा– परंतु कोई स्त्री कारावास से दंडनीय नहीं होगी।

व्यादेशों के उल्लंघन में बाल–विवाहों का शून्य होना

धारा 13 के अधीन जारी किए गए व्यादेशों के उल्लंघन में, चाहे वह अंतरिम हो या अंतिम, अनुष्ठापित किया गया कोई बाल–विवाह प्रारंभ से ही शून्य होगा।

अपराधों का संज्ञेय और अजमानतीय होना

दण्ड प्रक्रिया संहिता, 1973 (1974 का 2) में किसी बात के होते हुए भी, इस अधिनियम के अधीन दण्डनीय अपराध संज्ञेय और अजमानतीय होगा।

बाल–विवाह प्रतिषेध अधिकारी

1) राज्य सरकार, राजपत्र में अधिसूचना द्वारा, संपूर्ण राज्य या उसके ऐसे भाग के लिए, जो उस अधिसूचना में विनिर्दिष्ट किया जाए, बाल–विवाह प्रतिषेध अधिकारी के नाम से ज्ञात, किसी अधिकारी या अधिकारियों की नियुक्ति करेगी, जिसकी अधिकारिता, अधिसूचना में विनिर्दिष्ट क्षेत्र या क्षेत्रों पर होगी।

2) राज्य सरकार, समाज सेवा में विख्यात किसी स्थानीय सम्मानीय सदस्य या ग्राम पंचायत या नगरपालिका के किसी अधिकारी से या सरकार के अथवा किसी पब्लिक सेक्टर के उपक्रम के किसी अधिकारी से या किसी गैर–सरकारी संगठन के किसी पदाधिकारी से बाल–विवाह प्रतिषेध अधिकारी की सहायता करने के लिए अनुरोध कर सकेगी और, यथास्थिति, ऐसा सदस्य, अधिकारी या पदाधिकारी तद्नुसार कार्रवाई करने के लिए बाध्य होगा।

3) बाल–विवाह प्रतिषेध अधिकारी का यह कर्तव्य होगा कि वहः–

(क) बाल–विवाहों के अनुष्ठापन का ऐसी कार्रवाई करके, जो वह उचित समझे निवारण करे।

(ख) इस अधिनियम के उपबंधों का उल्लंघन करने वाले व्यक्तियों के प्रभावी अभियोजन के लिए साक्ष्य संग्रह करे।

(ग) बाल–विवाह के अनुष्ठापन का संवर्धन करने, सहायता देने या होने देने में अन्तर्वलित न होने के लिए व्यष्टिक मामलों में सलाह दे या क्षेत्र के निवासियों को साधारणतया परामर्श दे।

(घ) बाल–विवाह के परिणामस्वरूप होने वाली बुराई के प्रति जागृति पैदा करे।

(ड) बाल–विवाहों के मुद्दे पर समाज को सुग्राही बनाए।

(च) ऐसी नियतकालिक विवरणियां और आंकड़े दे, जो राज्य सरकार निर्देशित करे।

(छ) ऐसे अन्य कृत्यों और कर्तव्यों का निवहन करे, जो राज्य सरकार द्वारा उसे समनुदेशित किए जाएं।

4) राज्य सरकार, राजपत्र में अधिसूचना द्वारा, ऐसी शर्तों और परिसीमाओं के अधीन रहते हुए, बाल–विवाह प्रतिषेध अधिकारी को किसी पुलिस अधिकारी की ऐसी शक्तियां विनिहित कर सकेगी जो अधिसूचना में विनिर्दिष्ट की जाएं और बाल–विवाह प्रतिषेध अधिकारी ऐसी शक्तियों का, ऐसी शर्तों और परिसीमाओं के अधीन रहते हुए, जो अधिसूचना में विनिर्दिष्ट की जाएं, प्रयोग करेगा।

5) बाल–विवाह प्रतिषेध अधिकारी को धारा 4, धारा 5 और धारा 13 के अधीन और धारा 3 के अधीन बालक के साथ आदेश के लिए न्यायालय को आवेदन करने की शक्ति होगी।

बाल–विवाह प्रतिषेध अधिकारियों का लोक सेवक होना

बाल–विवाह प्रतिषेध अधिकारी भारतीय दण्ड संहिता (1860 का 45) की धारा 21 के अर्थान्तर्गत लोक सेवक समझे जाएंगे।

सद्भावपूर्वक की गई कार्रवाई के लिए संरक्षण

इस अधिनियम या तद्धीन बनाए गए किसी नियम या किए गए किसी आदेश के अनुसरण में सद्भावपूर्वक की गई या किए जाने के लिए आशयित किसी बात के लिए कोई भी वाद, अभियोजन या अन्य विधिक कार्यवाही बाल–विवाह प्रतिषेध अधिकारी के विरुद्ध नहीं होगी।

नियम बनाने की राज्य सरकार की शक्ति

1) राज्य सरकार, इस अधिनियम के उपबंधों को कार्यान्वित करने के लिए नियम, राजपत्र में अधिसूचना द्वारा, बना सकेगी।

2) इस अधिनियम के अधीन बनाया गया प्रत्येक नियम बनाए जाने के पश्चात् यथाशीघ्र राज्य विधान–मंडल के समक्ष रखा जाएगा।

1955 के अधिनियम संख्यांक 25 का संशोधन

हिन्दू विवाह अधिनियम, 1955 की धारा 18 के खंड (क) के स्थान पर निम्नलिखित खंड रखा जाएगा, अर्थात्:– '(क) धारा 5 के खंड (पपप) में विनिर्दिष्ट शर्त के उल्लंघन की दशा में, कठोर कारावास से, जिसकी अवधि दो वर्ष तक की हो सकेगी या जुर्माने से, जो एक लाख रुपए तक का हो सकेगा अथवा दोनों से ।

निरसन और व्यावृत्ति

1) बाल–विवाह अवरोध अधिनियम, 1929 (1929 का 19) इसके द्वारा निरसित किया जाता है।

2) ऐसे निरसन के होते हुए भी, इस अधिनियम के प्रारंभ पर

उक्त अधिनियम के अधीन लंबित या जारी सभी मामले और अन्य कार्यवाहियां, जारी रहेंगी और निरसित अधिनियम के उपबंधों के अनुसार इस प्रकार निपटाई जाएंगी मानो यह अधिनियम पारित न हुआ हो।

बालक अधिकार संरक्षण आयोग अधिनियम, 2005

बालक अधिकारों के संरक्षण के लिए राष्ट्रीय आयोग और राज्य आयोगों और बालकों के विरुद्ध अपराधों या बालक अधिकारों के अतिक्रमण के त्वरित विचारण के लिए बालक न्यायालयों के गठन तथा उससे संबंधित और उसके आनुषंगिक विषयों का उपबंध करने के लिए अधिनियम है। भारत ने 1990 में हुए संयुक्त राष्ट्र महासभा के शिखर सम्मेलन में भाग लिया था, जिसने बालकों के जीवित रहने, सरंक्षण और विकास के संबंध में एक घोषणा को अंगीकार किया, और, भारत ने 11 दिसम्बर, 1992 को हुए बालक अधिकार संबंधी अभिसमय (बा.अ.अ.) को भी स्वीकार कर लिया है और बालक अधिकार संबंधी अभिसमय एक अन्तरराष्ट्रीय संधि है जो हस्ताक्षरकर्ता राज्यों के लिए यह अनिवार्य बनाती है कि वे अभिसमय में प्रगणित बालकों के अधिकारों की संरक्षा के लिए सभी आवश्यक उपाय करें और बालकों के अधिकारों के संरक्षण को सुनिश्चित करने के लिए सरकार ने बालकों के लिए हाल ही में जो एक नई पहल आरंभ की है वह यह है कि उसने राष्ट्रीय बालक चार्टर, 2003 को अंगीकार किया है और मई, 2002 में हुए बालकों के संबंध में संयुक्त राष्ट्र महासभा के विशेष सत्र में 'बालकों के लिए उपयुक्त विश्व" नामक निष्कर्ष दस्तावेज को अंगीकृत किया गया था, जिसमें वर्तमान दशक के लिए सदस्य देशों द्वारा अपनाए जाने वाले लक्ष्य, उद्देश्य, युक्तियां और क्रियाकलाप अंतर्विष्ट हैं और यह समीचीन है कि इस संबंध में सरकार द्वारा अंगीकृत नीतियों, बालक अधिकार संबंधी अभिसमय में विहित मानकों और अन्य सभी सुसंगत अन्तरराष्ट्रीय लिखतों को कार्यान्वित करने के लिए बालकों से संबंधित विधि अधिनियमित की जाएय भारत गणराज्य के छप्पनवें वर्ष में संसद् द्वारा निम्नलिखित रूप में यह अधिनियमित हो।

अध्याय 1 – संक्षिप्त नाम, विस्तार और प्रारंभ

(1) इस अधिनियम का संक्षिप्त नाम बालक अधिकार संरक्षण आयोग अधिनियम, 2005 है।

(2) इसका विस्तार जम्मू–कश्मीर राज्य को छोड़कर, संपूर्ण भारत पर है।

(3) यह उस तारीख को प्रवृत्त होगा जो केन्द्रीय सरकार, राजपत्र में अधिसूचना द्वारा, नियत करे।

परिभाषाएं

इस अधिनियम में, जब तक कि संदर्भ से अन्यथा अपेक्षित न हो,–

(क) 'अध्यक्ष' से, यथास्थिति, आयोग या राज्य आयोग का अध्यक्ष अभिप्रेत है।

(ख) 'बालक अधिकारों' के अन्तर्गत 20 नवम्बर, 1989 को बालक अधिकार संबंधी संयुक्त राष्ट्र अभिसमय में अंगीकृत और 11 दिसम्बर, 1992 को भारत सरकार द्वारा अनुसमर्थित बालकों के अधिकार भी हैं।

(ग) 'आयोग' से धारा 3 के अधीन गठित राष्ट्रीय बालक अधिकार संरक्षण आयोग अभिप्रेत है।

(घ) 'सदस्य' से, यथास्थिति, आयोग या राज्य आयोग का सदस्य अभिप्रेत है और इसके अंतर्गत अध्यक्ष भी है।

(ङ) 'अधिसूचनाष से राजपत्र में प्रकाशित अधिसूचना अभिप्रेत है।

(च) 'विहित' से इस अधिनियम के अधीन बनाए गए नियमों द्वारा विहित अभिप्रेत है।

(छ) 'राज्य आयोग' से धारा 17 के अधीन गठित राज्य बालक अधिकार संरक्षण आयोग अभिप्रेत है।

अध्याय 2 – राष्ट्रीय बालक अधिकार संरक्षण आयोग

राष्ट्रीय बाल अधिकार संरक्षण आयोग का गठन

(1) केन्द्रीय सरकार, अधिसूचना द्वारा इस अधिनियम के अधीन एक निकाय का, जो राष्ट्रीय बालक अधिकार संरक्षण आयोग के नाम से ज्ञात होगा, उसे प्रदत्त शक्तियों का प्रयोग करने और उसे सौंपे गए कृत्यों का पालन करने के लिए, गठन करेगी।

(2) आयोग निम्नलिखित सदस्यों से मिलकर बनेगा, अर्थात् –

(क) एक अध्यक्ष, जो विख्यात व्यक्ति हो और जिसने बालकों के कल्याण के संवर्धन के लिए उत्कृष्ट कार्य किया हो और

(ख) केन्द्रीय सरकार द्वारा नियुक्त किए जाने वाले छह सदस्य, जिनमें से कम से कम दो स्त्रियां होंगी और प्रत्येक निम्नलिखित क्षेत्रों में श्रेष्ठता, योग्यता, सत्यनिष्ठा, प्रतिष्ठा और अनुभव रखने वाला व्यक्ति होगा,:–

(प) शिक्षा

(पप) बाल स्वास्थ्य, देख–रेख, कल्याण या बाल विकास

(पपप) किशोर न्याय या उपेक्षित या तिरस्कृत बालकों या नियशक्त बालकों की देखरेख

(पअ) बालक श्रम या बालकों के कष्टों का आहरण

(अ) बालक मनोविज्ञान या समाजशास्त्र और

(अप) बालकों से संबंधित विधियां।

आयोग का कार्यालय दिल्ली में होगा।

अध्यक्ष और सदस्यों की नियुक्ति

केन्द्रीय सरकार अधिसूचना द्वारा, अध्यक्ष और अन्य सदस्यों को नियुक्त करेगी, परन्तु अध्यक्ष की नियुक्ति केन्द्रीय सरकार द्वारा (महिला और बाल विकास मंत्रालय या विभाग के प्रभारी मंत्री) की अध्यक्षता में गठित तीन सदस्यों वाली चयन समिति की सिफारिश पर की जाएगी।

अध्यक्ष और सदस्यों की पदावधि और सेवा की शर्तें

(1) अध्यक्ष और प्रत्येक सदस्य उस रूप में उस तारीख से, जिसको वे अपना पदभार ग्रहण करते हैं, तीन वर्ष की अवधि के लिए पद धारण करेंगे परन्तु कोई भी अध्यक्ष या सदस्य दो पदावधियों से अधिक के लिए पद धारण नहीं करेगा परन्तु यह और कि कोई अध्यक्ष या कोई अन्य सदस्य।

(क) अध्यक्ष की दशा में, पैंसठ वर्ष की आयु और

(ख) सदस्य की दशा में, साठ वर्ष की आयु, प्राप्त होने के पश्चात् उस हैसियत में अपना पद धारण नहीं करेगा।

(2) अध्यक्ष या सदस्य, केन्द्रीय सरकार को संबोधित अपने हस्ताक्षर सहित लेख द्वारा किसी भी समय अपना पद त्याग सकेगा।

अध्यक्ष और सदस्यों के वेतन और भत्ते

अध्यक्ष और सदस्यों को संदेय वेतन और भत्ते तथा उनकी सेवा के अन्य निबंधन और शर्तें वे होंगी जो केन्द्रीय सरकार द्वारा विहित की जाएं परन्तु, यथास्थिति, अध्यक्ष या किसी सदस्य के न तो वेतन और भत्तों में तथा न उसकी सेवा के अन्य निबंधनों और शतों में, उसकी नियुक्ति के पश्चात, उसमें अलाभकारी परिवर्तन किए नहीं जाएंगे।

पद से हटाया जाना

(1) उपधारा (2) के उपबंधों के अधीन रहते हुए, अध्यक्ष को उसके पद से साबित कदाचार या असमर्थता के आधार पर केन्द्रीय सरकार के आदेश द्वारा हटाया जा सकेगा।

(2) उपधारा (1) में किसी बात के होते हुए भी, केन्द्रीय सरकार, आदेश द्वारा अध्यक्ष या किसी अन्य सदस्य को पद से हटा सकेगी यदि, यथास्थिति, अध्यक्ष या ऐसा अन्य सदस्य

(क) दिवालिया न्यायनिर्णीत किया जाता है।

(ख) अपनी पदावधि के दौरान अपने पद के कर्तव्यों के बाहर किसी सवेतन नियोजन में लगता है।

(ग) कार्य करने से इंकार करता है या कार्य करने में असमर्थ हो और किसी सक्षम न्यायालय द्वारा ऐसा घोषित किया गया है।

(ड) अपने पद का ऐसा दुरुपयोग करता है जिससे उसका पद पर बने रहना लोकहित के लिए हानिकारक हो जाता है।

(च) किसी ऐसे अपराध के लिए सिद्धदोष ठहराया जाता है और कारावास से दंडादिष्ट किया जाता है, जिसमें केंद्रीय सरकार की राय में, नैतिक अधमता अन्तर्वलित है।

(छ) आयोग से अनुपस्थित रहने की अनुमति लिए बिना उसकी तीन क्रमवर्ती बैठकों में अनुपस्थित रहता है।

(3) इस धारा के अधीन किसी व्यक्ति को तब तक नहीं हटाया जाएगा जब तक कि उस व्यक्ति को उस मामले में सुनवाई का अवसर न दे दिया गया हो।

अध्यक्ष या सदस्य द्वारा पद रिक्त किया जाना

(1) यदि, यथास्थिति, अध्यक्ष या कोई सदस्य,

(क) धारा 7 में वर्णित निरर्हताओं में से किसी के अधीन हो जाता है।

(ख) धारा 5 की उपधारा (2) के अधीन अपना त्यागपत्र निविदत्त कर देता है, तो उस पर उसका पद रिक्त हो जाएगा।

(2) यदि अध्यक्ष या सदस्य के पद में, उसकी मृत्यु, त्यागपत्र या अन्यथा कारण से आकस्मिक रिक्ति हो जाती है तो ऐसी रिक्ति को धारा 4 के उपबंधों के अनुसार नब्बे दिन के भीतर नई नियुक्ति करके भरा जाएगा और इस प्रकार नियुक्त व्यक्ति वह पद उस पदावधि की उस शेष अवधि के लिए धारण करेगा जिसके लिए, यथास्थिति, वह अध्यक्ष या सदस्य, जिसके स्थान पर वह इस प्रकार नियुक्त किया जाता है, उस पद को धारण करता है।

रिक्तियों, आदि से आयोग की कार्यवाहियों का अविधिमान्य न होना

आयोग का कोई कार्य या कार्यवाही, केवल इस कारण अविधिमान्य नहीं होगी कि:–

(क) आयोग में कोई रिक्ति है या उसके गठन में कोई त्रुटि है।

(ख) किसी व्यक्ति की अध्यक्ष या सदस्य के रूप में नियुक्ति में कोई त्रुटि हैं।

(ग) आयोग की प्रक्रिया में कोई ऐसी अनियमितता है, जो मामले के गुणागुण पर प्रभाव नहीं डालती है।

कारबार के संव्यवहार के लिए प्रक्रिया

(1) आयोग अपने कार्यालय में, ऐसे समय पर जो अध्यक्ष ठीक समझे, नियमित रूप से अधिवेशन करेगा किन्तु अंतिम और अगले अधिवेशन के बीच तीन मास का अंतर नहीं होगा।

(2) अधिवेशन में सभी विनिश्चय बहुमत द्वारा लिए जाएंगे ।

परंतु बराबर मतों की दशा में, अध्यक्ष, या उसकी अनुपस्थिति में पीठासीन व्यक्ति का द्वितीय या निर्णायक मत होगा और वह उसका प्रयोग करेगा।

(3) यदि अध्यक्ष किसी कारण से आयोग के अधिवेशन में उपस्थित रहने में असमर्थ है तो उस अधिवेशन में उपस्थित

सदस्यों द्वारा अपने में से चुना गया कोई सदस्य पीठासीन होगा।

(4) आयोग किसी अधिवेशन में अपने कारबार के संव्यवहार के लिए प्रक्रिया के, ऐसे अधिवेशन में गणपूर्ति सहित, ऐसे नियमों का पालन करेगा जो केन्द्रीय सरकार द्वारा विहित किए जाएं।

(5) आयोग के सभी आदेश और विनिश्चय सदस्य–सचिव द्वारा या इस निमित्त सदस्य–सचिव द्वारा सम्यक् रूप से प्राधिकृत आयोग के किसी अन्य अधिकारी द्वारा अधिप्रमाणित किए जाएंगे।

आयोग के सदस्य–सचिव, अधिकारी और अन्य कर्मचारी

(1) केन्द्रीय सरकार, अधिसूचना द्वारा, भारत सरकार के संयुक्त सचिव या अतिरिक्त सचिव की पंक्ति से नीचे के अधिकारी को आयोग के सदस्य–सचिव के रूप में नियुक्त नहीं करेगी और आयोग को ऐसे अन्य अधिकारी और कर्मचारी उपलब्ध कराएगी जो उसके कृत्यों के दक्षतापूर्ण पालन के लिए आवश्यक हों।

(2) सदस्य–सचिव, आयोग के क्रियाकलापों के उचित प्रशासन और उसके दिन–प्रतिदिन के प्रबंध के लिए उत्तरदायी होगा तथा वह ऐसी अन्य शक्तियों का प्रयोग तथा ऐसे अन्य कर्तव्यों का निर्वहन करेगा जो केन्द्रीय सरकार द्वारा विहित किए जाएं।

(3) आयोग के प्रयोजन के लिए नियुक्त सदस्य–सचिव, अन्य अधिकारियों और कर्मचारियों को संदेय वेतन और भत्ते तथा उनकी सेवा के अन्य निबंधन और शर्तें वे होंगी जो केन्द्रीय सरकार द्वारा विहित की जाएं।

वेतन और भत्तों का अनुदानों में से संदाय किया जाना

अध्यक्ष और सदस्यों को संदेय वेतन और भत्तों का तथा प्रशासनिक व्ययों का, जिनके अन्तर्गत धारा 11 में निर्दिष्ट सदस्य–सचिव, अन्य अधिकारियों और कर्मचारियों को संदेय वेतन, भत्ते और पेंशन भी हैं, धारा 27 की उपधारा (1) में निर्दिष्ट अनुदानों में से संदाय किया जाएगा।

अध्याय 3 आयोग के कार्य और शक्तियां

आयोग के कार्य

(1) आयोग, निम्नलिखित सभी या किन्हीं कृत्यों का निर्वहन करेगा।

(क) बालक अधिकारों के संरक्षण के लिए तत्समय प्रवृत्त किसी अन्य विधि द्वारा या उसके अधीन उपबंधित रक्षोपायों की परीक्षा और पुनर्विलोकन करना तथा उनके प्रभावी क्रियान्वयन के लिए उपायों की सिफारिश करना।

(ख) केन्द्रीय सरकार को वार्षिक रूप से और ऐसे अन्य अंतरालों पर, जिन्हें आयोग उचित समझे, उन रक्षोपायों के कार्यकरण पर रिपोर्ट प्रस्तुत करना।

(ग) बालक अधिकारों के अतिक्रमण की जांच करना और ऐसे मामलों में कार्यवाहियां आरंभ करने की सिफारिश करना।

(घ) उन सभी पहलुओं की परीक्षा करना जो आतंकवाद, सांप्रदायिक हिंसा, दंगे, प्राकृतिक आपदा, घरेलू हिंसा, एचआईवीध्एड्स, अवैध व्यापार, दुव्यवहार, उत्पीड़न और शोषण, अश्लील साहित्य और वेश्यावृत्ति से प्रभावित बालक अधिकारों के उपयोग को रोकते हैं और समुचित उपचारी उपायों की सिफारिश करना।

(ड) उन बालकों से, जिन्हें विशेष देख–रेख और संरक्षण की आवशकता है, जिनके अंतर्गत कष्टों से पीड़ित बालक,

तिरस्कृत और असुविधाग्रस्त बालक, विधि का उल्लंघन करने वाले बालक, किशोर, कुटुम्ब रहित बालक और कैदियों के बालक भी हैं, संबंधित मामलों की जांच पड़ताल करना और उपयुक्त उपचारी उपायों की सिफारिश करना।

(च) बालक अधिकारों से संबंधित संधियों और अन्य अन्तरराष्ट्रीय लिखतों का अध्ययन करना और विद्यमान नीतियों, कार्यक्रमों और अन्य क्रियाकलापों का कालिक पुनर्विलोकन करना तथा बालकों के सर्वोत्तम हित में उनके प्रभावी क्रियान्वयन के लिए सिफारिशें करना।

(छ) बालक अधिकारों के क्षेत्र में अनुसंधान करना और उसे अग्रसर करना।

(ज) समाज के विभिन्न वर्गों के बीच बालक अधिकार संबंधी जानकारी का प्रसार करना और प्रकाशनों, मीडिया, विचार गोष्ठियों और अन्य उपलब्ध साधनों के माध्यम से इन अधिकारों के संरक्षण के लिए उपलब्ध रक्षोपायों के प्रति जागरुकता का संवर्धन करना।

(झ) केन्द्रीय सरकार या किसी राज्य सरकार या किसी अन्य प्राधिकारी के नियंत्रणाधीन किसी किशोर अभिरक्षागृह या किसी अन्य निवास स्थान या बालकों के लिए बनाई गई संस्था, जिसके अंतर्गत किसी सामाजिक संगठन द्वारा चलाए जाने वाली संस्था भी है, का निरीक्षण करना या करवाना य जहां बालकों को उपचार, सुधार या संरक्षण के प्रयोजनों के लिए निरुद्ध किया जाता है या रखा जाता है, निरीक्षण करना या करवाना और किसी उपचारी कार्रवाई के लिए, यदि आवश्यक हो, संबंधित प्राधिकारियों से बातचीत करना।

(ज) निम्नलिखित से संबंधित मामलों के परिवादों की जांच करना और इन मामलों पर स्वप्रेरणा से विचार करना।

(i) बालक अधिकारों से वंचन और उनका अतिक्रमण।

(ii) बालकों के संरक्षण और विकास के लिए उपबंध करने वाली विधियों का अक्रियान्वयन।

(iii) बालकों की कठिनाइयों को दूर करने और बालकों के कल्याण को सुनिश्चित करने तथा ऐसे बालकों को अनुतोष प्रदान करने के उद्देश्य के लिए नीतिगत विनिश्चयों, मार्गदर्शनों या अनुदेशों का अननुपालन य या ऐसे विषयों से उद्भूत मुद्दों पर समुचित पदाधिकारियों के साथ बातचीत करना।

(ट) ऐसे अन्य कृत्य करना, जो बालकों के अधिकारों के संवर्धन और उपर्युक्त कृत्यों से आनुषंगिक किसी अन्य मामले के लिए आवश्यक समझे जाएं।

(2) आयोग ऐसे किसी मामले की जांच नहीं करेगा जो किसी राज्य आयोग या तत्समय प्रवृत्त किसी विधि के अधीन सम्यक् रूप से गठित किसी अन्य आयोग के समक्ष लंबित है।

जांच से संबंधित शक्तियां

(1) आयोग को धारा 13 की उपधारा (1) के खण्ड (ब) में निर्दिष्ट किसी विषय की जांच करते समय और विशिष्टतया निम्नलिखित विषयों के संबंध ा में वे सभी शक्तियां होंगी, जो सिविल प्रक्रिया संहिता, 1908 (1908 का 5) के अधीन किसी वाद का विचारण करते समय सिविल न्यायालय को होती हैं, अर्थात् :–

(क) किसी व्यक्ति को समन करना और हाजिर कराना तथा शपथ पर उसकी परीक्षा करना।

(ख) किसी दस्तावेज का प्रकटीकरण और पेश किया जाना

(ग) शपथ पत्रों पर साक्ष्य लेना

(घ) किसी न्यायालय या कार्यालय से किसी लोक अभिलेख या उसकी प्रतिलिपि की अध्यपेक्षा करना और

(ड.) साक्षियों या दस्तावेजों की परीक्षा के लिए कमीशन निकालना।

(2) आयोग को किसी मामले को ऐसे मजिस्ट्रेट को भेजने की शक्ति होगी जिसे उसका विचारण करने की अधिकारिता है और वह मजिस्ट्रेट जिसे कोई ऐसा मामला भेजा जाता है, अभियुक्त के विरुद्ध परिवाद सुनने के लिए इस प्रकार अग्रसर होगा मानो वह मामला दंड प्रक्रिया संहिता, 1973 (1974 का 2) की धारा 346 के अधीन उसको भेजा गया है।

जांच के पश्चात् कार्रवाई

आयोग, इस अधिनियम के अधीन की गई किसी जांच के पूरा होने पर, निम्नलिखित कार्रवाई कर सकेगा, अर्थात्।

(i) जहां जांच से बालक अधिकारों के किसी गंभीर प्रकृति के अतिक्रमण का या तत्समय प्रवृत्त किसी विधि के उपबंधों का उल्लंघन होना प्रकट होता है वहां, वह संबद्ध सरकार या प्राधिकारी को संबंधित व्यक्ति या व्यक्तियों के विरुद्ध अभियोजन के लिए कार्यवाहियां या ऐसी अन्य कार्रवाई जो आयोग ठीक समझे, आरंभ करने के लिए सिफारिश कर सकेगा।

(ii) उच्चतम न्यायालय या संबंधित उच्च न्यायालय से ऐसे निदेशों, आदेशों या रिटों के लिए जो वह न्यायालय उचित समझे, अनुरोध कर सकेगा।

(iii) पीड़ित व्यक्ति या उसके कुटुम्ब के सदस्यों को ऐसी तत्काल अंतरिम सहायता मंजूर करने की, जो आयोग उचित समझे, सम्बद्ध सरकार या प्राधिकारी की सिफारिश कर सकेगा।

आयोग की वार्षिक और विशेष रिपोर्ट

(1) आयोग, केन्द्रीय सरकार को और सम्बद्ध राज्य सरकार को

वार्षिक रिपोर्ट प्रस्तुत करेगा और किसी भी समय ऐसे विषय पर जो उसकी राय में इतना अतिआवश्यक या महत्वपूर्ण है कि उसको वार्षिक रिपोर्ट प्रस्तुत किए जाने तक अस्थगित नहीं किया जाना चाहिए, विशेष रिपोर्ट प्रस्तुत कर सकेगा।

(2) यथास्थिति, केन्द्रीय सरकार या संबद्ध राज्य सरकार आयोग की वार्षिक और विशेष रिपोर्टों को आयोग की सिफारिशों पर की गई या किए जाने के लिए प्रस्तावित कार्रवाई के ज्ञापन सहित और सिफारिशों की अस्वीकृति के कारणों सहित, यदि कोई हों, यथास्थिति, संसद् या राज्य विधान–मंडल के प्रत्येक सदन के समक्ष ऐसी रिपोर्टों की प्राप्ति की तारीख से एक वर्ष की अवधि के भीतर रखवाएगी।

(3) वार्षिक रिपोर्ट ऐसे प्ररूप और रीति में तैयार की जाएगी और उसमें ऐसे ब्यौरे अंतर्विष्ट होंगे जो केन्द्रीय सरकार द्वारा विहित किए जाएं।

अध्याय 4 राज्य बालक अधिकार संरक्षण आयोग

राज्य बालक अधिकार संरक्षण आयोग का गठन

(1) राज्य सरकार, इस अध्याय के अधीन एक निकाय का, राज्य आयोग को प्रदत्त शक्तियों का प्रयोग करने और उसे सौंपे गए कृत्यों का पालन करने के लिए जो (राज्य का नाम)बालक अधिकार संरक्षण आयोग के नाम से ज्ञात होगा, गठन कर सकेगी।

(2) राज्य आयोग निम्नलिखित सदस्यों से मिलकर बनेगा, अर्थात्–

(क) एक अध्यक्ष, जो विख्यात व्यक्ति हो और जिसने बालकों के कल्याण के संवर्धन के लिए उत्कृष्ट कार्य किया हो।

(ख) राज्य सरकार द्वारा नियुक्त किए जाने वाले छह सदस्य, जिनमें से कम से कम दो स्त्रियां होंगी और प्रत्येक निम्नलिखित

क्षेत्रों में श्रेष्ठता, योग्यता, सत्यनिष्ठा, प्रतिष्ठा और अनुभव रखने वाले व्यक्तियों में सेः–

(i) शिक्षा।

(ii) बाल स्वास्थ्य, देख–रेख, कल्याण या बाल विकास।

(iii) किशोर न्याय या उपेक्षित या तिरस्कृत बालकों या नियशक्त बालकों की देखरेख।

(iv) बालक श्रम या बालकों के कष्टों का आहरण।

(v) बालक मनोविज्ञान या समाजशास्त्र और

(vi) बालकों से संबंधित विधियां ।

(3) राज्य आयोग का मुख्यालय ऐसे स्थान पर होगा जो राज्य सरकार, अधिसूचना द्वारा, विनिर्दिष्ट करे।

अध्यक्ष और सदस्यों की नियुक्ति–राज्य सरकार, अधिसूचना द्वारा, अध्यक्ष और अन्य सदस्यों की नियुक्ति करेगी य परंतु अध्यक्ष को नियुक्ति, राज्य सरकार द्वारा बालकों से संबंधित विभाग के प्रभारी मंत्री की अध्यक्षता में गठित तीन सदस्यों वाली समिति की सिफारिश पर की जाएगी।

अध्यक्ष और सदस्यों की पदावधि और सेवा की शर्तें

(1) अध्यक्ष और प्रत्येक सदस्य उस रूप में उस तारीख से, जिसको वे अपना पदभार ग्रहण करते हैं, तीन वर्ष की अवधि के लिए पद धारण करेंगे परंतु कोई भी अध्यक्ष या सदस्य दो पदावधियों से अधिक के लिए पद धारण नहीं करेगा ययह और कि कोई अध्यक्ष या कोई अन्य सदस्य

(क) अध्यक्ष की दशा में, पैंसठ वर्ष की आयु।

(ख) सदस्य के की दशा में, साठ वर्ष की आयु।

प्राप्त होने के पश्चात् उस हैसियत में अपना पद धारण नहीं करेगा।

(2) अध्यक्ष या कोई सदस्य राज्य सरकार को संबोधित अपने हस्ताक्षर सहित लेख द्वारा किसी भी समय अपना पद त्याग सकेगा।

अध्यक्ष और सदस्यों के वेतन और भत्ते–अध्यक्ष और सदस्यों को संदेय वेतन और भत्ते तथा उनकी सेवा के अन्य निबंधन और शर्तें वे होंगी जो राज्य सरकार द्वारा विहित की जाएं यपरंतु, यथास्थिति, अध्यक्ष या किसी सदस्य के न तो वेतन और भत्तों में तथा न उनकी सेवा के अन्य निबंधनों और शतों में, उसकी नियुक्ति के पश्चात् उसके अलाभकारी परिवर्तन किया जाएगा।

राज्य आयोग के सचिव, अधिकारी और अन्य कर्मचारी

(1) राज्य सरकार, अधिसूचना द्वारा, राज्य सरकार के सचिव की पंक्ति से नीचे के अधिकारी को राज्य आयोग के सचिव के रूप में नियुक्त नहीं करेगी और राज्य आयोग को ऐसे अन्य अधिकारी और कर्मचारी उपलब्ध कराएगी जो उसके कृत्यों के दक्षतापूर्ण पालन के लिए आवश्यक हों।

(2) सचिव, राज्य आयोग के क्रियाकलापों के उचित प्रशासन और उसके दिन–प्रतिदिन के प्रबंध के लिए उत्तरदायी होगा तथा वह ऐसी अन्य शक्तियों का प्रयोग और ऐसे कर्तव्यों का पालन करेगा जो राज्य सरकार द्वारा विहित किए जाएं।

(3) राज्य आयोग के प्रयोजन के लिए नियुक्त सचिव, अन्य अधिकारियों और कर्मचारियों को संदेय वेतन और भत्ते, तथा उनकी सेवा के अन्य निबंधन और शर्तें वे होंगी जो राज्य सरकार द्वारा विहित की जाएं।

वेतन और भत्तों का अनुदानों में से संदाय किया जाना

अध्यक्ष और सदस्यों को संदेय वेतन और भत्तों का तथा प्रशासनिक व्ययों का, जिनके अन्तर्गत धारा 21 में निर्दिष्ट सचिव, अन्य अधिकारियों और

कर्मचारियों को संदेय वेतन, भत्ते और पेंशन भी हैं, धारा 28 की उपधारा (1) में निर्दिष्ट अनुदानों में से संदाय किया जाएगा।

राज्य आयोग की वार्षिक और विशेष रिपोर्ट

1) राज्य आयोग, राज्य सरकार को वार्षिक रिपोर्ट प्रस्तुत करेगा और किसी भी समय ऐसे विषय पर, जो उसकी राय में इतना अति आवश्यक या महत्वपूर्ण है कि उसको वार्षिक रिपोर्ट प्रस्तुत किए जाने तक आस्थगित नहीं किया जाना चाहिए, विशेष रिपोर्ट प्रस्तुत कर सकेगा।

(2) राज्य सरकार, उपधारा (1) में निर्दिष्ट सभी रिपोर्टों को राज्य से संबंधित सिफारिशों पर की गई या किए जाने के लिए प्रस्तावित कार्रवाई के स्पष्टीकारक ज्ञापन सहित और ऐसी सिफारिशों में से किसी की अस्वीकृति के कारणों सहित, यदि कोई हो, जहां राज्य विधान–मंडल दो सदनों से मिलकर बनता है वहां प्रत्येक सदन के समक्ष या जहां ऐसा विधान–मंडल एक सदन से मिलकर बनता है वहां उस सदन के समक्ष रखवाएगी।

(3) वार्षिक रिपोर्ट ऐसे प्ररूप और रीति में तैयार की जाएगी तथा उसमें ऐसे ब्यौरे अंतिर्विष्ट होंगे जो राज्य सरकार द्वारा विहित किए जाएं।

राष्ट्रीय बालक अधिकार संरक्षण आयोग से संबंधित कतिपय उपबंधों का राज्य आयोगों को लागू होना

धारा 7, धारा 8, धारा 9, धारा 10, धारा 13 की उपधारा (1) और धारा 14 तथा धारा 15 के उपबंध राज्य आयोग को निम्नलिखित उपांतरणों के अधीन रहते हुए लागू होंगे, और प्रभावी होंगे, अर्थात्:–

(क) आयोग' के प्रति–निर्देशों का यह अर्थ लगाया जाएगा कि वे 'राज्य आयोग' के प्रति निर्देश हैं।

(ख) 'केन्द्र सरकार' के प्रति–निर्देशों का यह अर्थ लगाया जाएगा कि वे 'राज्य सरकार' के प्रति निर्देश हैं और

(ग) 'सदस्य–सचिव' के प्रति–निर्देशों का यह अर्थ लगाया जाएगा कि वे 'सचिव के प्रति निर्देश हैं।

अध्याय 5–बालक न्यायालय

बालक न्यायालय

राज्य सरकार, बालकों के विरुद्ध अपराधों या बालक अधिकारों के अतिक्रमण के अपराधों का त्वरित विचारण करने का उपबंध करने के प्रयोजन के लिए, उच्च न्यायालय के मुख्य न्यायमूर्ति की सहमति से, अधिसूचना द्वारा, उक्त अपराधों का विचारण करने के लिए राज्य में कम–से–कम एक न्यायालय को या प्रत्येक जिले में किसी सेशन न्यायालय को बालक न्यायालय के रूप में विनिर्दिष्ट कर सकेगीय परंतु इस धारा की कोई बात तब लागू नहीं होगी, जब तत्समय प्रवृत्त किसी अन्य विधि के अधीन ऐसे अपराधों के लिए

(क) कोई सेशन न्यायालय पहले से ही विशेष न्यायालय के रूप में विनिर्दिष्ट है।

(ख) कोई विशेष न्यायालय पहले से ही गठित है।

विशेष लोक अभियोजक

राज्य सरकार, प्रत्येक बालक न्यायालय के लिए, अधिसूचना द्वारा, एक लोक अभियोजक विनिर्दिष्ट करेगी या किसी ऐसे अधिवक्ता को, जिसने कम–से–कम सात वर्ष तक अधिवक्ता के रूप में विधि व्यवसाय किया हो, उस न्यायालय में मामलों के संचालन के प्रयोजन के लिए, विशेष लोक अभियोजक के रूप में नियुक्त करेगी।

अध्याय 6 – वित्त, लेखा और संपरीक्षा

केन्द्रीय सरकार द्वारा अनुदान

(1) केन्द्रीय सरकार, संसद् द्वारा इस निमित्त विधि द्वारा किए गए सम्यक् विनियोग के पश्चात, आयोग को अनुदानों के रूप में ऐसी धनराशियों का संदाय करेगी, जो केन्द्रीय सरकार, इस अधिनियम के प्रयोजनों के लिए उपयोग किए जाने के लिए, ठीक समझे।

(2) आयोग, इस अधिनियम के अधीन कृत्यों का पालन करने के लिए ऐसी धनराशियां खर्च कर सकेगा जो वह ठीक समझे और ऐसी राशियां उपधारा (1) में निर्दिष्ट अनुदानों में से संदेय व्यय मानी जाएंगी।

राज्य सरकारों द्वारा अनुदान

(1) राज्य सरकार, विधान–मंडल द्वारा इस निमित्त विधि द्वारा किए गए सम्यक् विनियोग के पश्चात् राज्य आयोग को अनुदानों के रूप में ऐसी धनराशियों का संदाय करेगी जो राज्य सरकार इस अधिनियम के प्रयोजनों के लिए उपयोग किए जाने के लिए ठीक समझे।

(2) राज्य आयोग, इस अधिनियम के अध्याय 3 के अधीन कृत्यों का पालन करने के लिए ऐसी धनराशियां खर्च कर सकेगा जो वह ठीक समझे और ऐसी राशियां उपधारा (1) में निर्दिष्ट अनुदानों में से संदेय व्यय मानी जाएंगी।

आयोग के लेखा और संपरीक्षा

(1) आयोग उचित लेखा और अन्य सुसंगत अभिलेख रखेगा और लेखाओं का वार्षिक विवरण ऐसे प्ररूप में तैयार करेगा जो केन्द्रीय सरकार भारत के नियंत्रक–महालेखापरीक्षक से परामर्श करके विहित करे।

(2) आयोग के लेखाओं की संपरीक्षा, नियंत्रक–महालेखापरीक्षक द्वारा ऐसे अंतरालों पर की जाएगी जो उसके द्वारा विनिर्दिष्ट किए जाएं और ऐसी संपरीक्षा के संबंध में उपगत कोई व्यय आयोग द्वारा नियंत्रक–महालेखापरीक्षक को संदेय होगा।

(3) नियंत्रक–महालेखापरीक्षक और इस अधिनियम के अधीन आयोग के लेखाओं की संपरीक्षा के संबंध में उसके द्वारा नियुक्त किसी व्यक्ति को उस संपरीक्षा के संबंध में वे ही अधिकार और विशेषाधिकार तथा प्राधिकार प्राप्त होंगे जो नियंत्रक–महालेखापरीक्षक को साधारणतया सरकारी लेखाओं की संपरीक्षा के संबंध में होते हैं और विशिष्टतया उसे बहियां, लेखे, संबंधित वाउचर तथा अन्य दस्तावेज और कागज–पत्र पेश किए जाने की मांग करने तथा आयोग के किसी भी कार्यालय का निरीक्षण करने का अधिकार होगा।

(4) आयोग द्वारा केन्द्रीय सरकार को नियंत्रक–महालेखापरीक्षक द्वारा या इस निमित्त उसके द्वारा नियुक्त किसी अन्य व्यक्ति द्वारा प्रमाणित, आयोग के लेखे, उन पर संपरीक्षा रिपोर्ट सहित, प्रति वर्ष भेजे जाएंगे और केन्द्रीय सरकार ऐसी संपरीक्षा रिपोर्ट को उसके प्राप्त होने के पश्चात् यथाशीघ्र, संसद् के प्रत्येक सदन के समक्ष रखवाएगी।

राज्य आयोग के लेखा और संपरीक्षा

(1) राज्य आयोग, उचित लेखा और अन्य सुसंगत अभिलेख रखेगा और लेखाओं का वार्षिक विवरण, ऐसे प्ररूप में तैयार करेगा जो राज्य सरकार भारत के नियंत्रक–महालेखापरीक्षक से परामर्श करके विहित करे।

(2) राज्य आयोग के लेखाओं की संपरीक्षा, नियंत्रक–महालेखापरीक्षक द्वारा ऐसे अंतरालों पर की जाएगी जो उसके द्वारा विनिर्दिष्ट किए जाएं और ऐसी संपरीक्षा के

संबंध में उपगत कोई व्यय, राज्य आयोग द्वारा नियंत्रक–महालेखापरीक्षक को संदेय होगा।

(3) नियंत्रक–महालेखापरीक्षक और इस अधिनियम के अधीन राज्य आयोग के लेखाओं की संपरीक्षा के संबंध में उसके द्वारा नियुक्त किसी व्यक्ति को उस संपरीक्षा के संबंध में वे ही अधिकार और विशेषाधिकार तथा प्राधिकार प्राप्त होंगे जो नियंत्रक–महालेखापरीक्षक को साधारणतया सरकारी लेखाओं की संपरीक्षा के संबंध में होते हैं और विशिष्टतया उसे बहियां, लेखे, संबंधित वाउचर तथा अन्य दस्तावेज और कागज–पत्र पेश किए जाने की मांग करने तथा राज्य आयोग के किसी भी कार्यालय का निरीक्षण करने का अधिकार होगा।

(4) राज्य आयोग द्वारा राज्य सरकार को नियंत्रक–महालेखापरीक्षक द्वारा या इस निमित्त उसके द्वारा नियुक्त किसी अन्य व्यक्ति द्वारा प्रमाणित राज्य आयोग के लेखे, उन पर संपरीक्षा रिपोर्ट सहित प्रति वर्ष भेजे जाएंगे और राज्य सरकार ऐसी संपरीक्षा रिपोर्ट को उसके प्राप्त होने के पश्चात् यथाशीघ्र राज्य विधान–मंडल के समक्ष रखवाएगी।

अध्याय 7 –प्रकीर्ण

सद्भावपूर्वक कार्रवाई के लिए संरक्षण

इस अधिनियम या इसके अधीन बनाए गए किन्हीं नियमों के अनुसरण में सद्भावपूर्वक की गई या की जाने के लिए आशयित किसी बात के संबंध में अथवा किसी रिपोर्ट या कागज–पत्र केन्द्रीय सरकार, राज्य सरकार, आयोग या राज्य आयोग के प्राधिकार द्वारा या उसके अधीन किसी प्रकाशन के संबंध में कोई भी वाद, अभियोजन या अन्य विधिक कार्यवाही केन्द्रीय सरकार, राज्य सरकार, आयोग, राज्य आयोग या उसके किसी सदस्य अथवा केन्द्रीय सरकार, राज्य सरकार, आयोग या राज्य आयोग के निदेशाधीन कार्य

करने वाले किसी व्यक्ति के विरुद्ध नहीं होगी।

अध्यक्ष, सदस्यों और अन्य अधिकारियों का लोक सेवक होना

आयोग, राज्य आयोग का प्रत्येक सदस्य और इस अधिनियम के अधीन कृत्यों का निर्वहन करने के लिए आयोग या राज्य आयोग में नियुक्त प्रत्येक अधिकारी, भारतीय दंड संहिता (1860 का 45) की धारा 21 के अर्थान्तर्गत लोक सेवक समझा जाएगा।

केन्द्रीय सरकार द्वारा निदेश

(1) आयोग, इस अधिनियम के अधीन अपने कृत्यों का निर्वहन करने में राष्ट्रीय प्रयोजनों से

(2) यदि केन्द्रीय सरकार और आयोग के बीच इस बारे में कोई विवाद उत्पन्न होता है कि कोई प्रश्न राष्ट्रीय प्रयोजन से संबंधित नीति विषयक प्रश्न है या नहीं, तो उस पर केन्द्रीय सरकार का विनिश्चय अंतिम होगा।

विवरणियां या जानकारी–आयोग, केन्द्रीय सरकार को अपने उन क्रियाकलापों के संबंध में ऐसी विवरणियां या अन्य जानकारी प्रस्तुत करेगा जिनकी केन्द्रीय सरकार समय–समय पर अपेक्षा करे।

केन्द्रीय सरकार की नियम बनाने की शक्ति

(1) केन्द्रीय सरकार, इस अधिनियम के उपबन्धों को कार्यान्वित करने के लिए नियम, अधिसूचना द्वारा, बना सकेगी।

(2) विशिष्टतया और पूर्वगामी शक्ति की व्यापकता पर प्रतिकूल प्रभाव डाले बिना ऐसे नियमों में, निम्नलिखित सभी या किन्हीं विषयों के लिए उपबन्ध किया जा सकेगा, अर्थात् –

(क) आयोग के अध्यक्ष और सदस्यों की सेवा के निबन्धन और शर्ते तथा धारा 6 के अधीन उनके वेतन और भत्ते।

(ख) आयोग द्वारा धारा 10 की उपधारा (4) के अधीन अधिवेशन में उसके कारबार के संव्यवहार के संबंध में उसके द्वारा अनुसरित की जाने वाली प्रक्रिया।

(ग) वे शक्तियां और कर्तव्य जिनका प्रयोग और पालन धारा 11 की उपधारा (2) के अधीन आयोग के सदस्य–सचिव द्वारा किया जाएगा।

(घ) धारा 11 की उपधारा (3) के अधीन आयोग के अधिकारियों और अन्य कर्मचारियों के वेतन और भत्ते तथा सेवा अन्य निबन्धन और शर्ते।

(ड) धारा 29 की उपधारा (1) के अधीन आयोग द्वारा तैयार किए जाने वाले लेखा विवरण और अन्य अभिलेख का प्ररूप।

(3) इस अधिनियम के अधीन बनाया गया प्रत्येक नियम, बनाए जाने के पश्चात, यथाशीघ्र, संसद् के प्रत्येक सदन के समक्ष, जब वह सत्र में हो, कुल तीस दिन की अवधि के लिए रखा जाएगा। यह अवधि एक सत्र में अथवा दो या अधिक आनुक्रमिक सत्रों में पूरी हो सकेगी। यदि उस सत्र के या पूर्वोक्त आनुक्रमिक सत्र के ठीक बाद के सत्र के अवसान के पूर्व दोनों सदन उस नियम में कोई परिवर्तन करने के लिए सहमत हो जाएं तो तत्पश्चात् वह ऐसे परिवर्तित रूप में ही प्रभावी होगा। यदि उक्त अवसान के पूर्व दोनों सदन सहमत हो जाएं कि वह नियम नहीं बनाया जाना चाहिए तो तत्पश्चात् वह निष्प्रभाव हो जाएगा । किन्तु नियम के ऐसे परिवर्तित या निष्प्रभाव होने से पहले उसके अधीन की गई किसी बात की विधिमान्यता पर प्रतिकूल प्रभाव नहीं पड़ेगा।

राज्य सरकार की नियम बनाने की शक्ति–

(1) राज्य सरकार, इस अधिनियम के उपबंधों को कार्यान्वित करने के लिए नियम, अधिसूचना द्वारा बना सकेगी।

(2) विशिष्टतया और पूर्वगामी शक्ति की व्यापकता पर प्रतिकूल

प्रभाव डाले बिना ऐसे नियमों में, निम्नलिखित सभी या किन्हीं विषयों के लिए, उपबंध किया जा सकेगा, अर्थात् –

(क) राज्य आयोग के अध्यक्ष और सदस्यों की सेवा के निबंधन और शर्ते, तथा धारा 20 के अधीन उनके वेतन और भत्ते।

(ख) राज्य आयोग द्वारा धारा 24 के साथ पठित धारा 10 की उपधारा (4) के अधीन बैठक में उसके कारबार के संव्यवहार के संबंध में अनुसरित की जाने वाली प्रक्रिया।

(ग) वे शक्तियां और कर्तव्य जिनका प्रयोग और पालन धारा 21 की उपधारा (2) के अधीन राज्य आयोग के सचिव द्वारा किया जाएगा।

(घ) धारा 21 की उपधारा (3) के अधीन राज्य आयोग के अधिकारियों और अन्य कर्मचारियों के वेतन और भत्ते तथा सेवा के अन्य निबंधन और शर्त।

(ङ) धारा 30 की उपधारा (1) के अधीन राज्य आयोग द्वारा तैयार की जाने वाली लेखा विवरणी और अन्य अभिलेख का प्ररूप।

(3) इस अधिनियम के अधीन राज्य सरकार द्वारा बनाया गया प्रत्येक नियम, बनाए जाने के पश्चात, यथाशीघ्र राज्य विधान–मंडल के जहां उसके दो सदन हैं, प्रत्येक सदन के समक्ष, या जहां, ऐसे राज्य विधान–मंडल में एक सदन है तो उस सदन के समक्ष रखा जाएगा।

कठिनाइयां दूर करने की शक्ति

(1) यदि इस अधिनियम के उपबंधों को प्रभावी करने में कोई कठिनाई उत्पन्न होती है तो केन्द्रीय सरकार, राजपत्र में प्रकाशित आदेश द्वारा ऐसे उपबंध कर सकेगी, जो इस अधिनियम के उपबंधों से असंगत न हों और जो कठिनाई को दूर करने के लिए आवश्यक प्रतीत होते होंय परन्तु ऐसा कोई

आदेश इस अधिनियम के प्रारम्भ की तारीख से दो वर्ष की अवधि की समाप्ति के पश्चात् नहीं किया जाएगा।

(2) इस धारा के अधीन किया गया प्रत्येक आदेश, किए जाने के पश्चात् यथाशीघ्र, संसद् के प्रत्येक सदन के समक्ष रखा जाएगा।

बाल विवाह के कारण

- गरीबी
- लड़कियों की शिक्षा का निचला स्तर
- लड़कियों को कम रुतबा दिया जाना एवं उन्हें आर्थिक बोझ समझना
- सामाजिक प्रथाएं एवं परम्पराएं

बाल विवाहः उन्मूलन हेतु सरकार व गैर–सरकारी संस्थाओं की पहल

- बाल विवाह के विरुद्ध कानूनों का निर्माण
- लड़कियों की शिक्षा को सुगम बनाना
- हानिकारक सामाजिक नियमों को बदलना
- सामुदायिक कार्यक्रमों को सहायता
- विदेशी सहायता अधिकतम करना
- युवा महिलाओं को आर्थिक अवसर प्रदान करना
- बाल वधुओं की विरले जरूरतों को पूरा करना
- कार्यक्रमों का आकलन कर देखना कि क्या बात असरदार होगी

सरकार की पहल

बाल विवाह निरोधक कानून

बाल विवाह प्रथा रोकने के प्रयास में राजस्थान, गुजरात, महाराष्ट्र, कर्नाटक एवं हिमाचल प्रदेश राज्यों ने कानून पारित किए हैं जो प्रत्येक विवाह को वैध मानने के लिए उसका पंजीकरण आवश्यक बनाते हैं।

"बच्चों के लिए राष्ट्रीय कार्य योजना 2005" के अनुसार (भारत के महिला एवं बाल विकास विभाग द्वारा प्रकाशित) 2010 तक बाल विवाह को पूर्ण रूप से समाप्त करने का लक्ष्य निर्धारित किया गया है।